朝鮮後期 門中書院 研究

朝鮮後期 門中書院 研究

이 해 준

景仁文化社

책머리에

필자는 문중서원이란 개념과 용어를 학계에 제기한 이래, 이러저러한 핑계로 남겨진 과제를 미처 정리하지 못하였다. 그래서 문중서원에 대한 연구자들의 개념 혼선이라든가, 시대와 성격이 우선인 문중서원을 통시적 개념으로 거론하는 것을 보면서 매우 아쉽고 안타까웠던 것도 사실이다. 또 부족했던 부면에 대한 추가 논의, 각 지역의 사례들을 아우르는 종합적 연구도 필요했다.

서원연구가 모두 그러하지만, 특히 문중서원 연구는 향촌사회 구조 변화와 성씨세력의 변천을 철저하게 파악한 상태에서 이루어져야 한다. 그러나 그 필요성을 누누이 강조해 온 필자가 타 지역 사례의 연구와 보완이라는 좋은 핑계거리를 구실로 차일피일 미루어 온 셈이다. 너무 늦었고 실제로 큰 진전과 보완도 하지 못한 처지이지만, 이제라도 그 책무에서 벗어나고자 본서를 내놓게 되었다.

현대 한국사회에서 전통적 친족조직인 '문중'의 의미는 대체로 부정적이다. 대개 그것은 조선후기 사회에 대한 부정적 의식과 통하는 것으로, 문중이란 것이 '한때 대단한 지위에 올랐거나 유명했던 선조를 받들면서, 특정 지역이나 사회에서 이기적인 결속력과 권위를 행사하는 조직과 그 의식' 정도로 이해되어 왔기 때문이다. 그리하여 공공성의 위기라든가, 이해를 우선하는 분열주의, 가부장적 권위, 차별과 폐쇄적 구조, 나아가 전통의 재창조라는 시비와도 연계되면서 '철저하게 극복'되어야 할 대상으로 지목되었음을 인정하지 않을 수 없다.

물론 현대사회에서 종족·문중 의식의 실체는 허상이거나, 부정과 말폐로 지적되는 경우가 많은 것이 사실이다. 그러나 그와는 별개로 조선후기의 '문중'과 '문중화' 경향이 가지는 역사성에 대하여서는 재평가가 필요하다.

조선후기의 사회적 특성으로 굳혀진 '문중화'의 모습은 조선전기 친족조직이 변질되면서 나타난 역사적 실체였다. 그럼에도 불구하고 아직까지는 이들 조선후기 문중화 성향에 대한 본격적 재해석 작업이 이루어지지 않은 실정이다. 그 중요한 이유는 바로 양반·사족이나 문중 같은 보수적 문화가 극복 대상으로 간주되고, 이에 대한 부정적 의식이 팽배하였던 때문이다. 이는 마치 전근대사회의 촌락공동체 논의와 비슷한 맥락으로, 재조명과 재평가가 필요한 대상이라고 생각한다.

본서는 바로 이러한 문제의식과 과제를 염두에 두고 문중결속과 문중활동의 구심점이 되었던 '문중서원' 혹은 '서원의 문중화' 경향을 대상으로 한 연구서이다. 문중서원은 사적인 문중조직이 공적인 서원조직으로 변환된 것으로, 이는 문중세력이 사회구조 속에 공적으로 연결되는 매개였고, 그런 점에서 다른 어느 문중기구보다도 상징성을 갖기 마련이었다. 특히 서원·사우의 건립을 통한 가문의 결속, 선조의 추숭은 향촌단위 사회에서 이루어지는 문중활동의 궁극적인 귀착점이기도 하였다. 즉, 18~19세기 문중조직이나 서원의 門中化 경향은 어떤 의미에서 조선시기 사족지배 및 봉건지배체제의 근본적인 한계와 모순, 혹은 해체기의 향촌사회 변화에 대응하면서 자신들의 종래 지위를 유지·강화하려 했던 族的 대응 수단이었던 것이다.

또 하나 필자가 주목하는 연구과제는 바로 서원과 향촌사회사 문제이다. 조선후기 서원조직이 구체적으로 기능하였던 향촌사회 내에서의 상대적인 위상과 성격에 대한 연구는 아직도 상당 부분 답보상태에 머물러 있다.

　즉 서원·사우는 기본적으로 향촌사회에서의 지위 확보나 영향력을 기대하면서 존속한 조직이었기 때문에, 이들을 기존 연구에서처럼 너무 중앙의 정치세력과 연결시켜 보거나, 이념의 교화적인 측면만으로 고정시킨다면 이같은 사회사적 의미는 매우 한정적일 수밖에 없다.

　특히 향촌사회는 조선후기 사회변화의 구체적인 현장이라는 점에서 그 변화 실상의 파악 작업이 매우 긴요하다. 향촌 주도권 문제나 문중의 권위, 나아가 상대 세력과의 비교문제 혹은 그들의 하층민 통제수단 등등의 폭넓은 의미를 복합적으로 살펴야 한다. 그런 점에서 본 연구가 대상으로 하는 문중서원은 이런 여러 기능과 활동을 담당한 주체였고, 결국 문중서원 연구는 앞에서 제시한 두 부면의 연구 공백을 함께 메우는 작업이라고 보고 싶다.

　그러나 아직도 문중서원에 대한 본격적 연구는 미진하고, 이에 따라 문중서원의 개념이나 성격에 대한 일반의 이해도 불분명한 상태이다. 이는 이제까지의 서원연구가 숙종대의 남설기와 영조대의 서원 통제시기에 머물러, 사실상 18세기 후반 이후의 서원에 대한 논의는 거의 이루어지지 않았기 때문이다.

　본서에서는 바로 남설에 대한 정부의 통제 이후 향촌사회에서 지속적으로 건립되고 운영되었던 18세기 후반 이후 19세기 전남 지역 문중서원 사례를 분석한 것이다. 기존의 서원연구가 포착하지 못했던 이들 자료는 향촌사회에서 실질적인 서원 문제나, 동족을 단위로 하는 문중 기반이 어떠한 위상을 지니며 존재하고 있었는가 하는 문제를 재인식하게 할 것이다.

　이 책을 펴내면서 필자의 작은 공부를 곁에서 지켜보며 도움을 주었던 선배·동료들에게 감사를 드려야 하겠다.

　특히 항상 새로운 의식으로 서원연구의 지평을 연 정만조 교수님의 지도와 향촌사회사연구회의 김인걸·정진영·정승모·정순우 교수님과 여러 교수님들에게 머리 숙여 고마움을 전하고자 한다. 또한 현장조사와 자료 정리에 항상 바쁘고 힘들어 했던 목포대와 공주대 사학과 제자들에게 미안함을 전하며, 미흡한 내용을 아담한 책으로 엮어 주신 경인문화사 한정희 대표와 편집자들께도 심심한 감사를 드린다.

2007년을 보내며
금강과 계룡산을 바라보는 연구실에서
이 해 준

\<목 차\>

〈표 목 차〉

제1장

書院研究와 門中書院

제1절 朝鮮後期 書院과 鄕村社會

해방 이후 조선후기사 연구는 '내재적 발전론'에 입각한 사회경제사 연구로 1960~70년대에 괄목할 진전을 이루었다. 그리하여 조선후기 사회구성의 물적 토대인 농업생산력, 토지소유관계, 농업경영, 상업이나 수공업의 발달 양상, 실학사상과 근대사상의 맹아 등을 통해 중세사회의 기본성격이나 그 변화발전의 내용, 그리고 해체기의 여러 양상 및 근대사회로의 지향점 등에 관한 대체적인 윤곽을 잡을 수가 있었다.[1]

한편 이 같은 내재적 발전론에 입각한 경제사 부문의 연구 성과는 1980년대 사회사 분야의 연구진전에도 일정한 영향을 주었다. 사회사 연구는 주로 향촌사회를 단위로 하여 지방세력의 지배구조, 국가의 지방통제와 그에 대한 반향, 피지배 하층민의 존재형태 등을 중심주제로 설정하고자 하였다.[2] 그러나 이 같은 사회사연구의 진전에도 불구하고, 봉건사회 해체기 '사회구조 규명 틀'의 마련이나 지역별로 다양한 구조와 성격을 지녔던 향촌사회에 대한 연구, 그리고 이를 가능하게 하는 기초 연구자료의 확보·정리 문제는 아직 해결되지 않은 과제이다.

향촌사회 구조를 제대로 파악하기 위해서는 각 지역의 사회적 특성과 배경에 대한 이해가 선행되어야 하고, 이를 토대로 부문 자료들이 전체사로서 종합되어야 한다.[3] 본 연구는 바로 이 같은 기본적인 관점, 즉 사회사연구의 진전 과정 및 문제의식을 염두에 두면서 시작되었다. 조선후기 향촌사회사 연구의 주요 대상이자 향촌사회 지배구조의 성격을 이해함에 있어 매우 주목되어야 할 서원·사우를 연구과제로 선정한 것이다.

---

1) 近代史硏究會, 1987, 『韓國中世社會 解體期의 諸問題(上)』, 한울, 13~52쪽.
2) 이해준·김인걸, 1993, 『조선시기 사회사연구법』, 한국정신문화연구원.
3) 이해준, 1995, 『조선시기 촌락사회사』, 민족문화사.

서원을 보는 시각을, 향촌사회를 단위로 바꾸어 보면 핵심주제와 연구방법은 매우 달라진다. 해당 지역이 선택된 까닭, 건립 주도세력의 배경과 기대, 이에 대한 다른 향촌세력의 반향, 주도세력의 위상변화와 서원 변천사, 그리고 서원을 통해 이루어진 향촌 제 세력의 연대와 분기 등등이 모두 향촌사회사의 시각에서 바라보아야 할 핵심과제(주제)들인 것이다.[4]

주지하듯이 조선후기 향촌질서의 변화는, 기득권을 가졌던 사족들의 존재기반을 근본적으로 위협하는 것이었다. 각 지역의 사족들은 그들이 종래 누려왔던 향촌지배권에 대한 도전에 대응하여야 했을 것이고, 서원 조직과 운영 역시 그러한 방법의 하나였다.

때문에 이 시기 서원의 성격을 중앙 정치세력과 연결시켜 보려는 경향이나 이념과 교화적인 측면만으로 고정시켜 두면, 이 같은 사회사적 의미는 매우 한정적으로 이해될 수밖에 없다. 내면에 내재된 향촌사회의 주도권 문제나, 관련 성씨세력의 위상, 나아가 향촌세력간 연대나 분기, 혹은 그들의 하층민 통제수단 등 폭넓은 과제들이 소홀해질 수 있기 때문이다. 본서에서 주목한 이러한 연구들은 향후 보완되어야 할 중요 연구대상들이며, 그래야만 서원의 변천사를 통해 해당 지역 향촌사회세력들이 추구한 계기적인 성향 추적과 상호 경쟁 과정을 살필 수 있고, 실체적이고 종합적인 향촌사회 구조를 읽어 낼 수가 있다고 생각한다.[5]

조선후기 향촌사회에서 사족들이 주도권을 상실하는 것은 사족 간의 경쟁과 분기로 과거와 같은 鄕論을 만들지 못한 것이 1차적 요인이었다. 16~17세기의 재지사족들은 향촌사회에 대한 그들의 지배권을 확보하

---

4) 이해준, 1991, 「조선후기 서원연구와 향촌사회사」『韓國史論』12 국사편찬위원회 ; 2002, 「조선후기 호서지역 사족동향과 서원」『한국서원과 학맥연구』, 경기대 소성학술원 ; 2006, 「한국 서원과 향촌사회」『한국학논총』29, 국민대 한국학연구소.
5) 이해준, 1991, 「조선후기 서원연구와 향촌사회사」『한국사론』21, 국사편찬위원회.

기 위한 수단으로 토호적인 전통을 지닌 사족세력들을 결속하여 명부를
만들고 이를 '鄕案'이라 하였다. 이 향안에 입록된 인물과 그 族的 배경
을 토대로 鄕會를 운영함으로서 명실 공히 향촌사회의 여론을 주도하고
자신들의 이해를 관철시킬 수 있었다. 그러나 이 같은 재지사족의 향촌
지배는 양란 이후 사회경제적 변화와 함께 점차 위축되었고, 특히 양반
신분층의 권위 축소와 자체 분열현상은 종래와 같은 사족들의 향촌지배
를 불가능하게 만들었다. 또 난후 복구 과정에서 성씨들 간의 이해관계
나 갈등이 표출되기도 하였다. 양란 이후 새롭게 부상한 新鄕勢力들의
향촌지배질서에의 참여는, 기득권과 전통성을 지니면서 연대적인 이해
를 반영하던 향안질서 자체의 유지를 어렵게 만들었다. 즉, 향안에 기존
가문 외에 신참자가 증가하고 부적격자가 참여하게 되자 향안입록 자체
가 중단되거나, 주도권을 놓고 향전을 벌여 결국은 향안체제가 붕괴되기
에 이르렀던 것이다. 이 시기 중앙정부도 과거와 같은 [국가-수령-사
족]의 지배구조를 [수령-吏鄕]의 연결로 변환, 사족의 참여 배제를 모
색하기 시작하였다.6) 그리하여 수령이 鄕約을 주도하면서 사족의 자율
적 향촌지배를 제어하고, 기존의 자문기구였던 鄕廳마저 수령의 수하 조
직으로 전락시켰다.

더욱이 17세기 말엽은 정치사에도 커다란 변화가 일어나 경신환국
(1680, 숙종 6), 기사환국(1690, 숙종 16년), 갑술환국(1694, 숙종 20) 등
예송으로 점철된 혼돈의 시기였다. 이 같은 중앙정계의 정치적 혼란은 곧
바로 향촌사회세력의 분열을 불러 왔다. 이처럼 향촌지배권이 위협받게
되자 사족들은 그들 나름의 자위적인 대책을 강구하게 되었고, 그 구체적
인 형태의 하나로 서원을 선택하였다. 사족들은 서원건립을 통하여 중앙
의 벌열이나 당파와 연결되기도 하고, 이용당하기도 하며, 문중의 힘을

6) 고석규, 1989, 「19세기 전반 향촌사회세력간 대립의 추이」『국사관논총』8, 국사
   편찬위원회.

결집하여 위협을 방어하기도 하고, 지위를 보강, 확보하고자 하였다.

이 시기에 나타난 또 다른 변화는 동족마을을 포함하여 족계 조직 등 기타 문중조직을 통하여 강화된 門中 結束力이었다. 이는 궁극적으로 문중의 결집된 힘을 향촌사회 구조에 투영함으로써 자신들의 사회적인 지위를 인정받기 위한 수단이었다. 이런 점에서 서원은 그 같은 필요를 내용적으로 가장 온전하게 반영하면서, 향촌사회구조 속에서 '私的인 門中組織'이 '公的 社會組織'으로 기능할 수 있는 매개로 매우 적절하고 유용한 것이었다. 특히 서원·사우의 건립과 이를 통한 가문의 결속, 선조의 追崇이 다른 어느 활동보다도 주목되었다고 볼 때, '관련 문중세력의 이해 반영과 그 영향력 강화'에 목표를 두고 구체적 활동을 전개한 조선 후기의 '門中書院'은 향촌단위 사회에서 이루어지는 문중활동의 궁극적인 귀착점이기도 하였다. 이 같은 배경 속에 나타난 18세기 후반 이후의 서원 남설은 서원조직의 '문중화'라는 새로운 경향을 생겨나게 하였던 것이다.

그러나 서원의 문중화 경향, 문중서원의 남설은 곧 문중세력 간의 분리와 사족의 분기 양상으로 이어져, 향안 질서나 사족 지배력의 복구는 기대할 수 없게 되었다. 서원의 건립과 사액, 증설과 이전, 경제적인 기반의 확보 등을 통한 상호 경쟁이 당파나 수령의 지원을 토대로 하였기 때문에 수령권과의 일정한 타협과 유대는 필수적이었다. 이러한 과정의 중첩은 사족간 분열·경쟁을 초래하여 결국은 그들이 회복하고자 기대하였던 종래의 권위를 더욱 하락시키는 계기로 작용하기도 하였다. 결국 사족의 가문 중심적 대응은 봉건지배체제의 근본적인 한계와 모순 혹은 해체기의 향촌사회 구조변화를 그대로 대변하고 있었던 것이다.[7]

한편 조선후기 향촌사회의 지배질서 재편과 鄕權문제, 그리고 이를 살펴볼 수 있는 자료로서 서원 건립활동을 주목할 때, 우리는 대개 두

---

7) 이해준, 1993, 「조선후기 문중활동의 사회사적 배경」『동양학』 23, 동양학연구소.

가지 큰 줄기를 선별할 수 있다고 생각된다. 그 하나는 서원 건립이 어떠한 목적을 지니는가 하는 정치적인 문제이고, 다른 하나는 서원 건립 활동이 구체적으로 향촌사회에서 어떠한 사회경제적 기반을 지니면서 기능하고 있느냐 하는 문제이다. 그리고 이러한 문제들은 향촌사회의 구조에 따라 다시 구체적으로 세분될 수가 있다고 생각된다.

즉 그것들은 다시 향촌사회의 주도권을 둘러싼 단순한 사족들 간의 문제(문족간 주도권경쟁)이냐 아니면 보다 광범한 문제 즉, 수령권이나 중앙정치세력과의 문제와 관련되느냐로 구분되기도 하고, 또 다른 시각에서는 문중 기반의 성장과정과 그 운영조직의 실상으로 나누어 살필 수가 있다. 서원조직의 문제는 물론 특정 서원의 문제로 한정될 수도 있는 것이나, 기본적으로 서원이 존속하는 이유는 향촌사회에서의 지위확보나 영향력을 기대하는 것이기 때문에 향촌사회 지배구조와의 관련성이 면밀하게 점검되어야 하는 것이다.

이러한 관점에서 서원 건립활동과 운영의 실체에 대하여 (1) 건립시기와 제향인물과의 관계, (2) 건립 이전의 유서와 발전과정(추배과정), (3) 건립의 주체세력, (4) 서원조직의 운영모습, (5) 향촌사회 내에서의 상대적인 비중 등으로 나누어 검토하는 것이 유용할 것으로 생각한다.

제2절 書院研究의 動向과 門中書院

일제강점기와 해방 이후의 서원연구는 대체로 당쟁론에 대한 부정적 인식과 서원의 사회경제적 폐단을 지적함으로 시작되었다. 그러다가 서원의 성립문제를 검토한 류홍렬 교수의 선행적인 작업과, 1970년대 말 李泰鎭이 서원을 사림세력의 향촌활동과 연관시키는 시각을 제시하면서[8] 민병하, 정순목, 정만조 등에 의하여 서원연구가 본격화되었다. 이들 연구에서는 서원의 교육사적인 기원과 발전, 서원의 남설과 중앙의 당쟁을 둘러싼 정치적인 문제나 그에 대한 정책적인 대응 등에 관심이 집중되었다.

특히 鄭萬祚는 서원과 관련된 제반 정치세력과 그들의 교육론, 서원시책들을 망라하는 정밀한 논의를 전개하여 조선후기 서원조직이 차지하는 정치·사상사적 연구 지평을 더욱 확대하였다.9) 한편 80년대 후반 이후 다양한 향촌사회사 연구가 시도되고 각종 고문서 자료가 발굴·이용되면서, 서원의 조직과 운영, 경제 등 사회경제사 부면의 연구도 괄목할 진전을 보이게 되었다.10) 정만조는 「최근의 서원연구동향에 대한 검토」11)에서 연구의 양과 대상 분야도 급격한 증가가 돋보임을 강조한다.

대표적인 서원연구를 살펴보면 최근묵이 1987년 『尤庵 宋時烈의 院祠從祀에 관한 연구』(전북대)로 박사학위논문을 발표한 이래 1990년대 들어서는 서원 문제를 본격적으로 다룬 박사학위논문과 저서들이 연이어 출간되고 있다. 박사학위논문으로는 이수환의 『조선시대 서원의 인적구성과 경제적 기반』(1990, 영남대), 이해준의 『조선후기 문중서원 연구』(1993, 국민대), 전용우의 『호서사림 형성에 관한 연구』(1994, 충남대), 강상택의 『조선후기 영남지역의 서원연구』(1994, 부산대) 등이 있고, 단행본으로는 서원연구의 단초를 열었던 정만조의 『조선시대 서원연구』(1997, 집문당), 이수환의 『조선후기 서원연구』(2001, 일조각), 윤희면의 『조선시대 서원과 양반』(2004, 집문당) 등이 연이어 출간되었다.

---

8) 이태진, 1978, 「사림과 서원」 『한국사』 12, 국사편찬위원회.
9) 정만조, 1975, 「17-18세기의 서원·사우에 대한 試論」 ; 1985, 「朝鮮後期의 對書院施策」 ; 1987, 「朝鮮朝 書院의 정치·사회적 역할」 ; 1995, 「최근의 서원연구동향에 대한 검토」 : 1997, 『조선시대 서원연구』, 집문당.
10) 고석규, 1987, 「조선 서원·사우에 대한 연구의 추이와 그 성격」 『외대사학』 1. 이해준, 1991, 「조선후기 서원연구와 향촌사회사」 『한국사론』 21, 국사편찬위원회. 정만조, 1997, 「최근의 서원연구동향에 대한 검토」 『조선시대 서원연구』, 집문당.
11) 정만조, 1997, 『조선시대 서원연구』, 집문당.

1990년대 중반 이후에는 새로운 자료의 발굴 정리를 겸한 지역사례
연구가 증가하고, 향촌사회사의 시각에서 서원의 정치적, 문중적 성격을
주목한 연구가 많아지는 경향이다. 지역사례를 집중적으로 검토한 전용
우, 이정우 등의 연속된 논문과,12) 문중적인 성향에 대한 관심 증대를
반영하는 연구,13) 그리고 앞에 소개한 이수환, 윤희면 이외에 서원경제
문제를 구체적 문서자료를 토대로 전형택과 김경란, 손병규 등이 다룬
바 있고,14) 향전 및 당쟁과 관련하여 서원을 다룬 고수연 등의 연구도
주목된다.15)

그러나 한편으로 보면 서원연구는 아직도 많은 과제들이 남겨져 있다
고 생각된다. 우선 수많은 자료원의 추가 발굴이 필요하고, 향촌사회 지
배구조와 유기적 관계 속에서 풀어야 할 서원문제가 너무나도 많기 때문
이다. 자료의 문제에서 특히 유념할 것은 조선후기 향촌사회에서 운영되
었던 많은 서원·사우들을 중앙의 서원정책이나 관찬자료 중심으로 이해
하는 것에 한계가 있다는 사실이다. 지금까지의 서원연구는 주로 관찬
연대기나 중앙 관변자료 중심, 혹은 많은 자료가 집중 보존된 특정 서원

---

12) 이정우는 청주·충주·공주·회덕·논산·금산 등 충청지역의 사례를 집중적으로 연
    구(99～01)하였고, 영남지역의 경우도 강상택(昌寧, 94), 금문택(永川, 94), 김학수
    (永川, 05)의 연구가 돋보인다.
13) 趙峻皓, 1996, 「17-18世紀 英陽地方 漢陽趙氏의 門中 硏究」, 國民大 大學院 ; 李
    海濬, 2000, 「朝鮮後期 門中書院의 槪念과 性格 問題」『韓國中世史論叢』.
14) 김경란, 1997, 「18～19세기 書院의 良丁募入形熊 변화와 政府의 對策」『韓國史
    學報』2, 고려사학회 ; 전형택, 1997, 「朝鮮後期 筆巖書院의 經濟基盤과 財政」
    『全南史學』11, 全南史學會 ; 손병규, 2000, 「조선후기 경주옥산서원의 노비경영」
    『泰東古典硏究』17, 태동고전연구소 ; 손병규, 2005, 「조선후기 慶州 玉山書院의
    院屬 파악과 운영」『朝鮮時代史學報』35, 朝鮮時代史學會.
15) 이수환, 2000, 「18～19세기 慶州 玉山書院 院任職 疏通을 둘러싼 嫡庶간의 鄕戰」
    『古文書硏究』16·17, 韓國古文書學會 ; 고수연, 2000, 「18世紀初 湖西地域 書院
    의 黨派的 性格」『湖西史學』29, 湖西史學會 ; 조준호, 2002, 「宋時烈의 道峯書
    院 入享論爭과 그 政治的 性格」『朝鮮時代史學報』23, 朝鮮時代史學會 ; 宋準
    湜, 2003, 「南冥學派의 書院建立 運動」『南冥學硏究』15, 南冥學硏究所.

을 중심으로 진행된 경향이다. 그러나 본서에서 다루듯이 이들 이외에도 향촌단위로 더욱 많은 서원·사우들이 건립되고 있었음을 유념하여야 한 다. 전남지역의 경우 관찬기록 속에 나타난 서원·사우는 100개소인데, 관찬의 서원자료 편찬 이후, 문중성향이 강한 서원·사우 105개소가 별 도로 존재하고 있었으며, 이러한 사실은 이들의 실체가 조선후기 사회의 보다 구체적인 모습을 말해주고 있다.

다음으로 서원이 지닌 사회사적 성격과 상대적인 위상에 대한 것이 다. 기존의 연구에서는 서원과 사우 조직들을 너무 중앙의 정치세력과 연결시켜 보거나 이념의 교화적인 측면만으로 고정시킨 경향이었다. 그 리하여 서원·사우 본연의 사회사적 의미는 축소될 수밖에 없다.

서원연구의 성격은 바라보는 시각에 따라 매우 다를 수 있다. 예를 들면 이를 향촌사회의 주도권을 둘러싼 단순한 향촌 사족들 간의 내부문 제로 보느냐 아니면 보다 광범한 문제 즉, 수령권이나 중앙정치세력과의 문제로 보느냐로 구분될 수도 있고, 또 다른 시각에서는 개별 사족가문 의 성장과정과 그 운영조직의 측면으로 나누어 살필 수도 있는 것이 다.16) 그리하여 필자는 서원 성격의 올바른 규명을 위해서는 실제 건립 주체의 기반, 건립 목적, 발전 과정, 조직 운영의 실제, 기능의 문제 등등 이 향촌사회사와 유기적 관계 속에서 파악되어야 마땅하다고 주장하는 것이다.

이러한 관점에서 앞으로의 서원연구가 다각적으로 전개되어야 한다 면 '문중서원'은 바로 앞서 제시한 여러 과제들에 접근하는 좋은 연구대 상이라고 필자는 생각한다. 조선후기 문중서원 연구의 진전은 결국 17세 기 후반 이후 서원·사우 건립이 급증하는 상황 속에서 18세기 후반 이 후 건립 주체가 점차 문중으로 이행되는 이유와 그 배경을 밝혀 줄 것이 다. 다음으로 연구의 대상 시기에 있어서 이제까지의 서원연구가 주로

---

16) 이해준, 1991, 「조선후기 서원연구와 향촌사회사」『한국사론』 21, 국사편찬위원회.

숙종대 남설기와 영조대의 서원 통제시기까지로 국한된 경향이었다면, 문중서원 연구는 그 이후 즉, 18세기 후반 이후 19세기의 서원 논의를 보다 본격화시킬 수 있을 것이다.

어떤 의미에서 조선후기 서원남설 현상의 실질적인 요인은 문중적인 서원·사우의 건립에 있으며, 이 과제는 '문중서원'의 실체에 대한 단순한 구조적 접근에 그치지 않고, 이 시기 향촌사회 주도세력들이 당면한 현실과 그 대응의 한계점을 파악하는 기초작업의 하나이기도 하다. 또한 어째서 17세기 후반 이후 서원·사우의 건립이 급격하게 증가되는가, 그리고 어떠한 배경 아래서 건립의 주체가 문중으로 이행되는가를 밝힘으로서 결국 조선후기의 향촌사회구조가 질적으로 재편 내지는 변화과정을 겪고 있음을 규명할 수 있다고 생각한다.[17]

조선후기, 특히 18세기 중반 이후에 문중 중심의 서원조직이 발달하는 것은 이 시기에 이르러 각 문중의 세력기반이 증대되어 가고 있었음에도, 향촌사회구조상 사족들이 차지하는 지위가 변동의 조짐을 보였던 것과 관련된다. 즉, 조선후기 향촌사회에서 '문중서원'이 경쟁적으로 건립된 것은 사회경제적 '건립 기반' 마련과 이를 통해 달성하고자 하였던 '필요와 목적'이라는 두 측면에서 검토될 필요가 있다. 문중서원은 그러한 필요를 내용적으로 가장 온전하게 반영하면서, 문중이 향촌사회구조 속에서 공적 사회조직으로 존립할 수 있는 적절하고 유용한 매체였다. '문중서원'은 조선후기의 향촌사회 구조변동에 대응하면서 자신들의 종래 지위를 유지 혹은 강화하는 수단으로 건립되었고, 그에 상응하는 기능과 역할을 담당하는 주체로 부각되었던 것이다.

그럼에도 불구하고 아직까지 이들 조선후기 서원의 문중적 성향에 대

---

17) 이해준, 1994, 「17-18세기 서원의 당파적 성격」 『박병국교수 정년기념사학논총』 ; 1994, 「조선후기 서원의 성격변화와 서원정책」 『배종무총장 퇴임기념사학논총』 ; 2000, 「朝鮮後期 門中書院의 槪念과 性格 問題」 『韓國中世史論叢』, 同刊行委員會.

하여는 직접적인 연구의 관심을 기울이지 않고 있는 실정이다. 그 중요한 이유 중의 하나는 연구의 중심이 개혁이나 변동의 주체들, 혹은 그들의 사상과 행적에 집중된 결과, 역으로 양반사족이나 서원·문중은 극복해야 할 봉건모순의 실체로 인식되었기 때문으로 보인다. 1960~70년대의 실학 및 경제사연구나 70년대 후반 이후 본격화 된 민중변혁세력에 관한 관심에서 볼 수 있듯이, 문제의식의 초점들이 조선후기 변화·변혁의 주체에 집중되면서 사실상 상대적인 보수 세력의 동향에 관한 연구는 자못 부진하였다. 물론 필자 역시 이 같은 사회변화의 중심축을 중심으로 연구가 집중되어야 하고, 그 실체가 규명됨으로써 한국사 전체의 변화모습이 역동적으로 체계화되어야 한다고 생각한다. 그런데 그 변화의 실체와 실상을 보다 구조적으로 밝히기 위해서는 변혁세력에 대한 연구와 함께 보수세력의 동향에 대한 점검작업이 반드시 병행될 필요가 있다. 그것은 봉건관료의 현실대응이나 본 연구가 중심과제로 설정한 양반사족의 대응논리를 점검함으로써 보완이 가능할 것이다.

특히 향촌사회는 조선후기 사회변화의 구체적인 현장이라는 점에서 그 변화실상의 파악 작업이 매우 긴요하다고 보았을 때, 본 연구가 대상으로 하는 '문중서원'의 실상규명 작업은 이러한 문제를 이해하는 데 도움이 될 것이다.

제3절 門中書院의 槪念과 性格

조선후기 서원의 성격은 여러 형태로 변화하다가 1868년 대원군의 서원 훼철령으로 극한의 상황을 맞게 된다. 그러나 사실 이러한 결과는 16~17세기의 본원적이고 이상적인 서원의 성격이, 당파의 지역 거점화나 문중화라는 형태로 변형되면서 각종 폐단을 야기해 부정적 인식의 대상이 되

었기 때문이었다. 특히 18세기 후반 이후 19세기에 일반화된 소위 '문중
서원'은 이러한 서원의 성격변화를 적나라하게 보여주는 일면이었다.

실제 문중화 경향을 보이는 18세기 후반 이후 19세기에 건립된 서원·
사우들은 국가의 서원 관련 기록들, 예컨대 『俎豆錄』, 『書院可攷』, 『列
邑院宇事蹟』, 『文獻備考』, 『典故大方』 등에는 나타나지 않는 경우가 많
다. 어떤 의미에서 이러한 현상은 불법이거나 사사로운 건립이라는 혐의
를 받을 수도 있는 것이다. 그러나 읍지류, 혹은 관련 고문서를 확인하는
과정에서 이들 관찬기록에 등재되지는 않았지만, 건립·운영에 官의 지
원이나 공적 유대 모습을 각종 자료로 확인할 수 있었다. 전남지역의 경
우 이러한 서원·사우는 관찬기록의 100개소 보다도 많은 105개소가 추
가로 확인되고 있다[18].

문중서원의 발달은 조선후기 향촌사회의 구조나 사족지배의 성격이
변질되었던 것과 무관한 것이 결코 아니었고, 문중화 경향이 그 사회변
화를 구체적으로 보여주고 있다고 생각된다. 필자는 『조선후기 문중서
원 연구』(국민대 박사학위논문, 1993)에서 조선후기, 특히 18세기 후반
이후 19세기에 급격하게 증가하는 문중 중심의 서원·사우를 '문중서원'
으로 통칭하여 개념화할 것을 제안한 바 있다. 이를 계기로 문중서원이
라는 용어가 학계에서 사용되기는 하였지만, 아쉽게도 문중서원의 용례
는 아직도 매우 혼돈스러운 상태이다.[19] 따라서 필자는 우선 개념과 성
격 문제를 좀더 명확하게 정의할 필요를 느끼며, 본 절에서 문중서원의

---

18) 이하 본 절의 자료는 필자가 조사한 전남지역의 사례를 주로 하고, 타 지역의 서
   원연구 결과 중에서 관련되는 자료를 추가한 것이다. 전남지역 관련자료는 목포
   대학박물관, 『全南의 書院·祠宇 Ⅰ, Ⅱ』(1988-1990년) 및 이해준, 1993, 『조선후
   기 문중서원 연구』, 국민대 박사학위 논문 참조.

19) 예컨대 제향인이 한 성씨라고 해서 시대 성격의 고려 없이 문중서원이라 부른다
   든가, 서원운영의 주도권이나 조직·운영을 검토하지 않은 채 외형만으로 문중서
   원이라 부르는 경우, 또 문중화의 특징이 사회적 현상으로 나타나지 않는 조선전
   기나 중기에도 문중서원이라 지칭하는 경우 등등이 바로 그러한 예들이다.

개념(범위)을 정리하여 보고자 한다[20].

문중서원의 성격을 개념화 하고자 할 때 먼저 함의를 해야 할 부분이 바로 조선후기 '문중' 개념의 문제이다. 문중은 친족 사이의 결속 범위나 친소 관계를 결정하는 용어로, 만약 특정 시기에 문중의식이 변화되어 친족 결속범위나 관계가 변화되었다면 이는 사회구조 변화에 영향을 미치게 되어 사회사적으로 매우 커다란 의미를 갖게 마련이다. 따라서 다른 시기의 문중 용례와 비교할 때 조선후기의 그것은 커다란 차별성을 가지게 된다.

즉 조선후기의 문중에 대응하는 각 시대별 용례들은 고려시대 門閥(貴族)로부터 조선전기 鉅族, 그리고 통시적으로 상용되는 氏族, 宗族 등으로 매우 다양하다.[21] 물론 이들도 나름대로 용례를 문중이라고 사용하기는 하지만 내용상으로 본다면 이들은 同名異例로써 전혀 다른 것이었다.

조선후기의 문중 조직과 그 활동은 역사적 배경을 지니면서 조선후기라는 특정 시기의 현상으로 나타난 것이었기 때문이다. 조선후기의 문중 개념은 그 활동 내용상 향촌사회에서 특정 성씨집단(가문)을 중심으로 하면서, 嫡長子 중심의 父系 친족의식을 기반으로 한다는 점에서 다른 시기와 성격이 다르다. 또 활동지역 범위가 동족마을 내부이거나 몇 개의 동족마을이 연계되어 이루어진 향촌(군현) 단위였다는 점이 주목된다. 다시 말하면 조선후기의 문중서원과 짝 지워지는 문중의 성격과 활동은

---

20) 이해준, 2000, 「朝鮮後期 門中書院의 槪念과 性格 問題」『韓國中世史論叢』, 同刊行委員會.
21) 朴龍雲, 1977, 「高麗時代 海州崔氏와 坡平尹氏家門 分析」『白山學報』 23 및 『高麗史』志27, 選擧 ; 李泰鎭, 1976, 「15世紀 後半期의 「鉅族」과 名族意識」『韓國史論』 3.

첫째, 지역적으로는 군현 단위의 사회적 기반 위에서

둘째, 친족조직으로는 入鄕祖(中始祖, 派祖)를 정점으로 하여

셋째, 자신들의 族的인 지위 확보를 위하여 벌이는 활동

으로 규정 혹은 제한하는 것이 필요하다는 생각이다.[22]

이러한 개념과 범위의 설정이 필요한 것은 이로써 각 문중조직이 기대하고 목적하는 바나 문중활동의 실체가 보다 분명해질 수 있다고 생각되기 때문이다. 그리고 본고에서 파악하려는 문중서원과 관련된 군현 단위의 '문중' 범위는 향촌사회의 지배구조나 역학관계와 보다 크게 연계되어 그 결속력의 편차나 위상문제, 예컨대 대소문중(계파별) 편차, 타성과의 관계, 향권주도나 영향력의 문제, 정치적(당색)인 활동 문제 등과도 연계되게 마련이었다.

한편 시기적인 차이는 다소 있을지 모르나 17세기 후반 내지 18세기에 이르면 대부분의 사족들은 족적 기반과 혈연적 결속력을 배경으로 하는 족계나 동족마을을 성립시켜 갔으며, 이 과정에서 동족자제의 교육을 위한 書堂이나 齋室(精舍, 書舍, 祭閣)과 같은 顯祖의 제향시설 마련이 일반화하는 경향을 보여준다. 그리고 이러한 현상은 鄭萬祚가 일찍이 지적한 바처럼, 서원이 특정 儒賢을 제향하여 장수와 강학처로서 기능하던 것과는 달리 족적인 기반 위에서 선조 봉사와 자제교육을 겸할 수 있는 기구로 변화할 가능성을 보여주고 있었다.[23] 그리고 이 같은 가능성이 바로 18세기 후반 서원조직의 '문중화'라는 현실로 나타났다.

문중서원의 사회사적 의미와 성격이 나타나지 않는 16~17세기 초반까지만 해도 서원 건립은 公論을 바탕으로 해야 하였고, 제향인도 道學

22) 이해준, 1993, 「조선후기 문중활동의 사회사적 배경」 『동양학』 23, 단국대 동양학연구소.
23) 정만조, 1975, 「17-18세기 서원·사우에 대한 시론」 『한국사론』 2, 서울대 국사학과.

者나 儒賢이 아니면 어려웠다. 그리하여 각 가문은 家廟를 확장하는 선
에서 顯祖의 影堂이나 祠堂을 마련하거나 혹은 그의 활동근거지나 墓域
에 祭閣을 겸하는 齋室을 건립하는 것이 일반적이었다. 당시에도 일부 문
중적인 성향을 보이는 서원·사우도 없지는 않지만, 대개 그것은 서원의
건립과 운영에 참여하여 부수적 이득을 기대하는 수준에 머물고 있었다.

그러나 17세기 후반 이후 특히 숙종대를 분기점으로 당파적인 서원의
건립이 확산되면서 제향인물의 기준이 모호하여지고, 道學·儒賢을 제향
하던 서원보다는 氣節이나 行誼를 실현한 인물들이 대거 제향되는 사우
의 건립이 일반화하는 추이 속에서 始祖나 遠祖·入鄕祖·派祖·中始祖·
顯祖 등 문중적 인물의 제향도 보다 용이하여졌다. 한편 숙종대 禮訟이
치열해지면서 중앙의 벌열세력들은 자신들의 지방기반을 확대할 필요를
느끼고 있었다. 따라서 이러한 벌열들의 필요와 향촌사회에서 문중의 이
해를 관철시키고 그 정치적 배경으로서 중앙의 세력과 연대를 갈망하던
문중세력의 상호보완적인 연결은 자연스럽게 이루어질 수 있었다. 조선
후기 서원의 난립이나 문중화는 바로 이 같은 추이 속에서 나타날 수
있었던 것이다. 이제 18세기 중반 이후가 되면 향촌사회에 문중기반을
마련한 문중세력들은 거의 빠짐없이 경쟁적으로 서원이나 사우를 건립
하였고, 만약 그러한 조건이 마련되지 못한 경우는 비슷한 조건의 몇 개
문중이 합력하여 서원을 건립하거나, 기존 서원에 추배제향의 길을 모색
함으로써 서원을 통해 향촌사회 운영에 참여하고 영향력 행사를 꾀하게
되었던 것이다.

제2장

門中書院의 擡頭 背景

제1절 禮制의 普及과 親族意識 變化

일제강점기 식민사학자들은 조선시대의 가족제도나 상속제도가 대체로 부계친족을 중심으로 하는 중국의 종법제도와 같은 형태이며, 그것이 조선시대 전 기간 동안 일반적이었던 것으로 파악하였다.[1] 그러나 이러한 이해는 1970년대 이후 이루어진 일련의 사회사연구로 전면적인 수정이 가해져, 17세기 중엽을 분기점으로 그 전후 시기의 친족결속 양상은 커다란 차이를 보이는 것으로 밝혀지고 있다.

예컨대 친족에 관한 호칭구분 문제도 17세기 이전에는 내외 친족을 '族', '族親', '門族' 등으로 구분 없이 호칭하였다. 이같이 내외친을 망라하는 조선전기 친족관념은 재산의 상속과 제사 관행에도 그대로 반영되어,[2] 분재의 대상이 되는 노비와 전답도 父邊·妻邊·母邊으로 전래 재산을 구분하였고 長·次나 男·女의 구별 없이 균분하고 있는 것으로 확인된다. 이러한 균분상속은 내외친족이 동일시되는 당시의 관행을 보여주는 일면이면서, 동시에 사회경제사적으로 보면 이수건이 지적한 것처럼 통혼권의 확대와 함께 '기성세력간의 부의 평준화와 연결을 통한 권력과 부의 상호작용, 京鄕 사족간의 교류증대, 처가와 외가를 성장기반으로 이용한 신흥사족의 발생'의 계기로 작용하기도 하였을 것이다.[3]

그러나 이 같은 조선전기의 가족 및 친족 관행들은[4] 17세기 중엽 이

---

1) 善生永助, 1933, 『朝鮮의 聚落』; 1943, 『朝鮮의 姓氏와 同族部落』; 조선총독부 중추원, 1936, 『李朝의 財産相續法』. 일반인들에게는 아직도 이러한 인식이 보편적으로 남아있는 듯하다.
2) 崔在錫, 1972, 「朝鮮時代 相續制에 關한 研究」 『歷史學報』 53·54합집.
3) 李樹健, 1991, 「朝鮮前期의 社會變動과 相續制度」 『歷史學報』 129. 이수건은 이러한 견해와 아울러 이로 인한 사족들의 가산분할주의가 빈곤화와 생산력의 저하를 초래했다고 본다.
4) 이종서, 2003, 『14-16세기 한국의 친족용어와 일상 친족 관계』, 서울대 박사학위

후는 친족범위를 부계만의 族, 門族, 諸族으로 제한하면서 점차 近族과 遠族을 구분하는 경향을 보여준다.[5] 그리하여 대부분의 18세기 이후 족보들은 부계친족 중심으로 '詳內略外'를 표방하면서, 女系의 경우 사위와 그 외손 1대에 한정하여 기록하는 경향을 보인다. 재산과 제사의 상속에 있어서도 17세기 중엽부터 장자우대, 남녀차등 분배의 경향이 나타나기 시작하여, 18세기 중엽 이후가 되면 균분 모습은 사라지고 대체로 장자우대, 남녀차등의 분재가 일반화되었음을 확인할 수 있다. 그런가 하면 17세기 이전에는 無後者의 비중이 상대적으로 많았고 입양제도는 17세기 중엽 이후에야 서서히 일반화되었다. 요약하면 17세기 중엽 이후의 친족결속은 嫡長子 중심의 父系親族이라는 특징을 보이며, 이는 제사 상속과 재산의 분재에서도 남자 및 장자우대의 경향으로 나타난다. 그리고 족보의 편찬과 간행 활동이 이 시기에 특히 활발해져 17세기 중엽을 분기점으로 새로운 친족 결합모습이 정착되어가고 있음을 보여준다.[6]

그런데 이러한 변화 내용과 변화 과정에 대한 인식은 일치되어 있으나, 더 주목하였어야 할 사회사적 배경과 의미에 대한 본격적 연구는 별반 진행된 바가 없었다. 다시 말하면 이 같은 변화가 왜 17세기 중엽이

논문 ; 박현순, 1999, 「16세기 사대부가의 친족질서」『한국사연구』107 ; 池斗煥, 1982, 「朝鮮初期 朱子家禮의 理解過程」『韓國史論』8 ; 高英津, 1989, 「15-6세기 朱子家禮의 施行과 그 意義」『韓國史論』21 ; 1991, 「16세기말 禮書의 成立과 禮學의 發達」『韓國文化』12.

5) 崔在錫, 1980, 「朝鮮時代 養子制와 親族組織」『歷史學報』86. 이는 조선전기 각종 고문서에 많이 보이는 異姓三寸이나 異姓四寸 등의 용어가 후기에 外三寸, 外四寸으로 내외를 엄격하게 구분하려는 경향과도 연결된다.

6) 崔在錫, 1972, 「朝鮮時代 相續制에 관한 硏究」『歷史學報』, 53·54 ; 1979, 「朝鮮時代의 族譜와 同族組織」『歷史學報』81 ; 1983, 「朝鮮時代 門中의 形成」『韓國學報』32 ; 1985, 「17세기 親族構造의 變化」『정신문화연구』24 ; 李光奎, 1976, 「李朝時代의 財産相續」『韓國學報』3 ; 金容晩, 1983, 「朝鮮時代 均分相續制에 관한 一研究」, 『대구사학』23.

라고 하는 시기에 집중적으로 일어나게 되었는가 하는 역사적 배경과 의미에 대하여는 어느 누구도 분명한 해답을 내리지 않고 있는 것이다.

이와 관련하여 이수건은 주자학(가례)의 보급과 진전 속도의 차이가 친족체계 변화에 크게 작용하였음을 지적하고, 김용만도 이를 적극 수용한다. 한편 정승모는 이와 다른 시각에서 이같은 문중의식의 변화가 가문의 수적 팽창과 불균등 발전(분화)에 기인하는 것으로 보고 있다.[7] 그는 족적 결합이 이루어지기 위해서는 몇 대에 걸친 재생산과정이 선행되어야 하기 때문에 임란 이후에 갑자기 族的 結合이 이루어진다고 보는 견해는 문제가 있음을 지적하였다. 그리고 조선후기 주요성씨들의 유대가 그 이전의 개인과 가문 차원의 횡적 유대에서 성씨 또는 종족 중심의 종적 유대로 바뀜과 동시에, 친족의 유대도 집단을 앞세운 종적인 관계의 강조로 처가, 외가를 통한 개인적인 횡적 유대가 제약받게 된 것으로 이해한다. 최재석도 이와 관련하여 '이것은 다른 사회적, 정치적 문제와 관련되며, 특히 조선중기 이후 서원의 발달이나 정치집단(당파)간의 갈등 격화와 밀접한 관계, 한편으로는 임란 이후의 사회적 궁핍을 극복하기 위한 사회의 집단화 현상의 결과라고 간주'할 수도 있음을 지적한다.[8]

조선사회에서 禮의 문제는 항상 중시되었다. 물론 16세기 士林들은 그들 중심의 향촌질서 재편과 지배력 강화를 도모하면서 향약과 소학의 보급을 강력하게 추진한 주체였다. 그들의 정치사회적 지위가 상승됨에 따라 『주자가례』가 사족들의 관심 대상이 되었고,[9] 『국조오례의』보다 『주자가례』나 고례를 준용하려는 경향을 보이게 되었다. 이와 함께 사

---

7) 鄭勝謨, 1989, 『鄕村社會 支配勢力의 形成과 組織化 過程』, 東洋學學術會議발표 요지.
8) 崔在錫, 1979, 「朝鮮時代 族譜와 同族組織」 『歷史學報』 81, 79쪽.
9) 4례 중에서도 관례의 적용은 미미하였고, 혼상례는 촌락이나 공동체 단위로 구체적 실현의 계기가 중요하며, 이는 향약이나 촌락 단위의 동계·동약 조직을 매체로 시행된다. 그리하여 가문별로 본다면 역시 제례가 기본되는 예로 주목되고, 이것이 각 가문별 가례나 결속력 강화로 직결되었다고 보아야 할 것이다.

림들은 성장하는 자신들 가문의 동질성이나 吏族·庶民들에 대한 관습
적, 문화적 차등성을 확보10)하는 방법으로, 주자가례를 형식만이 아닌
내용적 정리를 통하여 일반화하려는 경향을 보여주게 된다. 이 시기 대
표적인 성리학자들이 각 가문별로 축적된 가례·가훈이나 유훈류를 가문
통합의 제례서로 정리하고 있었던 것은 그러한 경향을 잘 말해주고 있
다.11) 16세기 중엽을 전후하여 시작된 禮에 대한 관심과 연구는 16세기
말엽에 이르면 대부분의 학자들에게 주목받는 상황이 되고, 전문적인 가
례주석서로 4례서가 저술되기에 이른다.

즉 17세기 중엽 이후의 예서들에서는 전기의 그것과 달리 4대봉사와
주자가례와 같은 사당제가 채택되고 있다. 이는 대체로 1632년 申湜
(1551～1623)에 의하여 『家禮諺解』(1632년 간행)가 완성·간행되면서
나타난 현상으로 본다. 그것은 이후의 모든 禮書들, 예컨대 申義慶(金長
生 교정) 『喪禮備要』(1648년 간행), 曺好益(1545～1609) 『家禮考證』
(1646년 간행), 安凡(1569～1648) 『家禮附贅』(1628년 간행), 金長生
(1548～1631) 『家禮輯覽』(1685년 간행), 李恒福(1556～1618) 『四禮訓
蒙』(1622년 간행), 俞棨(1607～1664)·尹宣擧(1610·1669) 『家禮源流』
(1715년 간행), 李縡(1680·1746) 『四禮便覽』(1844년 간행) 등이 모두 4
대봉사와 주자가례의 사당제도를 채택하고 있기 때문이다. 결국 이를 토
대로 한다면 17세기 중반 이후에 이르러서야 주자가례에 입각한 의례체
계를 완전히 이해하였다고 볼 수 있고, 이들 17～18세기의 가례서들은
전반적인 가례를 대상으로 하고 있었다.12) 이 같은 예제의 보급과 정착

---

10) 高英津, 1995, 『조선시대 예학사상사』, 한길사.
11) 高英津, 앞의 논문 및 張哲洙, 1990, 「祠堂의 歷史와 位置에 관한 硏究」, 文化財
    硏究所 ; 정무곤, 2006, 「조선시대 家訓의 성립과정 연구」『장서각』 15.
12) 장철수, 1989, 「慶北地方 禮書의 著述과 그 意義」, 한국문화인류학회 제21차 전
    국대회 발표요지에서 영남지방 조사결과 17세기 이후의 예서가 150여 종에 이른
    다고 밝혔다.

과정은 이 시기 사회이념이나 사족들의 경제력 확보와 일정하게 연계되면서 더욱 빠른 속도로 적용되었을 것이고, 그 결과를 우리는 생활의례나 앞에서 전제한 가부장적인 친족체제의 변화, 문중의식의 변화로 재확인하게 되는 것이다.

제2절 同族마을과 門中形成

앞에서 살핀 바와 같이 주자가례에 입각한 예제가 보급됨에 따라 친족의식이 적장자를 중심으로 하는 부계친족체계로 정착되고, 세대가 내려오면서 족원 수가 증가함에 따라 소종 가계의 형성도 이루어졌다. 이는 다시 몇 개의 소종을 연결하는 계파나 동족마을의 형성을 가능하게 하여 족계(동계·문중계)와, 종가·선영·재실·서당 등 족적인 기반에 토대하는 여러 기구들을 만들어 냈다. 그러나 17세기 전후반과 18세기 초반까지만 해도 아직 경쟁적으로 문중 활동을 벌어야 할 만큼 사족들의 사회적 지위가 불안하지도 않았고, 또한 그것을 용납할 만큼 사회의 공론과 의식도 해이하지 않았었다.

그러나 18세기 중반에 이르면 상황은 매우 달라져서 내외친이 망라되는 친족결속이 부계친족 중심의 결속을 강화하면서 가문 간 경쟁도 서서히 모습을 드러낸다. 부계친 중심의 가부장적 종법윤리의 보급은 종가 및 장자를 중심으로 하는 친족의식과 사회경제적 토대를 중시하게 만들었다. 물론 사회경제적 토대가 유지·존속되면 문제가 없겠으나, 모든 친족이 균등한 발전을 이룰 수 없어 친족 간 경제적 편차가 발생하고 가문의 사회경제적 토대가 위협받게 된다면 당연히 이에 대한 대책이 마련되어야 할 것이다. 즉, 가족의 수적 팽창으로 인한 자기 제어와 분별의 필요성이 발생하게 되면 장자 중심의 종가를 우선 보존하고 선택하는 것은 당연한 것이다. 그런가 하면 양란 이후 사회경제적 변화과정에서 사족들 간의 경제력 편차가 확대(분화)되면서 과거와 같은 가문 간 유대와 호혜적인 공유 개념을 바탕 한 균분상속도 유지되기 어려웠다는 점도 간과할 수 없다. 이러한 과정과 필요에 따라 장자우대의 상속제나 종가중심의 재산 집적 및 유지가 가능했고, 조선후기의 문중 기반과 조직은 이러한 상황 속에서 종가를 중심으로 발달했다고 볼 수 있다.

이제 각 부계친 중심의 直系 血祖를 정점으로 하는 문중들은 향촌사회의 변화과정에서 우위권 확보를 위해 각기 다양한 경쟁적 문중활동을 벌인다. 예컨대 각 문중별로 족적인 기반과 유대, 조직을 강화하는 수단으로 족보(파보)를 간행하기도 하고, 동족마을을 중심으로 하는 동성동족의 족계(화수계·문중계)를 조직하여 입향조나 계파시조, 혹은 현조의 묘소와 제각을 건립하기도 한다. 이 시기에 문중의 선영수호를 위한 규약이나 경제적 기반으로 노비·전답·산림이 마련되며, 재실·종가·문중서당 같은 관련 기구들이 활발하게 건립·운영되었다. 나아가 선조현창을 위한 행장 찬술과 비석 건립, 정려 포장이나 서원·사우 건립 등을 활발하게 추진한다. 조선후기, 특히 17세기 중엽 이후에 나타난 족계 조직이나 족보 편찬, 동족마을의 형성발달, '문중서원'의 건립과 같은 다양한 문중활동들이 바로 이 같은 사회적 변화의 실체 모습이었다.13)

이러한 문중활동의 모체는 역시 족계(화수계, 문중계)와 동족마을이다. 족계는 선영의 수호와 봉제사를 원활하게 수행하기 위한 목적으로 조직되어 결속력 강화나 문중재산 형성 등 경제적인 기반을 마련하는 구심체였고, 그것을 가능하게 하는 기반이 바로 지연과 혈연으로 얽힌 동족마을이었다. 조선후기 문중활동은 결국 족적인 기반인 족계와 동족마을, 그리고 향촌 사회조직인 서원·사우를 구심점으로 하면서 여러 형태

---

13) 이해준, 1993, 「조선후기 문중활동의 사회사적 배경」『동양학』23 ; 이해준, 2003, 「조선후기 문중화 경향과 친족조직의 변질」『역사와 현실』48.

의 문중활동들을 병렬적 혹은 순차적으로 이루어냈던 것이다. 그리고 이를 통해 문중의 지위를 홍보하고 그 기능을 확대하고자 하였다.14) 일반적으로 향촌사회에서 한 가문이 지위를 보장받는 배경은 ① 번성한 종족 수(동족마을) ② 인물배출(科擧, 仕宦, 三綱, 鄕村活動) ③ 경제력(지주적 기반) 등에 기초한다. 이들 세 가지가 모두 완비되었을 경우 문중활동의 사회적 확장이나 공인 가능성이 매우 높았고, 이중 한가지만이라도 특출 나지 않으면 그 지위를 확보하기가 상당히 어려웠다. 17~18세기의 많은 문중세력들이 당파나 지방관의 힘을 빌어 연대하는 경향을 보이는 것은 바로 이 같은 부분적인 기반의 미성숙을 보강하고 지위를 인정받는 수단이었던 것이다.

　문중기반, 가족 및 친족관념의 변화와 관련된 주요한 현상 중에서 우리는 특히 조선후기에 일반화 추이를 보여주는 동족마을의 형성과 발전을 주목하여 왔다.15) 동족마을은 동족부락 혹은 씨족부락으로도 불리며 사회학·인류학 연구가 많이 이루어진 분야이다. 동족마을은 대체로 하나의 지배적인 동성동족집단이 특정 마을의 주도권을 가지고 집단적으

---

14) 이해준, 1988, 「조선후기 영암지방 동계의 성립배경과 성격」『전남사학』 2 ; 이해준, 1985, 「조선후기 장흥방촌의 촌락문서」『변태섭 박사 화갑기념사학논총』.
15) 그런데 이 같은 동족마을의 발달이 과연 17세기 중엽 이후의 친족체제 변화의 결과로 나타난 현상으로만 보아야 할 것인지, 아니면 이전 시기부터 족적인 규모 확대와 조직 과정으로 초래된 동족마을 형성이 결과적으로 조선후기의 여러 문중적인 활동을 가능하게 한 것인지를 분명하게 구분하여 보지는 않은 것 같다. 물론 필자도 가부장적인 친족체계가 동족마을을 형성하게 하는 중요 요인임을 부정하지는 않는다. 그러나 가부장적인 친족체계가 일반화되는 것이 17세기 중엽 이후라는 점을 인정할 경우, 그 결과로 나타나는 동족마을의 형성발달 시기는 보다 늦게 상정되어야 한다는 점을 고려할 필요가 있다고 생각한다. 이와 관련하여 우리는 鄭勝謨의 견해를 경청할 필요를 느낀다. 그는 「향촌지배세력의 형성과 조직화 과정」(단국대 동양학학술회의 강연초, 1989)에서 기본적으로 족적결합이 이루어지기 위해서는 수 대에 걸친 재생산 과정이 선행되어야 한다고 보고, 따라서 족결합의 시기를 임란 이후(구체적으로는 17세기 중엽 이후)로 보는 견해에 반대하고 있다(정승모, 2006, 「조선후기 문중형성과 문중계 운영방식」『역사민속학』 23).

로 거주하여 온 마을을 말하지만, 연구자의 시각에 따라서 그 성격은 다
양하게 정의되고 있다.[16]

　그러나 이렇게 정의는 각각 다를지라도 동족마을의 형성배경이 종법
체계의 발전에 기반하고 있다는 시각은 대체로 일치하고 있다. 조선전기
친족체계가 새로운 종법질서의 정착으로 가부장적인 부계친족체계로 일
반화되자 이에 따라 촌락의 주도집단 구성도 달라질 수밖에 없다는 논의
가 바로 그것이다.[17] 이수건은 조선전기의 내외친족관념에 따른 자녀균
분 상속제 아래에서는 각 마을의 구성원들이 성씨는 다르지만 내외손이
인척으로 동거하면서 家財와 田畓·山林·水澤·墓山 등을 공유하며 상호
협조적인 관계를 유지할 수 있었다고 본다.[18] 한편 조선전기 散村들이

---

16) 즉, ① 동일한 선조, 동성동본자가 한 마을에 집단 거주하는 것(善生永助, 1933,
　　『朝鮮의 聚落』), ② 동조, 동족의식을 기본으로 하면서 집합적 행동을 통하여 결
　　속된 자연적 생활공동체, 즉 단지 동족의식에 기초한 靜的共存態에 그치지 않고
　　선조제사, 친목, 경제적 협동, 자위자강을 목적으로 地緣的인 이해를 갖고 집합적
　　행동을 하는 생활공동체(김두헌, 1969,『韓國家族制度硏究』), ③ 한 마을 안에 존
　　재하는 비교적 다수의 동성동본의 사람들이 조직체를 갖거나 적어도 집단적 행동
　　을 취하는 마을(최재석, 1978,『韓國農村社會硏究』), ④ 촌락 내의 조직과 씨족조
　　직이 일치하거나, 지배적인 영향력이 일치할 때, 수적인 위세나 선조의 권위가 존
　　속되는 경우 그 자손들의 사회적 경제적 권위가 보장되는 마을(정진영, 1993,『조
　　선후기 재지사족의 촌락지배와 그 해체과정』, 영남대 박사학위논문) 등의 정의가
　　바로 그것이다. 한편 이러한 동족마을의 일반적인 성격에 대하여 최협은 동성마
　　을이 대체로 이동이 없고 폐쇄적인데 반하여 비동성 마을(집성마을·각성마을)은
　　개방적이며 평등성이 보인다고 비교하는가 하면, 이광규는 친족을 X축으로 공동
　　체를 Y축으로 하는 구성을 가지고 있다고 정리하기도 하였다.
17) 李樹健, 1990,「良洞의 歷史的 考察」『양좌동연구』.
18) 조선전기의 마을은 대체로 내외친족이 동거하면서 소수의 사족(양반 호)과 다수의
　　평민, 천민호로 구성되는 모습이 일반적이었다고 생각된다. 예컨대 이수건의 앞
　　논문에 의하면 조선후기의 대표적인 동족마을로 손꼽혀지는 양동마을의 경우
　　(1599년 所志) 실제 거주 호는 사족 14명, 노비 38호로 되어 있고, 15-16세기의
　　하회마을의 거주성씨 구성도 류씨의 사위, 외손, 다수의 노비 및 평천민 호로 되
　　어 있었음이 확인된다(下人中 又 各以其里 別作小契 或 二十餘家, 洞案 1589～
　　1618년 류씨 57%, 1615～1635년 39%를 점유).

점차 성씨를 주축으로 하는 혈연적인 集村으로 새롭게 변모하게 되는데는 조선 건국 이래 사족들의 이거와 정착 과정이 연관되어 있었다. 려말 선초의 전환기에 사족들은 妻鄕이나 外鄕 등 연고지를 따라, 혹은 鄕·所·部曲 등 행정편제상 중앙정부의 통제가 철저하지 않은 지역을 확보하여 川防(洑)의 개발, 제언의 건설을 통해 확대된 堰田으로 농지를 확대할 수 있었다.[19] 또한 16세기 이후 본격적으로 진행된 관개시설의 보강으로 인한 수전 농법과 이앙법의 발달은 농경지역이 점차 평야·저지대로 확산되게 하였다.[20]

이 같은 평야 저지대로의 농지 확산과 집약농법의 발달은 생산력 증대와 함께 집촌화를 가능하게 하였고, 또 이와 함께 인구의 증가도 촉진되었다. 대체로 이러한 과정들은 경제력과 인력동원 능력을 지닌 유력 사족층을 중심으로 진행되게 마련이었다. 결국 이 과정에서 이를 주도하는 사족들의 위상도 강화되어, 촌락질서도 이들이 거주하는 촌락을 중심으로 생산층인 몇 개의 농민촌이 연계되는 현상을 보여주게 된다.[21] 촌락공동체적인 생산방식의 동원이 촌락발전과 맥을 같이하고 있었던 것이다. 사실상 16~17세기 재지사족의 촌락 지배는 대부분 이 같은 농지

---

19) 이태진, 1981, 「15-16세기 신유학 정착의 사회경제적 배경」『규장각』 5.

20) 楊普景, 1980, 「半月面 4里 同族部落에 대한 研究-기원과 발달과정을 중심으로-」 『地理學論叢』 7』, 서울대 지리학과.

21) 조선후기의 대표적인 동약 자료가 남아있어 주목되는 전남 영암 구림마을은 이러한 경향을 보여주는 대표적인 마을이다. 구림마을의 경우 1540년 경 임구령의 指南堤 건설 이후 인척으로 연결된 여러 성씨들이 구림동계와 영암향약의 주도세력으로 성장해 갔으며, 지남제의 건설로 이루어진 새로운 농토의 조성이 구림마을 주변의 '열두 마을'형성에 직접적인 계기를 마련하였다. 구림마을의 열두 동네는 중심부인 서호정 마을을 비롯하여 남송정·북송정·동정자 같은 반촌을 위시하여 농지에 인접되는 양지촌·음지촌·알뫼·학암·쌍화촌·동계·고산·신흥촌 등으로 하나의 광역화 된 공동생활권을 형성하고 있었으며, 구림동계는 바로 이를 통합하는 중심사족들의 규약이었던 셈이다(이해준, 1988, 「朝鮮後期 靈巖地方 洞契의 成立背景과 性格」『全南史學』 2).

의 확대(제언의 축조)를 경제적 기반으로 하고 있었고,[22] 이러한 촌락 간의 관계와 사족지배질서를 반영하는 증거가 바로 16～17세기에 일반화된 사족 중심의 동계와 동약 조직의 발달이었다.

　그러나 이같이 양호한 조건에서 사족들의 사회경제적 지위가 유지되고 있었다고는 하지만, 족적 규모의 지속적인 팽창 속에서 특수하게 경제력을 계속 확대해 간 일부의 경우를 제외한다면, 균분상속제의 오랜 시행은 李樹健의 지적처럼 결국 사족들의 가산분할을 낳아 빈곤화와 생산력 저하를 초래했을 것으로 보인다. 즉, 재산의 자녀균분은 15세기 상황에서는 사족들의 재산 확대 수단과 과정으로 작용하지만, 실제 균분상속의 지속은 사족의 재산 소유를 영세화하는 요인이 될 수도 있었던 것이다. 결국 17세기 중엽 이후의 차등 상속은 이에 대한 대응현상으로 나타났을 가능성을 배제할 수 없다.[23]

　그리고 이 같은 상황아래서 조선전기에 2～3개의 이성친족이 동거하면서 혈연과 지연에 근거한 동족적 유대를 유지할 수 있었던 것과는 기본적으로 다른, 마을의 구성과 운영방식을 채택하지 않을 수 없었다. 동성동족의 족통과 경제적 근거가 중심이 되는 동족마을은 종가를 중심으로 하는 결속력과 이를 통한 사회경제적 특권의 유지 및 존속을 도모하게 마련이었다. 따라서 이들 동족마을은 조선후기 다양한 문중 조직과 활동의 중심체 내지는 기초단위로 존재하였고, 이를 통한 특정성씨의 마을 내 주도권은 더욱 강화되었다. 이 과정에서 전 시기처럼 이해를 같이하던 이성친족이나 방계친족의 지위는 감소되고, 이들이 점차 마을 조직에서 이탈함으로써 보다 완전한 동족마을의 위상을 마련하게 되었다.

---

22) 『輿地圖書』(1759년)에서 보는 바와 같이 18세기의 읍지류에서는 이전과 비교할 수 없을 만큼 많은 제언수의 증가가 보이는 것이나, 또 촌락의 인구와 전결 수에 대한 기록이 충실해지는 것은 바로 이같은 촌락의 발전 상황을 증명하는 것이라 생각된다.

23) 李樹健·金容晩의 앞의 논문.

결국 동족마을 형성은 전제한 바처럼 가부장적인 종법질서의 일반화와 일정하게 관련되기도 하지만, 다른 한편으로는 족적인 기반의 확대와 이에 따른 대응방식이었을 가능성이 크며, 이는 동족마을의 형성시기를 좀더 명쾌하게 점검함으로써 분명해질 것이다. 동족마을의 형성시기에 대하여 막연하게나마 지금까지는 17세기 후반 이후로 보아왔다. 그러나 이는 각 가문의 족적인 기반이나 그들이 향촌사회에서 차지하는 가문별 사회경제적인 지위확대의 과정에 편차가 있기 때문에 그 형성시기를 일률적으로 말할 수는 없다. 그러나 필자가 확인한 장흥 방촌의 사례를 보면24) 장흥위씨의 입향 시기는 1510년대 어간으로 파악되지만 이들의 실제 문중활동은 18세기 중엽 이후에야 본격화되고, 촌락 내에서 주도권을 갖는 시기는 빨라야 1734년 이상으로는 소급할 수 없음이 자료로 확인된다.

이 같은 동족적인 유서의 마련과 동족마을 형성의 시차는 일정한 족원의 증가, 그리고 小宗의 형성이 가능한 시간적 간격이 있은 후에 가능한 것이었다. 실제로 한 성씨의 인물이 입향한 이후 4世가 지나야 奉祀 대상을 달리하는 小宗이 형성될 수 있고, 不遷位가 아닌 제사를 공유하지 않게 됨으로써 5世의 배출 이후에 同族을 연결하는 別廟나 墓閣같은 기구가 생길 수 있는 것이다. 이는 16~17세기 사족 移居현상(입향)이 일반화한다고 보았을 때 그로부터 5세손이 배출되는 150여 년 이후 문중조직이 필요하게 되는 것과 맥락을 같이한다.25) 다시 말하면 동족마을에서 문중 기반이 작용될 수 있는 상대적인 지위의 인정과 보장, 인물의 배출, 족원의 증가 등이 가능하려면 위의 '유서마련 시기'보다 적어

---

24) 이해준, 1985, 「朝鮮後期 長興 傍村의 村落文書」 『邊太燮博士華甲紀念史學論叢』.
25) 이 점은 善生永助가 동족마을의 형성시기로 파악한 시기(16~17세기)가 바로 사족들의 이거 현상임을 감안할 때, 그로부터 150~200년의 시차를 두고 18세기 후반 이후 19세기에 문중서원이 일반화되는 현상과도 일치할 가능성을 보여주고 있는 것이다.

도 2세기(혹은 5~6대 이상) 정도가 지나야 실질적인 동족 기반이 마련될 수 있는 것이 아닌가 생각된다.

동족마을은 족계조직의 모체로 조선후기 다양한 문중활동의 기초단위이자 중심처로 기능하였다. 그것은 우선 동족마을이 종가를 중심으로 족적인 전통이나 경제적 기반을 대표할 뿐만 아니라, 문중의 활동목적이 '顯祖의 추숭과 그 권위의 재활용'에 있었다는 점을 염두에 둘 때 동족마을의 족적 전통과 유서는 다른 어느 것보다 먼저 선택될 수밖에 없었다. 그리하여 동족마을의 기반이 형성되면서, 혹은 형성과도기에 그 결집력을 확보하는 수단으로 다양한 형태의 문중활동이 이루어진다. 특히 서원·사우의 건립과 이를 통한 가문의 결속, 선조의 추숭은 다른 어느 활동보다도 주목되었다.

이와 관련하여 정만조는 양란 이후 사족들의 향촌사회 복구 작업이 진행되면서 이와 함께 나타나는 동족촌락 발달 및 족계를 통한 족적기반의 강화과정과 연결하여 이 시기의 사회변화를 이해하려고 하였다. 즉, 시기적인 차이는 다소 있을지 모르나 17세기 후반 내지 18세기에 이르면 대부분의 사족들은 족적인 기반을 마련하여 동족마을을 형성하게 되었고, 혈연적인 결속력을 배경하는 族契를 성립시켜 갔다. 그리고 16세기에 이루어진 族契의 경우는 이 시기에 이르러 대부분 재결속을 강조하면서 복구의지를 보이고, 이 과정에서 동족 자제의 교육을 위한 서당 건립도 일반화하는 경향을 보여준다. 또한 族契는 동족간의 친목도모나 상부상조, 선조봉사에 기본 목적이 있었다. 그러나 이와 함께 향촌사회에서 그 가문이 인정받기 위해서는 계속적으로 사족을 재생산해야 한다는 욕구가 팽배하여 이 시기의 많은 族契에서 서당의 건립과 운영이 중요한 항목으로 부각되는 현상을 볼 수 있으며, 이 점은 향촌사회에서 서원이 수행하던 역할과 관련하여 대단히 주목되는 현상이다. 부연하면 특정 유학자를 제향하여 사림의 모범으로 삼고, 겸하여 장수와 강학처로서

기능하던 서원이 족적인 기반 내에서 조선봉사와 자제교육을 겸할 수 있
는 기구로 변화할 가능성이 보이고, 이같은 가능성은 17세기 후반에 들
어서서 현실로 나타난다는 것이다.[26] 결국 서원·사우의 건립은 향촌 단
위 사회에서 이루어지는 문중활동의 궁극적인 귀착점이었던 것이다.

　　그러나 이같은 문중 중심의 서원·사우 건립은 문중세력들이 그것을 원
한다고 하여 용이하게 이루어지는 것이 아니었다. 시기별로 볼 때 16～17
세기 초반까지만 하여도 서원의 건립은 공론을 바탕으로 했기 때문에 도
학자나 유현, 국난 충절인이 아니면 각 가문이 원하는 형태로 서원을 세
우는 것은 어려웠다. 그리하여 각 가문은 家廟를 확장하는 선에서 그들
顯祖의 영당이나 사당을 마련하거나, 혹은 그의 활동근거지나 묘역에 祭
閣을 겸하는 齋室을 건립하는 것이 일반적이었다. 예컨대 호남의 남인가
문으로 널리 알려진 해남윤씨 같은 경우도 본관지의 토성이지만, 고려시
대 先系인 尹光典의 실전 묘소가 16세기에 들어와 개간 중에 우연히 묘
지석의 발견[27]으로 확인되면서 尹善道의 주도로 이루어지고 있음을 확
인하였다. 윤선도는 1635년 직계 선조인 6대조 思甫와 5대조 耕의 묘소
와 향사를 위한 경비를 마련하였는데, 당시의 사정은 『先祖墓位畓立券』
(1649년)[28]에 잘 전해진다. 윤선도는 6대조와 5대조 부모의 묘소가 종가
親盡 이후 主祀人이 없이 내외자손이 기 천여 명에 이르지만 香火가 영
영 끊어지고 관리가 소홀하여 졌다고 한다. 그리하여 기 천명에 이르는
내외손이 布와 米를 거두어 제향경비로 쓰기로 하였다가, 1649년에 祭畓
을 마련하는 방법으로 전환하고 이를 기화로 문중재실인 追遠堂[29]을 건

---

26) 정만조, 1989, 「朝鮮朝 書院의 政治·社會的 役割」 『韓國史學』 10, 한국정신문화
　　연구원.
27) 『海南尹氏族譜』에는 묘지석의 발견자를 尹善五라 기록하고 있으며, 尹光典은 보
　　물 제483호로 지정된 「至正十四年奴婢文券」(1354년)의 작성자이며 尹善道의 9
　　대조이다.
28) 한국정신문화연구원편, 『古文書集成』(해남윤씨편, 1986년).
29) 해남윤씨 추원당은 호남 지역에서는 흔하지 않는 5칸의 대규모 건물로, 당시 종족

립하기에 이른다. 그러나 내용상 이 제각은 해남윤씨 5파 중에서 윤선도
의 직계인 '思甫-耕-孝貞'으로 이어지는 漁樵隱派의 제각으로, 더욱
큰 범위의 5파 소문중이 관계되는 제각은 한 세대 뒤인 1687년에 思甫
의 祖(光典), 伯父(丹鳳), 父(丹鶴)을 제향하는 永慕堂으로 건립되었다.
이처럼 해남윤씨들의 경우도 17세기 후반에야 계파조직을 통한 문중의
결속과 범위를 정하고 있으며, 『해남윤씨족보』는 이 다음 세대인 1702
년에 이르러서야 편간되었다.[30]

　이 같이 일단 문중 내적인 결속과 기반을 먼저 성숙시킨 뒤에 각 문중
세력들은 사회분위기가 유리하여졌을 때 사당(영당)이나 재실, 서당 같은
문중기구를 모체(유서)로 서원 사우로의 건립을 시도하였던 것이다.[31]

제3절 鄕案秩序의 解弛와 士族分岐

　한편 조선후기 '문중서원'의 성립 -서원의 문중화 경향- 은 사회사
적으로 보면 이 시기의 향촌사회 지배구조의 변화와도 밀접히 연계되어
있다. 왜냐하면 '문중서원'의 건립은 각 가문이 주체가 되는 것이고, 이
들 가문은 역시 사족의 혈연집단이라고 보아 틀림이 없기 때문이다. 따
라서 '문중서원'의 활발한 건립은 가문의 지위와 성쇠, 향촌사회에서의
주도력이 관련되게 마련이고, 결국 문중·문중서원은 향촌사회의 구조와
분리하여 생각할 수 없기 때문이다.

　주지하듯이 16세기 사림들은 일련의 향촌활동을 통하여 사족지배체

　　들로부터 갹출된 묘위답의 총량은 4석 4두 5승락지(2결 34부 7속)이었다.
30) 1702년에 간행된 『海南尹氏族譜』는 내외손을 망라하는 조선전기의 형태이다. 이
　　족보의 서문은 沈檀이 지었고, 해남윤씨와 연계된 호남 남인의 인맥 확인 과정에
　　서 매우 중시되는 자료이다.
31) 이에 대하여는 본서의 제4장 제4절의 영암지역 사례를 참조.

제를 확립시킬 수 있었다.[32] 16세기의 사족들은 내외친족이 망라되는 族契를 결성하거나, 군현단위의 유향소, 사창, 향규(향안) 등 자치적 조직에 가담하기도 하고, 학문적인 성향이나 학연을 모체로 하는 同榜契·師友契·詩契 등의 結社體들을 조직하여 상대적인 지위를 보장받으려 하였다. 그런가 하면 지연적인 기반 위에서 書齋나 精舍를 지어 講學을 통한 학연을 만들기도 하고, 亭子나 樓閣을 통한 詩情의 교환과 현실에 대한 의논도 하였다. 한편 15세기에 농법과 관개시설이 발달하고, 그에 수반한 경지의 확대는 사족들의 경제력 상승에 크게 기여하였고, 생산력 증대는 전 시기에 비하여 계층적 이해도 완충시킬 수 있었다.[33] 즉, 사족들의 상대적인 경제력 확보가 아직은 기층민과의 마찰을 야기하지 않았던 것이다. 이러한 상태에서 사족들의 향촌지배는 자연스럽게 진행되었으며, 사족들의 공동이해를 반영하는 결사체적인 조직들도 활발하게 이루어졌을 뿐만 아니라, 이를 통한 기층민 지배도 원활하였다.[34]

그리하여 16세기 이래 사족들은 향촌 자율권을 행사할 수 있었고, 부세운영과 향임층에 대한 인사에 적극적으로 참여하면서 향규·향약 등의 향촌규약을 통해 향리와 일반민들을 그들의 지배 하에 수렴할 수 있었다. 16~17세기의 재지사족들은 토호적인 전통을 지닌 사족세력들을 결속하여 명부를 만들고 이를 '鄕案'이라 하였다. 향안에 입록된 인물과 그 족적인 배경을 토대로 이들은 향회를 운영하였고, 명실공히 향촌사회의 여론을 주도하고 자신들의 이해를 관철시키고자 하였다. 또한 별도로 그들은 향촌의 운영규정이라 할 '鄕規'를 마련하여 향임층은 물론 아전, 서리와 하층민을 효율적으로 통제할 수 있는 조처를 강구하기도 하였다.

---

32) 李泰鎭, 1972-3, 「士林派의 留鄕所 復立運動」 『震檀學報』 34-5집.
33) 李泰鎭, 1981, 「15-6세기 新儒學 定着의 社會經濟的 背景」 『奎章閣』 5집 ; 1981, 「16세기 川防(洑) 灌漑의 發達」 『한우근박사 정년기념사학논총』.
34) 이해준, 1990, 「朝鮮後期 洞契·洞約과 村落共同體組織의 성격」 『조선후기 향약연구』, 민음사.

이렇게 사족이 매개가 되는 지방통치의 방식은 봉건정부의 입장과 상보적 관계를 지닌 것이었다. 즉, 국가권력으로서도 지방지배에 있어서 향촌사회의 공동체적 질서와 물적 토대가 확고했던 재지사족의 존재를 무시할 수는 없었던 것이다.

그러나 이러한 사족지배체제는 양란을 경과하면서 사회경제적 변화가 야기되고, 이와 함께 사족들 중 많은 세력들이 기반을 상실하였을 뿐만 아니라, 복구 과정에서 기득권을 지키려는 성씨들 간의 이해 대립으로 인한 갈등 표출도 적지 않았다. 대부분의 재지사족들은 양란을 거치면서 그들의 경제기반이었던 농민과 토지를 크게 상실하였고, 이들 중 일부는 족적인 인맥의 단절까지 겹쳐 사족기반 자체가 무너져 버린 예도 있었다. 게다가 국가는 '국가−수령−사족'의 연결구조 속에 새로운 동반자로서 富民·新鄕세력을 끌어들여 궁극적으로는 官主導的인 통제방식을 강화하고자 하였다.35) 그리하여 조선후기의 향촌사회 권력구조는 수령과 향리, 그리고 신향·부민층이 연결된 형태로 변모되었으며, 이에 따라 기존의 향회는 이제 수령의 부세정책에 대한 자문적인 기구로 전락하는 현상까지 생겨나게 되었다.36) 물론 대동법이나 균역법의 초기 단계에서는 중앙권력이 일정한 통제를 함으로써 과도한 수탈이 제어될 수 있었던 것은 사실이다. 그러나 곧 田稅에서의 比總制, 군역에서의 里定制, 환곡에서의 里還·統還制 등과 같이 공동납 형태의 부세정책이 실시되고 향촌사회에 그 수취의 책임이 주어지면서 사정은 매우 복잡한 양상을 보여주게 된다. 이들 제도가 사회변화를 근본적으로 해결하려는 의지가 결여된 임기응변적 대책이었기 때문에 또 다른 모순을 확산시키는 계기가 되었던 것이다.

---

35) 이해준, 2000, 「조선후기 官 주도 지방지배의 심화」『조선은 지방을 어떻게 지배했는가?』, 대우학술총서 477.

36) 김인걸, 1990,『조선후기 향촌사회변동에 관한 연구』, 서울대 박사학위 논문 ; 고석규, 1989, 「19세기전반 향촌사회 세력간 대립의 추이」『국사관논총』 8.

한편 향론의 불일치로 과거와 같은 향촌자율조직(향안·향규·향약)을 통한 一鄕의 지배가 점차 불가능해지고, 또 사회경제적 변화로 향촌지배력이 약화되자 사족들은 나름대로의 자구책을 강구하지 않을 수 없었다. 이에 사족들은 공론을 통한 一鄕의 지배보다는 혈연적인 족계를 만들어 문중의 결속력을 확보하기도 하고, 혹은 촌락기반을 매개로 하는 하층민과의 유대 속에 자기방어를 모색하고자 하였다. 上下合契형태의 洞契(洞約)나 동족마을의 발달, 그리고 본고에서 특히 주목하는 문중서원과 사우를 활용하고자 하였다. 또한 사족의 지배력 약화와 기득권 보장이 불가능한 상황에서 수령권과의 관계도 매우 불안한 지경에 이르렀다. 그러자 사족가문들은 각각의 현조를 내세우면서 가문위세를 과시하려고 하였고, 이를 향촌사회에서의 지위 유지, 하민 통제의 수단으로 삼으려 하였다. 이것이 바로 조선후기 '문중화 경향'의 핵심이자 내용으로, 이 시기의 문중 조직과 활동은 이러한 모든 문제에 대응하면서 자신들의 종래 지위를 유지, 혹은 강화하는 수단이었던 것이다.[37)]

이러한 혼돈 속에서 서원·사우 조직도 변화를 맞이하게 된다. 즉, 중앙의 정치권력을 향촌사회에 이식하여 연계 구조를 모색한다거나 친족 결속력을 강화하려는 일련의 노력, 문중의 권위나 상징으로 서원·사우를 활용하는 逆 현상이 나타나고 있었던 것이다. 조선후기 서원·사우의 남설 경향은 향촌지배권의 상실 위기에 대처하는 사족들의 대응방식이자, 사족 간의 내부분열상을 보여주는 일면으로, 이와 같은 복잡한 시대 배경 속에서 나타난 것이었다. 이제 조선후기의 서원·사우는 교화나 선현봉사의 기능보다 문중의 우위권 경쟁이나 사회경제적인 권력기반으로 변모되어 그 본질을 우회하는 모습으로 변해 갔다. 특히 서원의 건립과

---

37) 이 과정에서 동족마을의 형성 발전과 문중서원은 그에 상응하는 역할을 담당하는 중요한 주체로 부각되었다(이해준, 2000, 「조선후기 문중서원의 개념과 성격문제」 『이수건교수 정년기념논총』).

사액, 증설과 이전, 경제적인 기반의 확보 등을 통한 상호 경쟁이 수령의 지원을 토대로 하였기 때문에, 이 과정에서 결국 수령권과의 일정한 타협과 유대는 필수적이었다. 역설적이기는 하지만 이러한 과정의 중첩은 또다시 사족 간의 분열, 경쟁을 초래하여 그들이 회복하고자 한 종래의 권위를 더욱 하락시키는 역할을 하고 있었던 것이다.

제4절 書院의 濫設과 門中化 傾向

서원 건립이 시작되던 16세기 중엽의 서원은 국가의 人材養成과 右文政治라는 측면에서 정책적으로 권장되었다. 그리고 실제 서원의 건립이라든가 운영의 제반사가 향촌 단위 사림들의 자율에 맡겨지고 있었고, 제향인도 도학연원의 인물이거나 사족 연대적인 鄕論의 토대 위에 공인되는 鄕賢祠가 전부였다.[38] 이때 가문별로는 사당이나 가묘의 형태로 가문 선조를 제향하고도 있었지만, 엄밀한 의미에서 이들 사당과 가묘들은 종법체제의 보급과 함께 일반화한 것이었다.

가문지위의 선양과 사회세력화는 의미와 시대배경은 다르지만 고려시대부터 각 지역마다 존재했던 城隍祠의 문제라든가, 조선 초 가묘나 사당 건립이라는 선행적 형태를 통해 이미 그 단서가 부분적으로 마련되고 있었다.[39] 그런가 하면 조선 초기 공신계열의 影堂이나 조선전기에 마련된 사족가문의 祠堂들은 가문 위상에 따라 사족적 성향이 강한 경우 서원·사우로 쉽게 연계가 되기도 하지만, 그렇지 않은 경우들은 조선

---

38) 李泰鎭, 1978,「士林과 書院」『韓國史』12 ; 鄭萬祚, 1984,「朝鮮後期 對 書院施策」『국제학술회의논문집』, 한국정신문화연구원.

39) 鄭勝模, 1990,「城隍祠의 民間化와 鄕村社會의 變動」『태동고전연구』7 ; 金甲童, 1991,「高麗時代의 城隍信仰과 地方統治」『한국사연구』74 ; 이해준, 1998,「순창 성황제의 변천과 주도세력」『역사민속학』7.

후기 문중 서원·사우의 남설기에 遠祖 追配나 창건의 형태로 명맥을 재
건한다. 조선후기의 많은 서원과 사우가 그 건립의²유서나 전신을 이들
사당이나 가묘, 영당으로 하고 있는 점은 그런 사정을 잘 반증해 준다.

그러나 엄밀한 의미에서 이 같은 각 가문들의 선조제향은 가묘제의
정착과 짝하는 현상으로 우리가 다루려는 조선후기 문중서원의 건립과
는 구분되어야 할 것이다. 왜냐하면 이 시기 국가와 사림세력의 주창에
의하여 강학과 장수의 기능을 부여받고 건립되던 서원과는 엄격한 차이
가 있었기 때문이다. 명종~선조대에 건립된 서원들은 설령 건립과정에
유력 가문 후손들의 지원과 이해가 간여되어 있었다 하더라도 역시 이
시기 서원 건립의 주체는 사족지배체제 하에서 연대한 鄕中 사족세력이
었다고 할 수 있기 때문이다. 즉, 이러한 경우 서원 건립과 운영에 참여
한 인물의 가문이 사회적 지위를 상대적으로 인정받을 수는 있었지만,
그것이 곧 해당 문중세력의 실체로서 부각되지는 않았던 것이다.

그러다가 17세기 초반 이후 서인-북인의 대립, 노론-소론의 대립과
정에서 서원·사우는 당파적인 향촌세력의 집회와 결속기구로 변하여, 미
구에는 향촌세력 간의 정치적 입장과 이해에 따른 분기를 조장하는 역할
을 하게 된다. 치열한 당쟁의 연속은 당파 세력들로 하여금 자파의 이해
와 여론을 조성할 지방세력 확보를 필요로 하게 되었고, 영입 경쟁에 적
극성을 보였다.[40] 특히 예론으로 당파 간의 정쟁이 심화되는 17세기 후
반에 이르러 그러한 경향은 더욱 고조되었다. 庚申換局(1680년 숙종 6),
己巳換局(1690년 숙종 16), 甲戌換局(1694년 숙종 20) 등 잦은 붕당의
교체와 정국의 혼란과정에서 서인 노론, 소론, 남인계 당파세력들은 지
역별로 자파의 이해가 관철되는 서원을 건립, 지원하였고 서원에서 당파

---

40) 특히 효종대 山林의 政界進出 이후 宋浚吉 등에 의하여 추진되는 西人系 學統
　　顯揚을 위한 서원건립과 사액활동, 그리고 李珥와 成渾의 문묘제향을 반대하는
　　영남유생들의 상소같은 것은 바로 그러한 사례들이었다.

인물의 제향이나 첩설처가 많아지는 것은 바로 그러한 배경에서였다.

 이 과정에서 기존 지배권을 상실할 위기에 처한 향촌 사족들 중 일부
는 경쟁력을 확보하고 자신들의 영향력을 강화하기 위한 수단으로 당파
세력과의 연대와 동원을 시도하기도 하였다. 그들이 선택한 정치세력들
역시 자파 재지세력의 거점을 구축할 필요가 있었으므로 양자의 목적은
일정하게 합치될 수 있었다. 물론 당파적 성향이 강한 서원의 건립은 각
문중세력의 입장에서 보면 자기 기반 강화와 인물배출에 기인하는 것이
기도 하였으나, 당파적 인물 제향은 향촌사회에서 그들의 위상과 사회적
지위를 보장해주고 관련되는 정치세력과 연대할 수 있는 장이기도 하였
던 것이다. 특히 서원의 건립과 사액, 증설과 이전, 경제적인 기반의 확
보 등을 통한 상호 경쟁이 수령의 지원을 토대로 하였기 때문에 이 과정
에서 수령권과의 일정한 타협과 유대 마련은 필수적이었다.

 그리고 이러한 상황 변화는 문중 기반을 강화하려던 지방의 성씨세력
들에게 있어 매우 유용하게 활용될 수 있었다. 즉, 서원과 사우와의 구별
모호, 문중선조(官人·黨禍者·遠祖·顯祖)의 추배 가능성과 충동, 이를 통
한 중앙 정치세력과의 연계구도는 바로 문중의 조직 및 기반 강화에 결
정적인 도움이 될 수 있었기 때문이었다. 부연하면 향촌사회에서 족적인
결속과 사족들의 가문 지위를 보장받는 수단으로 유사한 상황에 처한 사
족(가문)집단들이 상호의 이해를 도모하고 공동의 유대와 결속을 이루는
장치인 서원조직은 매우 유용했고,[41] 이러한 서원의 건립에 당파적인
이해나 그와 연계된 중앙관인과 지방관을 동원하고자 하였다. 그런가하
면 자파세력의 지방 기반 확보에 주력하던 당파세력은 그들대로 연대할
지방 세력을 구하고 있었기 때문에 두 세력의 상보적인 연계는 쉽게 이
루어질 수 있었다. 또한 이 과정에서 이해관계가 앞서다 보니 건립기준
과 제향인 기준도 철저하게 적용되기란 어려웠고, 이에 따라 서원 건립

---

41) 鄭勝謨, 1989·90,「書院·祠宇 및 鄕校組織과 地域社會體系」『泰東古典研究』3·4.

에 대한 엄정한 통제도 역시 불가능하였다. 이것이 바로 뒤이은 숙종대의 서원남설을 가져오는 주요 요인이 되었던 것이며, 이러한 과정에서 돋아나는 현상이 바로 본고가 주된 관심을 가지는 '문중서원'의 경쟁적 건립이었던 것이다.

사실 16세기 이래 향안질서가 존속하던 시기보다, 그것이 서서히 와해의 조짐을 보이던 17세기에 서원조직의 역할은 더욱 증대되었어야 했다. 그러나 서원이 이처럼 정치적·당파적 성향을 강하게 지니게 되면서 당파의 '지방거점 마련을 위한 정치적인 수단'과 '향촌 사족들의 현실적 이익추구의 매개체'로 기능하게 되자, 이에 부수하여 서원의 성격도 크게 변모한다. 그 하나는 서원이 이제 藏修講學의 기능보다 祭享 기능이 중심이 되는 기구로 변화했다는 점이다. 서원조직이 이처럼 자신들의 정치적 입장과 이해를 반영하는 조직으로 변용되면서 사실상 서원의 藏修講學 기능은 퇴색되고, 제향자가 정쟁 희생자에 대한 伸寃의 성격이나 자파의 학문적 정통성을 顯揚하는 수단으로 활용됨으로써 서원은 점차 祭享機構로 변하여 갔다. 다른 하나는 제향자의 범위 증대와 이에 따른 제향인물의 질적 저하였다. 제향인물이 도학연원의 인물보다 行義氣節人[42]을 제향하게 되면서 제향인물 선정의 엄격한 기준도 점차 허물어져 갔다. 영조조의 檢討官 申致謹이 '자손이 융성하면 不當者도 배향되고, 자손이 쇠미하면 可當者도 배향되지 못하는데 이는 모두 당론 때문이다'라고 말한 것이나,[43] 趙顯命이 서원을 聚黨之所로 보고 있는 것은 바로 이 같은 상황의 만연을 지적한 것이었다.[44]

그리고 이 과정에서 이 같은 현상을 더욱 부추긴 것이 바로 후손들에 의한 문중 선조 제향이었다. 서원의 제향인물이 향현이나 고관, 행의 있

---

42) 朴世采,『南溪集』續 卷20,「書院考證補」. 서원과 사우를 구분하면서 박세채는 '道學之至者'와 '忠孝, 直節之士'로 구분하고 있다.
43)『英祖實錄』권18, 4년 6월 갑신조.
44)『英祖實錄』권22, 5년 6월 무술조.

는 선비나 효자에까지 확대되는 상황에서 각 동족집단들은 자신들의 현
조나 입향조(중시조, 파조), 충효인물까지 제향하는 사묘를 세우고 자제
교육을 위한 養正齋나 童蒙齋 따위의 書堂(書齋, 精舍) 건물을 부속시키
는 경향을 보이게 되었던 것이다. 서원의 문제점이 도학 인물의 첩설문
제에서 문중인물 제향이나 私建 통제로 전환되는 것도 이러한 사정에
연유한 것이었다.

숙종대의 서원 남설 현상은 비록 당쟁의 격화와 이로 인한 정치적 성
격(黨勢의 扶植, 被禍人에 대한 伸冤 등)도 강하게 지니고 있으나 이를
좀더 내면적으로 살펴보면, 결국 족적인 결속을 위한 가문의 지위유지
수단으로 '문중서원'들이 건립된 결과이기도 하였다.

사족들은 결집된 문중의 기반을 서원·사우에 연결시킴으로써 위협받
는 자신들의 향촌사회에서의 지위를 보강하고 확보하고자 하였다. 즉 이
시기 각 향촌 단위의 사족들은 그들의 향촌 지배력을 확보하기 위하여
문중조직과 결속력을 강화함으로서 族的인 공동 대응을 모색하게 되었
다. 조선후기 '문중서원'은 바로 이렇게 복잡한 시대배경 속에서 그 위
상을 마련하였던 것임을 주목할 필요가 있다.

한편 이와 다르게 조선시기 서원의 발전과정과 관련시켜 '문중서원'
의 건립배경을 검토할 수도 있다. 즉, 조선조의 서원 발달은 기본적으로
는 사족지배체제의 산물이고, 본질적으로는 사자장수와 강학 혹은 선현
의 봉사라고 하는 교화와 이념적인 목적을 가진 것이었다. 그리고 그중
에서도 인재양성과 사자장수가 본원적인 기능이었고 선현의 봉사는 부
차적인 것이었다고 할 수 있다. 이는 경종 2년(1722) 동부승지 李明彦이

무릇 서원은 반드시 학문에 깊은 조예가 있고 斯文에 功이 있는 경우에
제향할 수 있고, 氣節이 있는 사람은 祠宇를 세워 제향하니 講堂이 있으면
書院이라 하고 다만 祠堂만이 있으면 祠宇라고 한다.[45)]

고 지적하듯 원래 서원에는 斯文有功者로 불리는 도학적인 인물이 제향
되고 강학적인 부속시설이 설비되지만, 사우는 충절인이나 지방유공자
등 氣節人物을 제향하는 시설이었다. 그러나 이러한 서원과 사우의 기본
적인 구분 기준이 되는 각자의 고유한 기능·성격은 점차 허물어져서, 앞
에 든 이명언도 "서원과 사우가 분별할 바가 없이 폐풍이 극심해졌다"하
고 경상도 암행어사 柳綏도 "書院과 祠廟는 그 뜻이 각기 다른데도 근래
에는 서로 혼요되어 합쳐져 하나같이 되었다"[46]고 복명하는 상태였다.
이 같은 서원과 사우의 구분기준의 모호함은, 결국 서원에도 엄격한 기
준의 설정이 없는 문중적인 인물이나 향촌사회세력과 연계되는 특정인
물의 제향을 가능하게 하였다. 이와 더불어 17세기 중엽 이후 문중의식
이 점차 고조되면서부터 사사롭게 가문의 명예를 드러내기 위한 奉祀
위주의 서원·사우건립이 일반화되었다. 서원의 폐단을 강하게 비판했던
경상감사 임담도 인조 22년의 馳啓에서

> 萬曆(1573~1615) 이후 廟宇의 건립이 날로 성하여 서로 경쟁이라도 하
> 듯 폐단이 넘쳐 심지어 의논이 공정하지 못하고 혹은 관직이 높으면 제향하
> 고 혹은 문족이 성하면 다투어 제향함으로서 이를 자랑으로 삼는다.[47]

고 하여, 17세기 이후 서원이 교화나 강학 같은 인재양성과는 별개로 봉
사 위주로 변모하는 사실과, 이에 따라 서원·사우가 문중적인 기반과 연
계하여 남설되고 있음을 지적한다. 이러한 서원성격의 변화과정에서 '문
중서원'은 활발하게 건립되기 시작하였고, 급기야 그것이 첩설문제 및 폐

---

45) 『書院謄錄』卷5, 경종 2년 9월 5일조 李明彥 啓辭. 한편 이와 유사한 견해가 숙종
    대의 황해도 유학 金世緯 등의 상소에서도 보인다(『承政院日記』 숙종 32년 9월
    10일조. "士有一行一善 有稱於鄉中沒而祀之 則所謂鄉賢之祠宇是也 至於道學表
    著 蔚爲士林之宗仰 則建爲書院 …").
46) 『書院謄錄』 경종 4년 4월 28일조.
47) 『仁祖實錄』 22년 8월 己未條.

단론과 연결되면서 정부의 강력한 서원 통제정책 마련으로 귀결되었다.

그러나 이러한 私建 書院 훼철과 첩설처의 위판훼철 이후에도 각 지역에는 문중인물을 제향하는 '문중서원'들이 계속 건립되고 있었다. 이제 그 같은 禁令에도 18세기 후반 이후에는 "院祠의 私設을 禁하는 법령이 지극히 엄중함에도 근래 기강이 해이해지고, 鄕俗이 더욱 혼란하여 쉽게 방자하게 設享을 하고, 혹은 鄕祠라 칭하며, 혹은 影堂, 里社, 書齋라 하나 이는 모두가 포식하는 장소일 뿐 藏修의 효과란 거의 기대할 수 없는 상황"으로 변해갔던 것이다.48) 특히 서원의 건립 기반을 본관지나 입향지(태생지)의 동족마을로 삼고, 건립의 유서나 전신 형태를 사당이나 영당으로 하고 있는 점, 그리고 18세기 후반 이후 단일성씨의 서원 건립과 문중선조의 제향이 일반화되고 있었다면, 설령 건립의 절차나 과정상 어떤 형태를 띠고 있던 간에 그 서원(사우)가 일단 문중적 성격을 지니고 있었을 것임은 쉽게 추측이 된다. 그리고 그러한 경향이 18세기 후반 이후 사우들에서 이미 지배적이었다면 이제 향촌사회에서 16~17세기와 같은 의미의 서원 조직은 존재하기 힘들었을 것이다.

경종 4년 전라우도 암행어사 이진순이 "대개 근일에 서원을 건립하고자 도모하는 자는 慕賢의 뜻을 가진 것이 아니고 鄕谷간에서 세력을 탐하는 부류들이 拔身의 계단으로 삼고자 하는 것"49)이라고 지적한 것이나, 정조 5년 경상도 관찰사 조시준이 문중서원의 건립은 "慕賢尊師의 뜻에서 나온 것이 아니라 자손으로서 선조를 들어 사사로움을 꾀하거나 미비한 자들이 여기에 기대어 행세하고자 함에서 비롯된 것"50)이라고

---

48) 慶尙監司 尹光顔의 「列邑關文」(純祖 7年 11月 26日) 및 『日省錄』 純祖 8年 4月 1日條.
49) 『書院謄錄』 경종 4년(1724) 갑진 4월 28일조. 영조 4년 趙德隣과 申致謹도 서원 폐단을 논하면서 서원의 건립이 '권세있는 집안의 선조현양'과 '향촌사자들의 발신도구'로 이용됨을 지적하고 있다(『承政院日記』 663册, 영조 4년 6월 5일 庚申).
50) 『正祖實錄』 5년 12월 丙申條.

파악하는 것은 이 시기의 문중서원들이 문중자손과 그 집단의 이해를 반영하기 위한 목적과 수단으로 이용되고 있음을 단적으로 말해준다.

이처럼 비록 배경은 서로 다를지라도, 기존 지배력을 도전받던 재지사족 가문이나, 향촌지배력에 참여하기를 기대하는 신흥가문들은 자신들의 '가문위세'를 드러내는 방법으로 문중서원을 경쟁적으로 건립하여 18세기 후반 이후 문중서원이 일반화하는 상황이 야기된 것이었다. 조선후기 문중서원은 기본적으로 건립의 동기나 과정상 문중 기반의 성숙도나 문중의 이해를 우선적으로 반영하면서 구체적 활동을 전개한다는 점에서 일반적인 서원과 크게 구별될 수 있다. 만약 그러한 조건이 마련되지 못한 경우에는 비슷한 조건의 몇 개 문중이 합력하여 서원을 건립하거나, 기존의 서원에 추배제향의 길을 모색함으로써 향촌사회에 참여하여 영향력 행사를 꾀하고 있었다. 그리고 이 같은 동질적 혹은 비슷한 성장과정을 겪는 문중간의 협조와 연대를 통해 鄕祠宇로서 서원이 건립되었더라도 후대에 지속적으로 위상을 강화하는 가문과 그렇지 못한 가문이 있게 마련이고, 그 같은 상황에서 편차를 극복하지 못하고 대립, 반목하는 경향도 많다. 서원의 남설과 정치적 성향, 여기에 더하여 가문 선조 간의 우열 비교, 위차문제를 둘러싼 서원세력 내부의 갈등 등으로 18세기 후반 이후 서원은 향촌공동체적 연대관계보다는 보다 문중적인 분기 현상을 보여주게 된다.

제3장

門中書院 建立의 推移

-전남지역 사례를 중심으로-

제1절 硏究資料

본 장에서 분석하는 문중서원 관련 기초자료는 조선후기 전남지역의 서원·사우 205개소와 그 자료이다. 앞에서 필자가 강조하였듯이 서원의 종합적 규명을 위하여는 해당지역의 향촌사회구조, 서원의 지역 내 상대적 위상, 문중적 기반 등이 자료로 확보·정리되었을 때 가능하다고 생각한다. 그런 점에서 필자가 직접 조사하고 정리했던 전남지역의 자료를 분석대상으로 하게 되었다.[1]

〈표 1〉 分析對象 書院의 建立狀況

資料 區分 \ 시기	중종	명종	선조	광해	인조	효종	현종	숙종	경종	영조	정조	순조	헌종	철종	총계
全 國 (總)	16	19	85	38	53	37	69	340	28	163	8	1	2	50	909
全羅道 (總)	2	1	22	9	13	8	12	67	7	26	3			15	185
全南 (가)官撰記錄 100개소		1	16	4	6	5	2	43	2	8	11	2			100
(나)記錄漏落 105개소			1		2		1	8	2	**18**	**20**	**38**	7	8	105
(다) 총계 205개소		1	17	4	8	5	3	51	4	26	31	40	7	8	205

<표 1>에서 보듯 본 연구에서 활용한 서원·사우의 총수는 기존연구에서 활용했던 자료와 수적으로 차이가 있다.

조선후기에 건립된 서원·사우의 수는 기록마다 차이가 있어 정확하지 않으나, 여러 자료를 망라하여 작성한 결과 전라도 지역의 서원·사우 수는 모두 185개소로 알려진다.[2] 관찬 연대기 자료와 서원연구에 흔히

---

1) 필자는 전남 지역의 서원·사우에 대한 일제조사를 1987～1993년에 맡아 진행할 기회가 있었는데, 대부분 당시의 조사자료를 활용하였다. 이 조사의 결과는 『전남의 서원과 사우』(전라남도, 목포대박물관, 1988～1989)로 출간되었다.

2) 한국정신문화연구원편, 『한국민족문화대백과사전』 12권 書院條. 지역별 건립총수

활용했던『列邑院宇事蹟』『書院謄錄』『俎豆錄』『書院可攷』『東國院宇錄』『學校謄錄』 등을 참고할 경우 <표 1>에서 보듯 본고에서 분석되는 전남지역의 서원·사우 수는 총 100개소이다. 그런데 기록에 누락된 105개소가 더 추적·조사되고 있어 이를 합하면 전남북지역의 서원 총수인 185개소보다도 많은 205개소에 이르고 있다. 이와 같은 분석 대상의 수적 차이는 기존의 연구에서 누락되었던, 지역별 성향이 반영된 서원들 ─ 주로 문중적 성향이 강했던 남설기 이후의 서원들 ─ 에 대한 연구에서 매우 중요한 변수가 될 것이다.

<표 1>에서 보는 (가)의 100개소는 서원 관계 官撰資料[3)]에 등재된 서원을 총괄한 수로서 전라도 전체가 185개소이며 이중 현재의 전남지역에 100개소가 있었다. 이들 100개소 중에서 사액서원은 33개소(<표 2>)이고, 미사액은 67개소(<표 3>)이다.

연구자마다 다소의 편차는 있으나, 조선후기 서원연구는 이들 관찬자료나 서원기록을 토대로 이루어져 왔다. 그러나 문제는 이들 100개소 이외에도 각 지역에는 1868년 이전에 건립되고 운영되었던 서원과 사우들이 존재했었다는 사실이다.

해당 서원·사우 고문서를 확인하는 과정에서 이들 서원에 대한 官의 지원이나 일정한 유대를 확인할 수 있었다.[4)] (나)의 105개소는 관찬 서

를 대비하여 보면 경상도 324개소, 전라도 185개소, 충청도 118개소, 경기도 69개소, 평안도 65개소, 강원도 53개소, 황해도 52개소, 함경도 43개소 순으로 총 909개소이다.

3) 등재를 확인한 문헌은 俎豆錄, 書院可攷, 列邑院宇事蹟, 文獻備考, 湖南邑誌, 典故大方 등으로 이에 대하여는 <표 2>와 <표 3>을 참조.

4) 참고로 본고를 작성하면서 활용한 전남지역 書院·祠宇誌를 소개하면 다음과 같다. 黃山祠誌 虎溪祠記 居平祠誌 景賢書院誌 桂松書院(道內祠)誌 谿間祠誌 南岡祠誌 南康院誌 花巖祠誌 大谷壇記 海望祠誌 德林祠誌 德山祠誌 東巖廟誌 竹川院誌 筆巖書院誌 平山祠誌 武靈書院誌 八忠祠誌 忠孝祠誌 眉泉書院誌 盤溪祠誌 寶山祠誌 甫村書院誌 鳳山祠誌 富民侯(文益漸)廟記 四賢祠誌 三皇廟記 上谷祠記 忠孝祠誌 忠靖祠誌 松陽祠誌 松齋祠誌 松川祠誌 秀巖院誌 雁洞祠誌 楊江祠誌 轣

원기록에서는 전혀 검색되지 않으나, 분명히 지방관과 향촌사회에서 인정받는 기구로 존속했음을 확인할 수 있었다. 이들 시기상 관찬 서원의 편찬시기 이후인 까닭으로 누락되거나, 추가로 확인할 수 있는 서원·사우들은 남설기로 지칭되는 숙종대부터 서서히 증가하기 시작하여 영조대 18개소, 정조대 20개소, 순조대 38개소 헌종·철종대 15개소로 전체의 90%가 영조 이후에 건립되는 특징을 보인다. 즉 ① 시기적으로는 18세기 후반에서 19세기에 집중되고, ② 대부분 관찬의 서원기록에서 누락된 것들이면서, ③ 동시에 서원에 대한 통제정책이 소극적이던 영조대 이후에 집중적으로 건립되었던 사례들이다.

기존의 서원연구에서는 이 같은 지역의 서원 사우들에 대하여 거의 포착하지 못한 상태였으므로, 이를 통해 관찬기록에 나타나지 않는 18세기 후반 이후의 서원 성격이 과연 어떠한 것이었는지를 새롭게 밝힐 수 있을 것이다.

이들 서원·사우의 관찬기록 누락은 건립시기가 관찬 서원기록 편찬 이후였기 때문이거나, 국가의 서원에 대한 파악과 통제의 소극성을 말해주는 것이다. 이러한 사정은 전국적으로 유사하였다고 생각된다. 영남지역의 경우 흥선대원군의 서원훼철령으로 모두 504개소가 훼철되는 것으로 보고되고 있는데, 504개소의 수는 관찬기록의 324개소와 비교하여 180개소가 많은 것으로,[5] 이로 미루어 보면 다른 지역에서도 私建(추가) 사례의 수는 많았을 것으로 추측된다.

亭祠記 淵谷書院誌 忠愍祠誌 詠歸書院誌 靈湖祠誌 五忠祠誌 鰲山祠誌 牛山祠誌 雲谷祠誌 淸川祠誌 月峴祠誌 長山祠誌 長淵書院誌 竹山祠記 濟洞書院誌 竹亭書院誌 大峙書院記 雲湖祠誌 茅山祠誌 雪齋書院誌 花巖祠誌 榮江祠誌 畝長書院誌 慕忠祠誌 武烈祠誌 東津祠(景賢祠)誌 江城書院誌 鹿洞書院誌 西山祠(三賢祠)史蹟 佳山祠(白山祠)誌.

5) 「(慶尙)道內各邑書院毀撤査括成草册」.

<표 2> 全南地方 賜額書院·祠宇(33개소)

書院·祠宇名稱	賜額年度	建立年度	등재 문헌		
			『書院可攷』	『文獻備考』	『典故大方』
順天 玉川書院	1568년	1564년	○	○	○
和順 竹樹書院	1570년	1519년	○	○	○
光州 褒忠祠	1603년	1601년	○	○	○
麗水 忠愍祠	1604년	1601년	○	○	○
羅州 旌烈祠	1606년	1606년	○	○	○
羅州 景賢書院	1609년	1583년	○	○	○
和順 褒忠祠	1611년	1609년	○	○	○
光州 月峯書院	1654년	1578년	○	○	○
長城 筆岩書院	1662년	1590년	○	○	○
羅州 蓬山書院	1666년	1650년	○	○	○
羅州 月井書院	1669년	1659년	○	○	○
潭陽 義岩書院	1669년	1607년	○	○	○
咸平 紫山書院[6]	1678년	1616년	-	-	-
光州 義烈祠	1680년	1604년	○	○	○
務安 松林書院	1681년	1630년	○	○	○
海南 忠節祠	1681년	1652년	○	○	○
高興 雙忠祠	1683년	1587년	○	○	○
順天 旌忠祠	1686년	1682년	○	○	○
和順 道源書院	1687년	1610년	○	○	○
寶城 旌忠祠	1690년	1677년	○	○	○
羅州 眉泉書院	1693년	1690년	○	○	○
谷城 德陽書院	1695년	1589년	○	○	○
羅州 潘溪書院	1697년	1694년	○	○	○
寶城 大溪書院	1703년	1657년	○	○	○
寶城 龍山書院	1705년	1607년	○	○	○
潭陽 松江書院	1705년	1702년	○	○	○
靈岩 鹿洞書院	1713년	1630년	○	○	○
長興 淵谷書院	1772년	1698년	○	○	○
莞島 忠武祠[7]	1781년	1598년	-	-	-
長興 江城書院	1785년	1644년			○
海南 表忠祠	1789년	1788년	○	○	○
長興 忠烈祠	1798년	1683년	-	○	○
寶城 五忠祠[8]	1830년	1630년	-	-	-
총 33개소			29개소	30개소	30개소

〈표 3〉 全南 地域別 未賜額 書院·祠宇(67개소)

소 재 지	書院·祠宇	舊 別名	창건년	登載文獻				
				A	B	C	D	E
강진군 옴천면 현산	博 山 書 院	青蓮·瑞峯	1598	○	○	○	○·	○
성전면 금당	月 岡 祠(址)	桐岡影堂	1789	·	·	○	·	·
고흥군 고흥읍 호동	雲 谷 祠		1785	○	·	○	·	·
대서면 화산	齋 洞 書 院	世忠·六忠	1785	○	·	·	·	○
두원면 신송	武 烈 祠	龍岡祠	1826	·	·	·	·	○
과역면 석봉	鳳 岩 祠		1826	·	·	○	·	·
곡성군 옥곡면 오지	道 洞 廟	晦軒影堂	1677	○	·	·	·	·
겸 면 현정	詠 歸 書 院		1694	·	○	○	○	○
광양군 광양읍 우산	鳳 陽 祠	新齋書院	1578	·	○	·	·	·
구례군 산동면 이목	方 山 書 院		1702	·	○	·	○	·
광의면 지천	忠 孝 祠(址)	藍田祠	1786	·	·	·	○	·
문척면 죽연	竹 淵 祠	文山祠	1797	·	·	·	·	·
나주군 산포면 산제	楓 山 祠		1678	○	○	○	·	·
문평면 동원	松 齋 祠		1702	·	○	○	·	○
노안면 학산	泉 洞 書 院	西河祠	1702	·	○	○	·	·
봉황면 철천	龍 岡 祠(址)	龍邱祠	1706	·	○	○	·	·
다시면 가운	滄 溪 書 院		1710	·	○	○	·	·
나주시 영산	榮 江 祠		1712	·	○	○	·	·
노안면 영평	雪 齋 書 院		1866	·	○	○	·	·
담양군 수북면 남산	龜 山 祠		1704	·	○	○	·	·
고서면 분향	竹 林 祠		1708	·	·	○	·	·
수북면 대항	二 友 軒 祠(址)		1712	·	·	○	·	·
대전면 대치	大 峙 書 院		1766	·	·	○	·	·
봉산면 연동	淵 洞 祠	忠孝祠	1775	○	·	·	·	·
무안군 몽탄면 대치	月 山 祠		1752	○	·	·	○	·
보성군 문덕면 양동	清 溪 影 堂	梁山書院	1712	○	○	○	○	·
순천시 금곡동	清 水 書 院(址)	芝峰書院	1692	○	○	○	·	○
조례동	曲 水 書 院	菁莎書院	1712	○	·	○	·	·
승주군 주암면 죽림	謙 川 書 院		1711	·	·	○	·	·
영광군 묘량면 운당	畝 長 書 院	影堂祠	1616	○	·	○	·	○

6) 紫山書院은 鄭介清을 제향한 서원으로 치폐가 반복되어 기록되지 않음.
7) 완도 고금도 忠武祠는 충무공과 명장 진린의 유서로 건립된 關王廟로 관찬 서원 기록에 누락된 사례임.
8) 五忠祠는 사액시기가 1830년으로 가장 늦은 사우로 기록되지 않음.

위치	서원명	별칭	연도	A	B	C	D	E
영광군 불갑면 쌍운	內山書院	龍溪祠	1635	○	○	○	·	○
영광읍 백학	栢山書院(址)		1722	○	○	○	·	○
영암군 신북면 모산	竹峯祠		1664	·	○	·		○
군서면 구림	西湖祠	兌湖·鳩林	1677	○	○	○	○	○
군서면 구림	竹亭書院		1681	○	○	○	○	○
덕진면 노송	松陽祠	永保祠	1796	·	·	·	·	○
장성군 북일면 성덕	龍田祠	慕岩書院	1587	·	○	·	·	○
진원면 학림	鶴林書院(址)		1643	·	○	·	·	○
삼서면 학성	長川祠(址)		1652	·	○	·	·	○
삼계면 사창	龍岩祠(址)		1694	·	○	·	·	○
황룡면 장산	秋山書院(址)		1697	·	○	·	·	○
장성읍 장안	鳳岩書院	望岩精舍	1697	·	○	·	·	○
삼계면 수옥	壽岡祠(址)		1702	○	○	·	·	○
장흥군 장흥읍 예양	汭陽書院		1610	·	○	·	·	○
장흥읍 영전	錦湖祠		1677	·	○	·	·	○
관산읍 죽교	竹川祠	忠烈祠	1688	·	○	·	·	○
장동면 봉동	楊江祠	四賢祠	1700	·	○	·	·	○
장동면 반산	盤谿祠		1714	○	·	·	·	·
안양면 운흥	褒忠祠		1726	·	○	·	·	○
진도군 지도읍 동외	鳳岩書院(址)		1683	·	○	·	·	○
함평군 나산면 우치	牟陽祠(址)		1670	○	○	○	·	○
나산면 초포	射山祠	射亭村祠	1670	·	○	·	·	○
나산면 이문	甑山祠		1693	·	○	·	·	○
함평읍 기각	箕山祠(址)	箕山遺愛祠	1705	·	○	·	·	○
함평읍 수호	水山祠		1709	·	○	·	·	○
대동면 향교	月山祠(址)		1712	·	○	·	·	○
해보면 상곡	紫陽書院		1726	·	○	·	·	·
해남군 해남읍 구교	海村祠	石川·五賢	1652	·	○	○	○	·
계곡면 방촌	芳春書院	三相祠	1698	·	·	·	○	·
해남읍 용정	龍井祠	忠武·五忠	1712	·	○	○	○	·
해남읍 해리	眉山書院	忠貞祠	1781	·	○	·	○	·
마산면 홍석	汭陽祠		1789	·	·	·	○	·
화순군 한천면 모산	道山祠(址)		1656	○	○	·	○	·
화순읍 다지	茶山祠(址)	三忠祠	1782	·	·	·	○	·
화순읍 다지	櫟亭祠	五賢祠	1785	·	·	·	○	·
광주시 북구 망월동	景烈祠	片坊·八賢	1654	○	○	○	·	○
북구 동운동	雲岩祠(址)		1780	○	○	○	·	○

* 登載文獻(A：列邑院宇事蹟 B：書院可攷 C：文獻備考 D：湖南邑誌 E：典故大方)

〈표 3-1〉 地域別 時代別 建立數(총 205개소)

왕대 / 지역	명종	선조	광해	인조	효종	현종	숙종	경종	영조	정조	순조	헌종	철종	고종	계
강 진		2	1				1			2	5		2		13
고 흥		1						1	2	3					7
곡 성		1					1			1					3
광 산		3					1		1	1	1	1	1		9
광 양		1													1
구 례							1			2					3
나 주		2	1	1			7	1	1	4	2				19
낙 안							1			1					2
남 평				1			2		1	1					5
능 주		1	1	1						1			1		5
담 양		1					3		3		1				8
동 복						1									1
무 안				1			3	1	3	1	3				12
보 성		1		1			3	1	1		2		1		10
순 천	1	1					5		1	1	3	1			13
영 광			1				5	1	4	3	2				16
영 암				1	1	1	4		1	2	1				11
옥 과							1		1	2					4
장 성		2	1				2		2	4	1				12
장 흥			1	1			6	1	2	4	3				18
진 도						1									1
창 평							2	1	1	1					5
함 평		1					4	1	5	3	1				15
해 남							2		2	4			1		9
화 순				1						1			1		3
계	1	17	4	8	5	3	51	4	26	31	40	7	8		205

〈표 3-2〉 地域別 時代別 建立數(추가 105개소)

왕대 / 지역	명종	선조	광해	인조	효종	현종	숙종	경종	영조	정조	순조	헌종	철종	고종	계
강 진				1			1			1	5		2		10
고 흥								1		1					2
곡 성											1				1

지역											계
광 산						1	1	1	1	1	5
광 양											
구 례											
나 주						1	1	4	2		8
낙 안					1			1			2
남 평							1	1			2
능 주								1		1	2
담 양						1	1	1			3
동 복											
무 안				2	1	3	1	3			10
보 성						1	1	1	2	1	6
순 천	1					1	1	3	1		7
영 광						4	3	2		1	10
영 암		1	1			1		1	1		5
옥 과							1	2			3
장 성							2	4	1		7
장 흥							2	4	3		9
진 도											
창 평							1	1	1		3
함 평						1	2	3	1		7
해 남							2			1	3
화 순										1	1
계	1	2	1	8	2	18	20	38	7	8	105

〈표 3-3〉 地域別 公認/私建數

구분\지역	總計	公認	私建
계	205	100	105
강 진	13	3	10
고 흥	7	5	2
곡 성	3	2	1
광 산	9	4	5
광 양	1	1	0
구 례	3	3	0
나 주	19	11	8

〈표 3-4〉 地域別 時期別 建立數

왕대\지역	명종이전	선조-현종	숙종-경종	영조-정조	순조이후	계
계	1	37	55	57	55	205
강 진		3	1	2	7	13
고 흥		1		3	3	7
곡 성		1	1		1	3
광 산		3	1	2	3	9
광 양		1				1
구 례			1	2		3
나 주		4	8	5	2	19

낙 안	2	0	2
남 평	5	3	2
능 주	5	3	2
담 양	8	5	3
동 복	1	1	0
무 안	12	2	10
보 성	10	5	5
순 천	13	6	7
영 광	16	6	10
영 암	11	6	5
옥 과	4	1	3
장 성	12	5	7
장 흥	18	9	9
진 도	1	1	0
창 평	5	2	3
함 평	15	8	7
해 남	9	6	3
화 순	3	2	1

낙 안			1		1	2
남 평		1	2	2		5
능 주		3			2	5
담 양		1	3	3	1	8
동 복		1				1
무 안		1	4	4	3	12
보 성		2	3	2	3	10
순 천	1	2	5	1	4	13
영 광		2	4	7	3	16
영 암		3	4	3	1	11
옥 과			1	1	2	4
장 성		3	2	2	5	12
장 흥		2	6	3	7	18
진 도		1				1
창 평			2	2	1	5
함 평		1	5	5	4	15
해 남			2	6	1	9
화 순		1		1	1	3

　위의 <표 3-3>에서 공인 100개소와 추가(사건) 105개소의 지역별 분포수를 보면 특별히 사건(추가) 서원수가 많은 지역을 주목하게 된다. 일반적으로 추가 사례가 공인에 비하여 적거나 아예 없는 것, 혹은 비등한 것에 비하면 분명 주목대상이라 하겠다. 예컨대 강진의 경우 공인기록에 등재된 서원이 3개소인데 반해 무려 10개소가 추가로 확인된다든가, 무안의 공인 2개소와 추가 10개소, 영광의 공인 6개소와 추가 10개소 같은 경우가 바로 그런 예이다. 이 경향은 우선 활발한 성씨 간, 문중간 경쟁의 산물로 추정하여도 좋을 것이다. 실제 본서에서 시도한 사례 분석을 통하여 이 같은 추정은 사실로 확인이 된다.

　한편 공인과 추가의 수가 비등하면서 건립수가 많은 경우는 나주의 공인 11개소 추가 8개소, 장성의 공인 5개소와 추가 7개소, 장흥의 공인 9개소와 추가 9개소, 그리고 함평의 공인 8개소와 추가 7개소 등으로 이들은 모두 서원·사우 수가 10개소 이상인 경우들이다. 물론 수만 가지고 말하기는 어렵지만, 역시 이들 지역은 사족세가 강하면서 본관토성과 이거사족 간, 당파 간 대립과 분열, 문중 간 연대와 분기가 다수의 사례로 표집되는 지역들이었다.

　<표 3-4>에서 시기별 분포를 살펴보면 숙종대까지의 건립수와 비교하여 영조대 이후의 건립이 특별히 많은 지역 즉, '남설과 경쟁'의 모습을 보이는 몇 개 지역이 있다. 예컨대 강진(4 : 9), 고흥(1 : 6), 무안(5 : 7), 장흥(8 : 10), 함평(6 : 9), 해남(2 : 7)이 바로 그러한 사례로, 역시 문중화 경향의 산물임을 예견하게 한다.

제2절 書院 建立의 推移

　기존의 연구결과를 종합한 각 왕대별 서원·사우의 건립추이를 토대로 할 때 전라도 지역의 서원건립은 다음의 <표 4>에서 보는 바처럼 전국적인 건립추이와 비슷한 양상을 보여주며, 전국 총 건립수의 20% 정도를 차지하고 있다.

〈표 4〉 年代別 地域別 書院 祠宇 建立推移[9]

지역	시기	중종	명종	선조	광해	인조	효종	현종	숙종	경종	영조	정조	순조	헌종	철종	미상	계	합계	사액(%)
경상	書院	2	10	25	12	11	10	14	76	2	6					5	173	324	56(32%)
	祠宇	4	1	3	3	9	2	6	61	5	46	2				9	151		11(7%)
전라	書院	2	1	13	5	6	5	8	27	3	4	2				1	77	185	32(42%)
	祠宇			9	4	7	3	4	40	4	22	1				14	108		17(16%)
충청	書院		1	7	6	5	2	8	27	3	1						60	118	33(55%)
	祠宇	2		3	1	1	1	3	25	2	14					6	58		6(10%)

---

9) 한국정신문화연구원, 『한국민족문화대백과사전』 12, 10쪽.

																計		비율
경기	書院	.	1	6	2	2	4	5	19		1		1				41	69	38(93%)
	祠宇	2				2		2	8		7	3		1		6	28		10(36%)
황해	書院		1	8	1		3	2	5		1				1		22	52	17(77%)
	祠宇			1		1			8	1	16				3		30		4(13%)
강원	書院		1		2	2	2	4	4		2						13	53	4(31%)
	祠宇				2	3	4	8	2	14				7			40		4(10%)
평안	書院		2	3		1	1	4	6		1						18	65	13(72%)
	祠宇	4		4		2		1	15	4	17						47		15(32%)
함경	書院		1	1	1	1		5	2		2						13	43	7(54%)
	祠宇			2	1		1	3	9	2	9			1	1		30		3(10%)
계	書院	4	18	63	29	28	27	46	166	8	18	2	1		7		417	909	200(48%)
	祠宇	12	1	22	9	25	10	23	174	20	145	6		1	1	46	492		70(14%)

서원·사우는 사림이 정치적인 주도권을 쥐게 된 선조대 이후 본격적인 발전기를 맞이하여, 선조 때에만 80여 개소가 건립되어 선조 이전 총 건립수의 2배가 넘었고, 지역적으로도 넓게 확산되는 경향을 보여준다.

다음 <표 5>는 건립 초기인 선조 말년까지 전남 지역의 서원·사우 건립 상황을 살펴 본 것인데, 표에서 보듯이 전남지역의 경우 선조 이전의 건립사례로는 명종대에 건립된 순천의 玉川書院(金宏弼제향)이 유일하다. 그러나 사림들이 정치적 주도권을 잡은 선조대 이후는 전남지역에서도 서원 건립이 본격화되어 선조때에만 18개소(전국 총 85개소 건립)가 건립되고 있다. 이 숫자는 각 왕대별 전국대비 점유율과 비교하거나 전라도 전체가 22개소에 불과했던 사정과 비교하면 매우 높은 비율이다.

물론 이 높은 건립 비율은 난후 수습과정에서 李舜臣이나 高敬命·金千鎰·朴光前 같은 임란 충절인에 대한 국가적인 포장과 제향이 집중된 탓도 있다. 그러나 의병의 배출도 그렇거니와 이는 보다 근본적으로 보면 이 지역 사족 기반의 강화와 관련된 것이었다고 할 수가 있다. 이 시기의 제향인을 보면 趙光祖·金宏弼 같은 도학 명현이나 이 지역이 배출한 사림으로 崔山斗, 金麟厚, 奇大升, 柳希春, 李後白, 白仁傑, 朴光玉 등이 문인과 향유들에 의해 제향되고 있었던 것이다.

〈표 5〉宣祖末年까지의 建立事例 (( )는 추배인)

지역	서원명칭	건립연도	제향인물(추배)
순천	玉川書院	1564	金宏弼
능주	竹樹書院	1570	趙光祖, (梁彭孫)
광산	月峯書院	1578	奇大升, (朴祥, 朴淳, 金長生, 金集)
광양	鳳陽祠	1578	崔山斗, 朴世照
나주	景賢書院	1584	金宏弼, (鄭汝昌, 趙光祖, 李彦迪, 李滉, 奇大升, 金誠一)
장성	慕岩書院	1587	徐稜, (崔學齡, 趙英圭, 鄭雲龍, 趙廷老, 金友伋)
고흥	李大源祠	1587	李大源, (鄭運)
곡성	德陽書院	1589	申崇謙
장성	筆岩書院	1590	金麟厚, (梁子徵)
강진	博山祠	1590	李後白, (白光勳, 崔慶昌)
순천	忠烈祠	1593	許鎰, (許坤, 許銳)
강진	忠武祠	1598	李舜臣, 陳璘
순천	忠愍祠	1601	李舜臣, 李億祺, 安弘國
광산	褒忠祠	1601	高敬命, (高從厚, 高因厚, 柳彭老, 安瑛)
광산	義烈祠	1604	朴光玉, (金德齡, 吳斗寅, 金德弘, 金德普)
나주	旌烈祠	1606	金千鎰, (金象乾, 梁山壽)
담양	義岩書院	1607	柳希春
보성	龍山書院	1607	朴光前

　서원이 각 지역에 건립되기 시작하던 16세기 중엽에는 국가의 서원에 대한 제재가 거의 없었다고 하여도 과언이 아니다. 아직 각 지역의 서원 건립이 물의를 일으킬 정도로 증가하지도 않았고, 국가로서도 인재양성과 우문정치라는 측면에서 사액을 내려 격려한다든가 서적, 혹은 토지와 노비 등 약간의 물질적인 지원을 하는 장려책을 펴고 있었다. 따라서 서원의 건립이라든가 운영 등의 제반사는 향촌 단위 사림들의 자율에 맡겨지고 있었다.[10]

　또한 서원조직의 사회사적인 성격과 문중과의 연관을 본다면, 16세기에는 사당이나 가묘의 형태로 가문 선조를 제향하여 왔으므로 엄밀한 의

---

10) 李泰鎭, 1978,「士林과 書院」『韓國史』12 ; 鄭萬祚, 1984,「朝鮮後期 對 書院施策」『국제학술회의논문집』, 한국정신문화연구원.

미에서 門中書院은 존재하지 않았다. 물론 가문의 지위와 선조에 대한
선양, 그들의 사회세력화 의도는 어느 시대에나 있어 왔다고 보아야 할
것이다. 즉, 의미와 시대배경은 다르지만 고려시대부터 각 지역마다 존
재했던 城隍祠의 문제라든가, 가묘나 사당·영당의 건립이라는 선행 형
태들이 그러한 예라고 할 수 있을 것이다. 정승모가 밝히는 해평 金萱述
의 사례는 그 대표적인 예가 될 것이고,11) 전남지역의 사례만으로도 곡
성의 토성씨족이었던 申氏들에 의하여 고려시대에 세워졌던 신숭겸 사
당이 德陽書院으로 발전한 것이나, 나주의 惠宗祠, 옥과의 성황신이었던
趙通, 순천의 朴英規와 金摠, 완도의 宋徵이나 고흥의 李大源, 보성의
宣允祉 生祠堂 등을 그러한 전례로 볼 수 있다.

　　그런가 하면 조선 초 공신계열의 影堂이나 조선전기에 마련된 사족가
문의 祠堂들은 가문 위상에 따라 사족적 성향이 강한 경우 서원·사우로
쉽게 연계가 되기도 하지만, 그렇지 못했던 경우들은 조선후기 門中書院
남설기에 遠祖追配나 창건의 형태로 명맥을 재건한다. 조선후기의 많은
서원과 사우가 그 건립의 유서나 전신 형태를 사당이나 가묘, 영당 등으
로 하고 있는 점은 그런 사정을 잘 반증해 준다.

　　그러나 엄밀한 의미에서 이러한 각 가문의 선조 제향은 가묘제의 정
착과 짝하는 현상으로 조선후기 門中書院과는 시대배경과 성격이 매우
다르다. 왜냐하면 이 같은 가묘와 사당이 건립되는 시기의 서원은 지방
사회에서 국가와 사림세력의 주창에 의하여 講學과 藏修의 기능을 부여
받고 있었기 때문이다. 물론 명종~선조대에 건립된 서원들 중에도 후
대의 門中書院과 맥락을 같이하는 서원의 건립 사례가 전혀 없지는 않
았다. 토착세족과 신흥사족 간의 마찰로 야기된 豊基 白雲洞書院의 順

---

11) 鄭勝模, 1990, 「城隍祠의 民間化와 鄕村社會의 變動」 『태동고전연구』 7 ; 金甲
　　童, 1991, 「高麗時代의 城隍信仰과 地方統治」 『한국사연구』 74 ; 이해준, 1998,
　　「순창 성황제의 변천과 주도세력」 『역사민속학』 7.

興安氏나 星州 迎鳳書院의 星州李氏[12]의 선조제향이 그 같은 사례였다. 옥천의 雙鳳書院이 최초 건립될 때 제향된 全彭齡과 郭詩같은 경우도 마찬가지였다.[13] 그러나 이들이 결국 사림의 공론에 의하여 위차문제나 제향자격의 문제와 결부되어 물의를 일으키고 있는 것은 이 시기 서원에서 문중적인 성향이 문제시되고 있었음을 말해준다. 전남지역의 경우 서원 건립시기가 빠른 1564년(명종 19) 玉果 詠歸亭祠에 河西 門人 許繼(1597년 追享)·許紹(1846년 追享) 형제를 제향한 것이 그러한 성격이라 할 수 있다.

결국 이러한 예외적인 경우는 門中書院의 선행 형태로서의 의미는 있으나, 일반적인 현상이라고 할 수는 없는 것이었다. 명종~선조대에 건립된 서원들의 경우 설령 건립과정에 有力家門의 지원과 이해가 간여되었다 하더라도, 그 주체는 역시 鄕論을 주도하거나 연대하여 鄕權을 장악하였던 지배사족들의 公論에 바탕 한 것이었다. 즉, 문중적 기반이 전혀 없다고 할 수는 없으나 그것이 우선되거나 중심이 되었다고 보기는 어렵고, 도학적 인물이나 향촌사회에서 공적·행의를 실천한 인물이 향중의 공론과 인정이라는 바탕으로 제향되는 鄕祠宇의 성격이 강했다. 다만 이 시기 문중세력은 지역 연대적인 세력에의 동참을 통한 자신들의 지위보강 방법으로 서원 건립에 참여하고 있었다고 보아야 한다.

이러한 선행적인 서원 건립활동의 뒤를 이어 17세기에는 도학적 사림들에 대한 제향이 학맥·당색과 관련되면서 일반화하여 서원이 당쟁의 지방거점으로 존립하게 된다. 특히 17세기 중반에 이르면 서원이 점차 중앙의 정치문제에 대한 향촌사림의 공론 수렴의 매개체이자 붕당정치의 실현기반으로 부각되고, 이 같은 정치적 성향을 지닌 서원들이 각 지

---

12) 鄭萬祚, 1987,「朝鮮朝 書院의 政治, 社會的 役割」『韓國史學』10.
13) 李政佑, 1989,「朝鮮後期 沃川地方 士族과 鄕權의 推移」『湖西史學』17 ; 송인엽, 1999,「17-18세기 옥천지방 재지사족의 동향」『충남사학』11.

역에서 다투어 건립되기에 이른다.[14] 이러한 서원세력의 당파적 모습은 청액과 사액과정에서 단적으로 잘 나타나고 있다.[15] 이들 당파적인 서원의 건립추이는 이미 16세기 말부터 그 조짐을 보이기도 하였으나, 보다 일반적인 모습은 17세기 후반에서 18세기 초반에 집중되고 있다. 전남지역의 경우 이러한 사례들을 예시하여 보면 다음의 <표 6>과 같다.

〈표 6〉 黨派 關聯人을 祭享한 事例

지역	서원 (사우)명	건립 년도	제향 년도	제향인물	제향유서
나주	景賢書院	1584	1589	鄭汝昌, 趙光祖, 李彦迪	
			1693	李滉, 金誠一	지방관
광산	月峯書院	1578	1673	金長生, 金集	
진도	鳳岩書院	1683	1684	盧守愼, 鄭弘翼, 李敬輿, 金壽恒,	유배인
				趙泰采(1756), 申命圭, 南二星, 李敏迪,	
영암	鹿洞書院	1630	1695	金壽恒, 金昌協(1711)	유배인
무안	松林書院	1630	1706	兪棨	지방관
나주	眉泉書院	1690	1799	許穆, 蔡濟恭	태생, 원장
장흥	淵谷書院	1698	1716	閔鼎重, 閔維重	유배지
나주	潘溪書院	1694	1720	朴世采, 朴弼周	본관지
영광	栢山祠	1722	1722	李世弼	유배지
영광	龍岩祠	1694	1723	尹拯	입향지
함평	紫陽書院	1726	1726	朱子, 宋時烈	지명유래
영암	竹亭書院	1681	1726	李晚成	서원원장
나주	泉洞書院	1702	1755	李敏敍, 李觀命, 李健命	지방관
고흥	德陽書院	1768	1768	李健命	유배지
나주	月井書院	1659	1789	金繼輝, 沈義謙	지방관
나주	谿礩祠	1790	1790	張維	
무안	滄州祠(址)	1804	1804	朱子, 宋時烈	유배, 경유
강진	南康祠	1803	1809	朱子, 宋時烈	종강유서

---

14) 서원이 지방기반 확보에 이용되었음은 英祖와 趙顯明이 書院을 "聚黨之所"라고 하는 것에서도 알 수 있다(『英祖實錄』 권22, 5年 6月 戊戌條).

15) 朴智賢, 1991, 「全南地域 院祠의 建立性格」 『호남향사회보』 2.

당파인물의 제향시기에서 보듯 1660년 1차 예송 이후 서인-노론계의 우세 속에서 남인계 나주 미천서원의 허목 제향(1690년)과 영광 용암사의 윤증 제향(1723년)을 제외하면 모두가 서인－노론계 인물들의 제향 일변도이다. 제향인은 대부분이 유배인이거나 지방관인데, 실제로 그들의 영향력에 의한 것이라기보다는 관련 문인이나, 관련가문이 향촌사회에서의 지위 보강 수단으로 이들을 이용하고, 또한 당파세력들은 이들 서원세력을 자파의 지방기반으로 활용하는 상호보완적인 관계를 유지하고 있었다. 다만 영조초 신임옥사와 무신란, 특히 나주 괘서사건 이후 전남지역에서의 소론세력은 사실상 그 존재가 매우 열악해져, 세도정권기에 이르기까지 노론계의 자파세력 부식노력이 대부분이었다.

진도에 유배된 인물들을 모두 제향한 봉암서원이나 장흥에 유배된 민정중과 민유중을 제향하는 연곡서원은 그 대표적인 경우이다. 시기는 늦지만 순조대에 강진에 건립된 남강사의 경우도 송시열의 終講之地로 건립되고 주자의 葛筆목판 표류를 계기로 주자까지 제향한 사례로 이 같은 경향의 연장선상에 있는 것이라 할 것이다. 이러한 경향은 지역에 따라 다양한데 구향세력의 기득권 유지와 확보를 위한 당파적 연대 형태, 정치적 기반이 상대적으로 약했던 경우에는 지방관이나 중앙의 당파세력을 동원하여 세력기반을 보강하는 형태, 또는 유사한 성격의 가문들이 연대하여 각자의 사회적 지위를 확보하고자 상호 경쟁하는 모습 등으로 다양하게 나타나고 있었다.

이러한 향촌사족들의 입장은 지역거점을 공고하게 구축하고자 했던 당시 중앙 정치세력들의 목적과도 일정하게 합치되었다. 즉 당쟁의 지방 확산 과정과 탕평정국 이래 왕권에 의해 추진된 충절인의 포장, 그리고 벌열구도에서 소외되었던 지방세력 수용정책이 맞물려 조장되기도 하였다. 특히 노론 세력에 의해 정권이 독단되면서 이러한 경향은 보다 두드러졌다.

이와 함께 서원이 붕당정치기에 산림세력의 적극적인 지원으로 활발
하게 건립되면서 이에 대한 견제와 비판이 제기된다. 대체로 그 내용은
자격기준의 불공정성, 후손에 의한 사사로운 남설이 지적되고,[16] 첩설로
인한 폐단에 관한 것들이었다.

당시 국가의 서원통제 논의는 인조 22년 慶尙監司 林墰의 서원폐단
상소에서 보듯, 주로 건립기준의 모호함에서 비롯된 濫享과 良役폐단의
유발이라는 우려를 바탕으로 하고 있는 것이었다.[17] 그런데 이 상소에
서 "서원의 논의가 공정하지 못하고 혹 벼슬이 높으면 향사하고 혹 벌족
이면 향사하는 등 사사로이 건립되어 '尊賢尙德'하는 근본 뜻을 저버리
고 있다"하여 제향인 자격 기준의 불공정, 후손에 의한 사사로운 남설을
지목하고 있음에 주목할 필요가 있다. 그러나 이러한 논의에도 불구하고
이후 창건 보고의무가 잘 지켜지지 않았으며, 더욱이 효종대 산림의 정
계진출 이후에는 오히려 산림의 옹호 속에 서원 건립이 장려되었다. 효
종 초 산림세력에 의하여 조광조, 이이, 성혼, 김장생을 제향하는 서원들
이 건립, 또는 사액되는 것은 바로 그러한 분위기를 반영하는 것이었
다.[18]

그러나 산림의 활동이 강했던 충청도의 감사 徐必遠은 서원폐단 상
소[19]를 통해 서원의 남설에 의한 鄕校衰退, 良丁의 冒占, 傷風敗俗, 官

---

16) 『仁祖實錄』卷45, 22년 8월 己未條. 이에 뒤이어 본격적인 서원폐단이 제기되는
　　것은 『孝宗實錄』8년 6월 壬辰條, 徐必遠의 충청도내 서원폐단 상소에서였다.
17) 『仁祖實錄』卷45, 22년 8월 己未條.
18) 『書院謄錄』1책, 효종 1년 5월 30일. 鄭萬祚는 앞의 논문에서 영남학맥에 대하여
　　효종대 이후 진출한 서인계 산림세력은 趙光祖－李珥, 成渾－金長生으로 이어지
　　는 기호학맥의 도학적 정통성 추구를 위한 자파 서원을 포함한 서원 장려책을 추
　　진하였다. 이는 결국 지방사림 선에 머물던 서원을 정치적 차원의 영역으로 끌어
　　들이고, 일반인의 서원에 대한 인식을 특정인물의 제향처로서 고정시키는 결과를
　　초래하여 숙종대의 서원 남설과 각종의 문란상이 야기되었다고 지적하고 있다.
19) 『孝宗實錄』8년 6월 壬辰條, 徐必遠의 충청도내 서원폐단 상소.

給祭需의 문제 등을 지적하였다. 徐必遠은 서원 4폐 중 세 번째로 "서원 설립이 私意에 의한 것이 많아 상풍패속의 장소가 되고 있고, 서원에서 받드는 인물이 사림들의 공론을 거치지 않고 때로는 자손들이 그 祖先을 사사로이 향사"한다고 하여 다시 한번 문중인물의 제향을 지적하고 있다. 이는 이미 당시에 적지 않게 나타나고 있었던 문중적인 서원의 건립 경향, 즉 사림의 공론에 의하지 않은 사사로운 건립과 자격미달의 제향인 문제가 부각되고 있음을 보여 준다.[20]

서원 남설의 경향은 숙종대의 당쟁과정에서 자파 인물의 신원·포장·증직과 맞물리면서 더욱 급증한다. 물론 숙종의 재위기간이 길다는 점도 고려될 여지는 없지 않으나, 전국적인 서원건립 추이를 볼 때 숙종대에 서원 166개소, 사우 174개소로 조선시기 전체 서원·사우 건립의 40% 정도, 사액 역시 132개소로 조선 전 시기 사액수의 절반이 이 시기에 집중된다(<표 4> 참조).

이 같은 현상은 전라도의 경우도 마찬가지인데, 숙종대에만 서원 27개소, 사우 40개소로 총 67개소가 건립되어 조선시기 전 기간에 건립된 185개소의 1/3에 해당하는 수가 숙종 대에 건립되고 있다. 전남지역의 경우도 숙종 대에만 관찬기록에 나타나는 100개소 중 43개소, 여기에 기록에 누락된 것을 합한 총 205개소 중에서는 51개소가 건립되고 있다(<표 1> 참조).

남설의 경향이 최고조에 달했던 숙종대에는 사액문제도 사액문제이지만 사설서원에 대한 국가의 통제문제가 부각된다. 내용상으로는 당파

---

20) 이에 대하여 李正英과 閔鼎重 등 산림계 인사들은 道學의 진흥과 士子藏修處라는 書院 본연의 건립목적을 강조하면서, 祀賢은 부차적이므로 첩설이 문제되지는 않고 첩설자체가 오히려 제향인물에 대한 후학의 존경이 성함을 보여주는 측면이 있다고 주장하였다. 따라서 첩설자체가 폐단일 수는 없고 다만 부적격한 제향자는 철향하면 되는 것이므로 사소한 폐단을 들어 서원을 훼철하라는 것은 '斯門을 亡'하게 하는 처사라고 공박하였다.

적인 이해관계를 반영하는 모습으로 나타났던 셈이며, 이는 이후 경신환국과 기사환국, 갑술환국을 거치면서 더욱 노골화되어 갔다. 이같이 서원의 건립 과정이 정치적·당파적 성향을 강하게 지니게 되자, 이제 서원은 향촌사림의 현실적인 이해를 반영하는 조직으로서 중앙관인의 '지방 거점 마련을 위한 정치적인 수단'과 '향촌사족들의 현실적 이익추구의 매개체'로 기능하게 되었고, 여기에 도학적인 제향기준의 훼실과 이로 인한 제향인의 자격저하로 藏修보다는 祭享이 중심이 되는 기구로 변화되어 갔다. 또한 첩설 금지 조처는 이후 추향의 급증이라는 문제로 나타났다. 즉, 서원조직을 이용하려 했던 지방사족들은, 차선책이기는 하지만 사설 건립보다는 보다 쉬운 추배의 형태로 선조를 서원에 제향하고자 하였다. 첩설 및 신설 금지 조처는 오히려 제향자의 범위 증대와 제향인물의 질적 저하를 초래하여 급기야는 원조의 추배를 통한 문중화 경향을 더욱 조장한 측면이 있었던 것이다.

결국 이런 상황을 뒤집어 생각해 보면 문중 기반을 강화하려던 지방의 성씨세력들에게 있어서 書院의 건립만큼 다양한 측면의 이해를 동시에 관철할 수 있는 유용한 도구는 없었다고 생각된다. 서원과 사우와의 구별 모호, 추배의 증가로 인한 문중선조(官人·黨禍者·遠祖·顯祖)의 추배 충동과 실현 가능성, 이를 통한 중앙 정치세력과의 연계구도는 바로 문중의 조직 및 기반 강화에 결정적인 도움이 될 수 있었기 때문이었다. 그리고 숙종대의 활발한 건립은 양란 이후 사족들의 향촌사회 복구 작업이 진행되면서 이와 함께 나타나는 동족촌락 발달 및 族契를 통한 족적 기반의 강화 과정과 연결하여 이해되기도 하였다. 예컨대 鄭萬祚는 이전 시기에 특정 유학자를 제향하여 사림의 모범으로 삼고 겸하여 장수와 강학처로서 기능하던 서원이, 17세기 후반 숙종대에 이르러 점차 족적인 기반 내에서 선조봉사와 자제교육을 겸할 수 있는 기구로 변화된 것으로 이해하고 있다.21)

이 같은 상황 속에서 17세기 중반 서원이 점차 중앙의 정치문제에 관여하거나 당쟁의 지방거점으로 부각되고, 경제적 폐단을 자행하는 특권기구화하자 국가는 이들에 대한 통제와 간섭을 시작한다. 숙종 20년 이후에는 보다 적극적인 서원통제책이 제기되는데, 숙종 21년 朴世采의 첩설불허론, 柳尙運·南九萬의 私建서원 훼철, 지방관 논죄, 첩설처 사액금지22), 숙종 29년 閔鎭遠과 閔鎭厚의 私建 해당 지방관 논죄, 首唱儒生 停擧要請, 疊設弊와 請額 勿奉23)이 논의된다. 그리하여 숙종 33년에는 사설 서원의 훼철과 원생에 대한 考講이 결정되고 이는 숙종 39년 7월 왕이 첩설금지를 직접 하명함으로서 실행에 옮겨진다.24)

특히 영조대에는 사건 서원에 대한 통제가 더욱 강화되어 영조 3년 趙鎭禧의 疊設處 査啓要請25)이 있었고, 영조 4년 5월 경연에서는 남인계 趙德隣과 申致謹이 서원 남설을 당쟁의 결과로 보면서 '권세 있는 집안의 선조현양'과 '향촌사자들의 발신도구'로 이용됨을 지적하였다.26) 그러다가 영조 14년(1738) 안동의 金尙憲書院의 건립문제가 노·소론 간의 시비로 비화되면서27) 이를 계기로 영조는 즉위 초부터 창건된 서원의 査啓를 각 도에 지시하고 창건 당시의 지방관과 수창유생의 처벌을 지시하였다.

---

21) 鄭萬祚, 1989,「朝鮮朝 書院의 政治·社會的 役割」『韓國史學』10, 한국정신문화연구원.

22) 『書院謄錄』3册, 肅宗 21年 6月 3日條.

23) 『書院謄錄』4册, 肅宗 29年 4月 5日 및 肅宗 30年 6月 25日條.

24) 『肅宗實錄』肅宗 39年 7月 丙寅條. 癸巳受教라 하며 閔鎭厚가 전담하였는데, 사설의 경우 감사 추고, 수령 파직, 수창유생 3년 停擧에 처하고, 숙종 29년 이후의 사설처를 각도 감사가 조사하게 하였다. 그 결과 숙종 40년(1714) 평안도 사설 서원이 훼철(甲午定式)되는 것을 시작으로 숙종 45년 4월 1일 경상도 私設 書院의 훼철에 이르는 강력한 통제가 이루어졌다.

25) 『承政院日記』651册, 영조 3년 12월 11일(壬辰).

26) 『承政院日記』663册, 영조 4년 6월 5일(庚申).

27) 鄭萬祚, 1982,「英祖 14년의 安東 金尙憲書院 建立是非」『韓國學研究』1.

이후 영조 17년에는 이들 서원에 대한 보다 철저한 통제를 가하여 숙종 40년(1714) 이후 사건된 서원·사우 170개소를 훼철토록 하명하였다. 영조는 당론과 관련된 분쟁의 소지를 용납하지 않겠다는 의지에서 예외 사항을 두지 않고, 중앙에서 직접 훼철 감독자를 파견하는 적극성을 보였다. 이 결과 이해 7월 4일부터 8월 26일 사이에 서원 19개소, 사우·영당·생사당 154개소 등 총 173개소가 훼철되고, 관련 지방관 100여 명이 처벌되었다.28)

전남 지역의 경우 1714년 이후 신설되었다가 훼철된 院祠와 影堂의 명칭을 보면29)

　　서원 : 영광 栢山서원(1727), 능주 竹樹서원, 강진 錦峯서원(1740)
　　사우 : 함평 安汝諧祠(1723), 무안 林象德祠(1723), 창평 朴以寬, 朴以洪祠
　　　　　(1737), 보성 孫尙隆祠(1718)
　　영당 : 광주 鄭守忠影堂(1735)
　　생사당 : 무안 權宏祠(1739)
　　유애사 : 남평 宋柄翼·李顯應祠(1726), 成至善祠(1734)

등이다. 이들 11개소의 서원·사우들은 남설에 대한 정부의 통제 속에서 모두 훼철되기는 하지만, 내용적으로 보면 이들 훼철되는 사우들은 추가로 분석하고자 하는 18세기 후반~19세기에 건립된 105개소 보다 앞서서 건립되었을 만큼 문중 기반이 컸거나 성숙되었던 경우라고 보아도 좋을 것이다.30)

---

28) 『書院謄錄』 영조 17년 7월 4일-8월 26일. 鄭萬祚, 1986, 「英祖 17년의 書院毀撤」 『韓國學論叢』 9.
29) 『書院謄錄』 영조 17년(1741) 9월 14일조 전라감사 權爀의 보고 ; 全羅道書院甲午 以後香狀, 書院·祠宇·影堂·生祠堂·遺愛祠秩.
30) 이에 해당되는 사례로 함평의 安汝諧사우를 예로 들 수 있다. 竹山安氏는 咸平의 世族은 아니지만, 17세기 후반 사마시 3명(문과 1명), 18세기 전반 사마시 3명(문과 1명)을 연속 배출하였다. 이는 이 시기 함평의 성씨들 중에서 가장 많은 수로

물론 이들 훼철된 서원·사우에 대하여는 건립 동기나 건립세력에 대한 연구가 없으므로 정확하게 지적할 수는 없으나, 훼철대상 중 문중적인 성격이 강한 사당과 사우가 전체의 90%를 차지하고, 특히 그중에서도 생사당이 많은 점은 이 훼철이 건립 시기나 私設에 초점이 두어지고 있으면서 동시에 제향인물의 문제도 주된 관심사는 아니었을까 추측하게 한다. 실제로 당시 훼철된 서원의 제향자를 보면 문중적인 성향이 강하기 때문이다.

이 같은 통제의 강화로 영조·정조대에는 서원 건립이 일시 둔화된 것처럼 보인다. 그러나 정부의 강력한 통제는 서원의 사설을 막을 수는 있었지만, 추배제향의 급증이라는 또 다른 문제점을 낳게 된다. 그리고 정조대 이후 서원 건립이 실제로 격감되었다기보다는 서원에 대한 중앙정부의 관심이 적어 철저한 파악을 하지 않았던 사정도 있다. 또 대부분 연구자들이 활용하는 관찬의 서원기록이 정조대를 하한 연대로 하고 있었던 점에 연유하는 것이라고 생각한다. 즉, 이들 관찬기록들의 편찬 이후에 건립된 서원·사우는 그동안 거의 관심권 밖에 있었던 셈이다. 이 같은 추정의 타당성은 실제 앞에서 제시한 전남 지역의 서원 건립 상황표(<표 1>)에서 아주 잘 나타난다. 전남 지역의 경우 <표 1>의 기록 누락 105개소가 바로 문중적 성향이 강했던 전형적 모습들이다.

서원에의 추배제향은, 서원조직을 이용하려 했던 지방사족들에게 차선책이기는 하지만 사설 건립보다는 더 쉬운 방법이었기 때문이다. 이에 대하여는 다음 절에서 보다 상세하게 살필 것이다.

이후의 서원 사정은 正祖 5년 경상관찰사 조시준이

이러한 배경이 私設을 가능하게 하였던 것이다. 그리고 이때 훼철된 11개소 중에서 문중기반이 유지되고 번성하였던 창평의 朴以寬, 朴以洪 사우는 節山祠로, 남평의 成至善 사우는 몇 개 유사한 성씨들과 연대하는 楓山祠로, 광주의 鄭守忠 影堂은 華潭祠처럼 각각 후대에 다시 문중사우를 건립한다.

지방의 무식한 자들이 무리를 이루어 경중에 출몰하면서 예조에 연줄을 놓아 장제와 관문을 얻고는 사우를 창건하고 추향을 일삼는데, 이는 慕賢尊師의 뜻에서 나온 바가 아닙니다. 혹은 자손으로서 선조를 들어 사사로움을 꾀하거나 미비한 자들이 여기에 기대어 행세하고자 함에서 비롯되는 것입니다.[31]

라고 하여 추배를 통한 제향인물 수의 급증과 문중화 경향을 지적하는 것이나, 『日省錄』純祖 8년 4월 1일조에서 "院祠의 私設을 禁하는 법령이 지극히 엄중함에도 근래 기강이 해이해지고, 향속이 더욱 혼란하여 쉽게 방자하게 設享하고, 혹은 鄕祠라 칭하며, 혹은 影堂, 里社, 書齋라 하나 이는 모두가 포철의 장소일 뿐 장수의 효과란 거의 기대할 수 없다"하고, 순조 34년에 좌의정 沈象奎가 "사설 금지의 법이 엄하나 근래 점점 심하여 지고, 영읍이 이를 능히 금제하지 못하는 지경"에 이르렀다고 하는 것이 그러한 사정을 잘 말해준다.[32]

茶山 丁若鏞 같은 경우도 "私祠의 폐단이 날마다 새로이 나타나고 달마다 심해져 1백 리 되는 고을에 혹은 수 10개소에 이르기도 하고 한 가문에 부자 형제간에 효행 혹은 전망을 내세워 년치로 서열을 삼아 한 서원에 혹은 12~13인의 위패를 늘어놓기도 한다"라고[33] 지적하는 것처럼, 정치권에서 소외된 양반들이 그들의 가문지위와 향촌지배력을 확보하는 수단으로 지속적인 서원 건립을 기도하고 있었던 것이다. 실제 전남지역의 경우 <표 1>에서 보듯 추가 분석대상 105개소 중 순조대에만 38개소, 거의 절반에 이르는 53개소가 순조~헌종대인 19세기에 건립되고 있다. 물론 건립주체도 문중배경을 중심으로 하고, 제향인도 遠祖 등 문중인물이었다.

이 같은 사설 증가에 대하여 철종대에 또 한번의 훼철 지시가 내려진

---

31) 『正祖實錄』 5년 12월 丙申條.
32) 『純祖實錄』 34年 3月 乙亥條.
33) 『牧民心書』 禮典 祭祀條.

다. 철종은

> 疊設과 新建으로 傾軋爭競하게 되었으니 先王代에 이러함을 禁하는 것은
> 法으로 정하여 왔던 바이다. 그러나 近年에 이르러 私廟의 설립이 없는 읍이
> 거의 없게 되어 불가불 한번 처분함으로써 祀典의 중함과 선비의 趨를 端할
> 수 있을 것이다. 각 읍에 소재한 書院 중 사액을 받지 않은 곳으로 庚戌(철종
> 1년 1850년) 이후 13년래 창건된 곳은 정해진 법에 따라 모두 철향하도록 각
> 도에 알리라[34]

고 하여, 同月 庚戌條에는 생사당까지 포함시켜 훼철하도록 지시하였다.

제3절 建立主體

향촌사회에서 서원이 차지하는 지위와 성격을 올바로 이해하고자 할
때 우리가 먼저 주목할 것은 과연 서원 건립의 주체세력이 누구였느냐의
문제이다. 조선후기 '門中書院'의 발달은 앞에서 언급한 바처럼 향촌사
회구조의 변화와 문중 기반의 성장이라는 배경을 떠나서 설명하기 어렵
다. 17세기 중엽 이후 일반화의 추이를 보이며 이루어지는 族的 結束力
즉, 문중의식의 강화는 일편 현실 변화에 대한 자기 보호적인 대응방식
이기도 했으나, 보다 궁극적으로 보면 그 결집된 힘을 향촌사회구조에
투영함으로서 자신들의 사회적인 지위를 인정받기 위한 준비이자 수단
이기도 하였다. 그리고 그 같은 필요를 내용적으로 가장 온전하게 반영
하는 것이 서원·사우의 건립이다. 향촌사회구조 속에서 문중조직이 공
식적인 사회조직으로 존립할 수 있도록 하는 매개체로서, 문중이 중심이
되는 서원과 사우의 건립활동은 추진되었던 것이다.

---

34) 『哲宗實錄』 13年 5月 丁未條.

그런데 건립주체를 구체적으로 살피기에 앞서 숙종대를 분기점으로
사우 건립수가 서원 건립수를 상회하는 특기할 현상을 주목할 필요가 있
다.35) 특히 사우 건립은 서원 남설에 대한 강력한 통제를 천명하는 1703
년(숙종 29) 이후 현저한 증가현상을 보이는데, 이 점은 본 연구가 대상
으로 하는 문중서원의 건립추이와 연계하여 매우 주목할만한 사실이다.
앞의 전국적 건립추이에서 서원과 사우의 점유비율을 살펴 본 것이 다음
<표 7>이다. 이 표를 통해서 알 수 있듯이 우선 총 건립수에서 전라도
의 서원과 사우의 수를 대비하여 보면 77 : 108(사우 점유율 58%)로 전
국 총 서원 : 사우 대비 417 : 492(사우 점유율 54%)보다 높은 것을 알
수 있다. 이는 전반적인 건립추이에서 경상·충청지역과 함께 기본적인
변화를 반영하고 있으면서, 내용적으로 전라도 지역의 차별성을 보여주
고 있다.

〈표 7〉地域別 祠宇 占有率 對比表 (사우 수 / 총 수)

총수	선초-명종	선조-현종	숙종-정조	순조-고종	미상	계
전 국	13/35(37%)	89/282(34%)	345/539(56%)	2/3 (67%)	46/53	492/909(54%)
경 상	1/11(9%)	23/95 (24%)	114/198(58%)		9/14	151/324(47%)
충 청	2/3 (67%)	9/37 (24%)	41/72 (57%)		6/6	58/118(49%)
경 기	2/3 (67%)	2/23 (17%)	18/38 (47%)	1/2 (50%)	6/6	28/69 (41%)
전 라	0/3 (0%)	27/64 (42%)	67/103(65%)		14/15	108/185(58%)

즉 전라도 사우의 점유율은 58%로 경상도 47%, 충청도 49%, 경기
41%에 비하여 훨씬 더 높다. 시기별로 보아도 전라도가 선조~현종대
에는 전국 평균 사우 점유율 34%를 훨씬 넘는 42%를 차지하고 있는
점이나, 숙종~정조대의 평균 56%를 크게 상회하는 65%에 달하는 점
이 돋보인다. 이같이 조선후기에 이르러 서원과 사우의 구분이 모호해진

35) 朴珠, 1980, 「朝鮮 肅宗朝의 祠宇濫設에 대한 考察」『韓國史論』6.

다는 사실을 인정하더라도, 사우의 점유율이 높다는 것은 서원보다는 사
우에 문중적인 성향의 인물제향이 상대적으로 많았으므로, 이는 본고의
주제와 관련하여 매우 주목할 만한 내용이다.[36]

한편 이 통계와 관련하여 또 한 가지 흥미로운 자료가 『書院可攷』이
다. 『書院可攷』에는 각 서원의 건립주체를 '士民建'이라 기록한 경우를
볼 수 있다. 물론 '士民建'이라고 기록되지 않은 경우라 하더라도 士民
의 공론에 의하지 않은 서원은 아니었을 것이다. 그러나 이 자료만이 어
째서 건립 유서와 주체를 특별히 '士民建'이라고 구분하여 밝혔을까? 그
런데 이들이 본 연구에서 필자가 분석하려고 하는 '문중서원'의 경우와
거의 예외 없이 일치하고 있다는 점이 흥미롭다. 그래서 혹 『書院可攷』
가 향중 공론에 의한 서원 건립과 문중적 건립을 구분하려는 의도를 이
렇게 구분한 것은 아닐까 추단해 보기도 한다. 물론 필자는 문중서원의
성격 기준을 보다 분명히 하여 분석할 것이지만, 참고로 이들 『書院可攷』
에 다른 서원·사우들과 구분하여 건립의 주체를 특별히 '士民建'으로 기
록한 사례를 각 도별, 시기별로 나누어 분석하여 보았다(<표 8>).

물론 『書院可攷』의 편찬 년대를 고려할 때 이 표는 완전한 것이라고
할 수는 없다. 그러나 이 표를 통해서 우리는 매우 흥미로운 사실을 몇
가지 엿볼 수 있다. 우선 '士民' 기록의 점유율에서 전라도가 42%로 가
장 높다는 점, 또한 그 점유율이 서원과 사우를 대비하였을 경우 사우에

---

36) 이러한 모습은 전남지역의 관찬기록에 보이는 서원·사우 100개소를 분석하였을
때 더 강하게 나타난다. 즉 총 건립 수의 77%를 점유하는 사우 비중, 숙종대 이
후 80%를 상회하는 사우 건립추이는 제향인물의 성격과 함께 전남지역 사우가
문중 성향을 강하게 지닐 것임을 예상하게 한다.

시기 구분	명종	선조	광해	인조	효종	현종	숙종	영조	정조	순조	총계
건립총수	2	18	4	4	7	3	41	7	12	2	100
사 우 수	1	10	3	3	5	2	33	6	12	2	77
점유율(%)	50	56	75	75	71	67	80	85	100	100	77

서 더욱 높았다는 점(65개소 중 35개소로 54%)이 바로 그것이다. 특히 이는 전남의 경우를 별도로 분리할 경우 더욱 높았다. 서원 사우 총 건립 73개소 중 '士民建'이 32개소로 44%를 점유했고, 이중 사우의 경우는 48개소 중 25개소(52%)가 '士民建'이었던 것이다.

〈표 8〉『書院可攷』의 各 道別 '士民建' 占有率

구분 \ 도		총계	경기	충청	전라	경상	황해	강원	평안	함경	전남
서원	총수	356	37	57	59	149	19	8	15	12	25
	士民建	52		3	17	29		1	1	1	7
사우	건립 수	225	12	26	65	70	8	14	19	11	48
	士民建	75	1	6	**35**	26	1	3	2	1	**25**
계	건립 수	581	49	83	124	219	27	22	34	23	73
	士民建	127	1	9	52	55	1	4	3	2	32
	점유율(%)	22	2	11	**42**	25	4	18	9	9	**44**

제향인물이나 건립의 전체적인 성격상 사우가 서원에 비하여 향촌사회 세력 및 문중적인 배경이 상대적으로 강했다고 볼 때, 그리고 만약 『서원가고』에 '士民建'으로 기록된 서원·사우가 필자가 본 연구에서 다루려는 향촌단위의 성씨세력과 연결되는 것이라면 이 같은 통계는 전라도 지역의 서원·사우가 지니는 특징적인 지역 성격의 하나로도 지적하여 둘 만하다.37)

1. 門中의 參與比率

물론 피상적으로 볼 경우 모든 서원의 건립은 향중의 공론을 배경으로 하면서, 문인·후학 등 향유들과 지방관의 협조, 중앙의 건립허가 등

---

37) 그러나 『書院可攷』의 편찬시기가 18세기말이었던 점을 고려한다면, 이 통계에는 19세기 이후의 문중적 성격이 강했던 사례들은 누락되었다고 보여진다.

등 공식적 절차가 동일하게 지켜진다. 그러나 이를 내용적으로 자세히 분석하여 보면 그중에서 후손들이 차지하는 역할과 기능도 결코 적지 않다. 다만 자료상 이것이 은폐되거나, 반대로 주위의 지원과 협조만이 강조되어 혼동이 될 뿐인 것이다.

다음 <표 9>는 관찬의 서원기록에 보이는 전남지역의 서원·사우 100개소를 기준으로 후손의 간여가 나타나는 건립 사례와, 후손이 표면에 거의 드러나지 않는 경우를 구분하여 도표화한 것이다.

〈표 9〉 建立主體의 變化

건립주체 \ 시기		명종	선조	광해	인조	효종	현종	숙종	경종	영조	정조	순조	총계
건 립 총 수		1	16	4	6	5	2	43	2	6	11	2	100
後 孫	後 孫					1		7			4	2	14
	門人 + 鄕儒		1	3	2		1	23		5	6		41
門 人	鄕 儒		5	1		1		5	1	1			14
	鄕儒 + 守令	1	10		4	3	1	8	1	2	1		31

표에서 보듯 전체적으로 후손이 간여된 경우가 55개소로 절반을 넘고 있는 점이 주목된다. 그러나 이는 내용상 숙종대 이전이 불과 8개소이고 나머지 47개소는 모두 숙종대 이후라는 점에 더욱 큰 의미를 부여해야 할 것으로 보인다. 즉, 숙종대 이전 후손의 참여가 34개소 중 8개소 (24%)에 불과하였던 반면, 숙종대 이후는 66개소 중 47개소(71%)나 되듯 적극적 후손 참여로 변화되고 있다.

이와 반대로 문인이나 향유, 혹은 지방관에 의하여 건립되는 사례는 숙종대 이전 시기인 17세기 전반에 많다. 문중 성향이 거의 배제된 鄕中 公論이나 도학적 분위기를 바탕하고 있으며, 향촌 사족들의 공인과 연대적인 협조과정이 선행되어야 했던 사정을 잘 반영하고 있다. 설령 이 시

기에 특정 문중세력이 서원건립에 간여하였다 하더라도 직접 그 주체로
부각될 수 없었다.[38]

이처럼 숙종대 이후로 가면서 전체 건립 수에서 후손이 간여되는 수
가 증가하는 것과 함께, 남설기로 접어들수록 창건시의 제향인물 성격과
추배시의 제향인물 성격이 다른 경우가 많아진다. 또 당파의 지방거점
확보와 경쟁 과정에서 제향인물의 기준이 허물어지고, 이에 관련되는 가
문의 입장이 반영되면서 18세기 중·후반에 이르면 가문의 명현 선조나
그 族的인 권위를 과시하는 문중인물의 제향이 많아진다.[39] 그리고 이
러한 경우일수록 官과의 정략적인 연대가 심해 서원·사우들이 지닌 고
유의 의미와 권위가 부지될 수 없도록 만들었다. 바로 이는 문중서원(사
우)이 남설되는 또 다른 이유이기도 하였다.

2. 單一姓氏 祭享

이러한 경향을 보다 적나라하게 보여주는 것이 바로 제향인이 단일
성씨라는 점이다. 이 같은 경향은 관찬 서원기록에 나타나지 않는 추가
105개소의 경우에서 보다 적나라하게 드러나고 있다. 다음 <표 10~11>
은 바로 그 같은 사정을 잘 보여주고 있다.

즉, 추가 105개소 중에서 제향인이 단일 문중인물인 경우가 전체의

---

38) 물론 이 시기에 건립된 鄕祠宇들 중에서 유사한 기반을 지닌 사족가문들이 연대
한 경우는 적지 않고, 내용적으로 보았을 때 이들의 서원 건립목적은 후대의 「門
中書院」과 크게 다를 바가 없다. 그러나 건립의 과정과 절차상에서 향중공론의
수렴과 공인절차가 우선하였기 때문에 가문의 성격이 적게 드러나고 있는 것이
며, 이 같은 경우들이 후일 위차시비나 문중 기반 성장의 편차 속에서 추배인물의
제향문제 등으로 分祠를 통해 '門中書院'化 한다.
39) 한편 각 院祠들은 제향인물을 主壁과 配享, 連壁 혹은 幷享의 형태로 구분하여
그 位次를 대단히 중요시하고 있다. 이들 배향이나 병향 인물들은 主壁으로 정해
진 인물과 學緣·地緣·血緣·黨色 등 일정한 연고를 갖고 있게 마련이다.

70%에 달하는 74개소나 된다. 시기별로 보면 17세기 전반 이전 3개소, 17세기 후반 2개소, 18세기 전반 13개소, 18세기 후반 20개소, 19세기 전반 28개소, 19세기 후반 8개소로 각각 나타난다. 결국 18세기 이후 단일문중이 건립한 서원이 모두 70개소에 이르고 있다는 사실은 그 서원의 성격이 문중이해와 직결되었을 것임을 다른 어떠한 설명보다도 명쾌하게 보여주고 있는 것이다.

〈표 10〉 單一姓氏 祭享 事例

왕대	건립년	지역	서원 사우명	제향인
선조	1593	순천	忠烈祠	許鎰, 許坤, 許鋭
인조	1624	강진	冑峰書院(德林祠)	趙彭年, 趙奎運
	1640	영암	九皐祠	金振明, 金完, 金汝峻, 金汝沃
숙종	1677	영암	長洞祠	全夢星, 全夢辰, 全夢台
	1683	무안	牛山祠(鷟岩祠)	金適, 金忠秀, 金躍華
	1706	순천	松山祠	柳用恭, 柳夢井, 柳濂
	1708	무안	月川祠	鄭麒壽, 鄭凰壽
	1710	무안	淸川祠	裵玄慶, 裵均, 裵繪, 裵褧
	1718	보성	孫尙隆祠	孫尙隆
경종	1723	무안	林象德祠	林象德
	1723	함평	安汝諧祠	安汝諧
영조	1728	해남	老松祠	金驥孫, 金安邦, 金安宇, 金銑之 등
	1730	함평	草浦祠	李舜華, 李有仁, 李命龍
	1731	해남	英山祠	李繼鄭, 李淑享, 李浚, 李璜, 李珣
	1737	창평	節山祠	朴以洪, 朴以寬
	1739	무안	權宏祠	權宏
	1741	영광	南崗祠	李岸, 李萬榮, 李長榮
	1744	나주	廣山祠	吳謙
	1750	무안	盆梅祠	尹吉, 尹德生, 尹禮衡
	1754	영광	芝山祠(歌芝祠)	鄭弘衍
	1755	담양	蘿山書院(三賢祠)	金濤, 金自知, 金汝知
	1756	함평	百野祠	鄭導誠
	1759	영광	長山祠	丁贊
	1770	영광	佳山祠(白山祠)	李齊賢, 李恒福
정조	1778	무안	柄山祠	朴義龍, 朴益卿, 朴增, 朴應善

정조	1782	영광	甫村書院(西岡祠)	李闓, 李安禮, 李標
	1783	화순	松月祠	林先昧
	1786	보성	酉山祠(三賢祠)	朴成仁, 朴遂智, 朴獻可
	1788	장흥	金溪祠	李文和, 李昇, 李敏琦
	1789	나주	居平祠(錦溪祠)	魯愼, 魯認
	1790	영암	忠孝祠(三忠祠)	郭期壽, 郭聖龜, 郭齊華
	1790	영광	松林祠	金時九 金希訥, 金允敬, 金允恪
	1792	나주	錦江祠	廉悌臣, 廉國寶, 廉致中, 廉怡
	1793	영광	萬谷祠	奉汝諧
	1793	순천	鷲川書院	車云革, 車原頵
	1794	남평	哲川祠	徐麟
	1797	장성	松溪書院	劉敏
	1799	옥과	龜岩祠	沈璿, 沈光亨, 沈敏謙, 沈民覺
순조	1801	함평	芝山祠	鄭忠良, 鄭得良, 鄭大鳴
	1803	무안	嘯浦祠	羅德明
	1804	함평	月湖祠	鄭慶得, 鄭希得
	1804	보성	龍源祠	金廷年
	1806	영광	桂山祠	林逗春, 林遂春, 林興震, 林華震
	1808	순천	玉溪書院	鄭知年, 鄭承復, 鄭思竣 등
	1808	영광	武靈書院(岐川祠)	金審言, 金該
	1808	장흥	白洞祠(三賢祠)	文壁, 文參, 文成質
	1812	나주	鳳岡祠	羅文奎, 羅繼從
	1814	곡성	四溪祠	南趨
	1817	영암	雲湖祠	金克禧, 金涵, 金完, 金汝沃 등
	1820	강진	秀岩書院	李先齊, 李周元, 李仲虎, 李潑 등
	1820	강진	杏亭祠(杏山祠)	金亮, 金孝光, 金伸光
	1821	순천	龍岡書院	梁彭孫, 梁信容
	1822	나주	茅山祠	鄭文孫, 鄭雲龍, 鄭運
	1823	강진	花岩祠	尹紳, 尹致敬, 尹履敬, 尹益慶 등
	1824	낙안	栗峰書院	丁克仁, 丁淑, 丁承祖
	1826	함평	月溪祠	陳欽鳳, 陳滿載, 陳國煥, 陳允良
	1827	순천	伊川書院	朴世熹, 朴魯源, 朴大鵬
	1829	무안	慕忠祠(梅谷祠)	金得男
	1831	장흥	忠顯祠	馬天牧, 馬琠, 馬河秀, 馬河龍
	1834	장성	良溪祠	沈德符, 沈繼年, 沈涓
헌종	1838	장흥	富春祠	金大猷, 金吉通, 金順生 등
	1839	광산	節孝祠	盧俊恭
	1842	장흥	虎溪祠	金永幹

헌종	1846	장흥	四賢祠	金方礪, 金係熙, 金克儉, 金渾
	1847	순천	五忠祠(佳谷祠)	丁哲, 丁大水, 丁春, 丁麟
	1847	함평	松岩祠	辛克禮, 辛克敬, 辛孝敦
철종	1850	화순	新院祠	崔慶長
	1850	광산	斗岩祠(壯烈祠)	金庾信, 金馹孫, 金光立, 金牧卿
	1852	능주	忠賢祠(七松書院)	李明德, 李瑋
	1858	강진	上谷祠	文雍, 文彬, 文九淵
	1859	보성	琴谷祠	朴穉
	1860	영광	斗洞祠	李羲, 李三言, 李孫秀, 李稠, 李芬
	1860	강진	大鷄祠	曹精通, 曹應龍, 曹漢龍, 曹夢麟
	1862	해남	三忠祠	崔雲海, 崔潤德, 崔山靜

참고로 관찬의 서원기록에 보이는 100개소와 추가로 확인된 105개소를 함께 비교하여 단일성씨 점유율을 보면 다음 <표 11>과 같다.

<표 11> 時期別 單一姓氏의 占有率

구 분시기	公認 100개소			추가(私建) 105개소			계
	건립수	단일성	비율	건립수	단일성	비율	단일성 %
명종~선조	17	1	6%	1	1	100%	2/18(11%)
광해군~숙종 20년	37	8	22%	7	3	43%	11/44(25%)
숙종 21년~정조	44	24	55%	44	34	77%	58/88(66%)
순조~철종	2	1	50%	53	36	68%	37/55(67%)
총 계	100	34	34%	105	74	70%	108/205(53%)

전반적으로 보아 公認 100개소에 비하여 추가(私建)의 경우 단일문중 건립 비율이 높은 것은 당연한 것이지만, 공인의 경우에서조차 18세기에는 단일문중의 건립수가 50%를 상회하고 있음을 알 수 있다. 특히 사건의 경우 18세기 이후 사례들에서 70~80%에 이르고, 총 205개소 중에서도 단일성씨가 전체의 2/3를 차지하고 있다는 점은 이미 나머지의 서원들도 문중적인 성향에서 벗어나지 못할 상황이었음을 보여준다.

3. 門中 連帶

그런데 문제는 제향인이 단일성씨가 아닌 경우도 자세히 살펴보면 문중적 요소가 매우 중요한 건립 기반이었음을 확인할 수 있다. 추가(사건) 105개 서원 중에서 단일성씨는 아니지만, 다수의 문중 제향인에 타성 제향인 1명을 제향한 다음의 12개소의 경우가 주목된다.

〈표 12〉 2개 성씨 제향인 사례

지역	사우명	창건	제 향 인 물
낙안	忠愍祠	1697	林慶業, 金斌吉
나주	錦湖祠	1723	羅士沈, 李廓, 羅德憲
광산	花潭祠	1776	鄭熙, 鄭招, 鄭宇忠, 鄭吾道, 閔濟章
광산	芝山祠	1790	崔致遠, 崔雲漢, 崔亨漢, 鄭吾道
장흥	杏岡祠	1797	趙憲, 金憲, 金孝信, 金有信
장성	硯湖祠	1815	奇耉, 金鳴夏, 金器夏
장흥	石川祠	1822	魏大用, 魏大器, 魏山寶, 魏廷寶, 魏天會, 魏天相, 申龍虎, 申龍俊, 魏大經, 魏舜廷, 魏壽徵
고흥	星山祠	1824	李長庚, 李兆年, 李褒, 李仁敏, 李崇仁, 李稷, 李師厚, 鄭名達
옥과	靑丹祠	1828	宋明欽, 許權
장흥	忠顯祠	1831	馬天牧, 馬琠, 馬河秀, 馬河龍
장성	晦溪祠	1832	金愼德, 金處離, 金粹老, 李貴, 金麟渾, 金南重, 金景壽, 金益休
장성	水山祠	1836	朴衍生, 金漑, 朴守良, 朴尙義, 朴尙智

<표 12>에서 보듯이 단일성씨가 주체가 되어 자신들의 선조를 제향하면서, 성격이 유사하거나, 인척 간으로 연계가 가능한 지역 성씨들이 연대하여 서원·사우를 건립하는 사례가 있다. 후일 이들 문중 연대의 성씨들은 계기가 마련되면 성씨별로 분리 독립하는 것에서 알 수 있듯이, 결국 이들 서원·사우들도 내용상 문중 성향이 강하였음을 부인할 수 없다. 그런 점에서는 위의 74개 단일성씨 제향 경우와 크게 다를 바가 없었던 것이다.

한편 서원 남설 시기에 단일성씨가 아닌 경우는 그 성격이 어떠한 것이었을까? 그런데 이들 단일성씨 제향이 아닌 경우도 내용상 문중화의 성향을 엿볼 수가 있다. 이들 1~2개, 혹은 2~4개 성씨의 연대에 의한 서원 건립도 단일문중이 아닐 뿐 서원 운영에 참여하는 문중세력들의 이해를 반영한다는 점에서 단일성씨들과 크게 다르지 않다고 할 수 있다.

이상에서 살핀 85개소의 서원 이외에 단일성씨가 아닌 사례를 보면 우선 당파나 특정인물을 제향한 고흥 德陽書院(1768년, 李建命 : 유배인), 강진 南康祠(1803년, 朱子, 宋時烈), 무안 滄州祠(1804년, 朱子, 宋時烈)의 사례를 통하여 확인할 수가 있다.40) 한편 장성 鰲山祠(倡義祠 : 1794년)는 임진왜란 때 南門倡義士 72位를 제향하는 사우이고, 옥과의 倡義祠(1832년)는 崔蘊, 李興浮 등 이 지역출신 충절인 10位를 제향한 경우이다. 이 역시 함께 순절한 인물의 후손들이 연대하여 사우를 건립 운영한 것으로, 문중연대를 통한 가문 지위 보강의 목적이 드러나는 경우이다.

나머지의 경우는 내용적으로는 16~17세기의 鄕祠宇와 같은 성격을 지니는 사례들로 조선전기 절의계 사림가문의 후손들이 연대하여 건립한 나주 寶山祠(八賢祠 : 1798년)와 능주 三賢祠(1808년),41) 향촌활동에 함께 활약하였거나 지역적 기반이 비슷한 선조를 가진 몇 가문이 연대하여 건립한 담양 甑岩祠(1828년), 보성 六賢祠(1807년), 영암 龜岩祠(三賢祠 : 1668년), 장성 德川祠(1822년), 창평 道藏祠(1825년), 그리고 예외적으로 시문활동과 관련하여 문학인을 합향한 장흥의 岐陽祠(1808년), 창평의 環碧祠(星山祠 : 1795년)가 있다.42)

결국 이들 단일성씨가 아닌 경우도 내용적으로 보면 거의 모두가 문

---

40) 南崗祠의 건립과정과 문중연대의 모습은 다음절의 사례를 참조.

41) 寶山祠 : 李惟謹, 張以吉, 鄭詳, 柳澍, 崔希說, 李彦詳, 柳殷, 崔四勿(節義 8賢)
　　三賢祠 : 文自修, 閔懷參, 梁以河(鄕村活動).

42) 岐陽祠 : 林芬, 金胤, 林薈, 白光弘, 白光城, 白光顔, 白光勳, 金公喜.
　　環碧祠(星山祠址) : 林億齡, 鄭弘溟, 趙瀞, 張維, 金昌翕, 鄭敏河, 鄭根.

중의 이해를 반영하는 형태로 건립되었던 것이며, 결국 이같이 18세기 후반 이후 단일성씨의 제향이 70~80% 이상으로 일반화되고 있었다면, 설령 건립의 절차나 과정이 어떤 형태이건 그 서원이 일단 문중적 성격을 지니고 있었을 것임은 쉽게 추측이 된다. 그리고 그러한 경향이 18세기 후반 이후 사우들에서 지배적이었다면 이제 향촌사회에서 16~17세기와 같은 의미의 서원조직은 더 이상 존재하기 힘들었을 것이다.[43]

제4절 建立의 基盤과 由緒

이상에서 18세기 이후 서원의 건립주체가 거의 2/3 정도 단일성씨였다는 사실을 밝힐 수 있었다. 이는 바로 이들 서원들이 문중 성향을 강하게 보일 수밖에 없는 상황을 말해준다. 다음으로 문중서원들의 건립 유서와 지역적 연고에 대하여 살펴보자.

대체로 서원건립의 과정은 학식이나 덕망·공적 등으로 사후 향촌사족들의 청원에 의해 건립되거나, 혹은 지역 연고나 유적(書齋·講舍·幽宅·遺墟·影堂·祠堂 등)이 있어 후대에 이를 토대로 서원을 건립하게 된다. 그러나 문중서원(사우)의 경우는 이와 더불어 지역적 연고가 없거나 미약하지만, 그 후손들이 번창하면 이들이 서원 건립의 단서로 활용되고 있다. 그러한 경우 대개는 선조를 제향하는 祭閣 겸 家廟로 건립되었다가 문중사우로 발전하거나, 다른 서원·사우에 타 성씨와 함께 선조를 배향하였다가 분리 창건하는 경우가 많다. <표 13>은 전남 지역의 관찬 서원기록에 기록된 서원·사우 100개소를 기준으로 건립 기반과 배경을

---

43) 한 가지 이와 관련하여 흥미로운 사실은 대원군의 서원훼철 이후 단일성씨의 사우들이 거의 복설되는 것과는 반대로, 여러 가문의 연대에 의한 이들 사우들은 遺址만 남아있는 경우가 대부분이라는 사실이다.

분석하여 본 것이다. 즉, 직접적인 건립 동기를 제공한 '由緖'와 '지역적 緣故'를 나누어 분석한 것이다.

〈표 13〉 建立基盤과 背景

건립유서, 기반	왕대별	명종	선조	광해	인조	효종	현종	숙종	경종	영조	정조	순조	총계
건 립 총 수		1	16	4	6	5	2	43	2	8	11	2	100
由緖	강 학 · 서 재	1	6	2	2	2	1	19					33
	동 족 기 반		4	1		2	1	13	1	4	10	1	37
	사 적 · 공 적		6	1	4	1		11	1	4	1	1	30
地域 背景	태생·입향지		6	2	4	4	1	27	1	4	10	2	**61**
	본 관 지		1				1	3		1			6
	지방관(공적)	1	6	1	1			3					12
	유 배 기 타		3	1	1	1		10	1	3	1		21

이를 통해서 우리는 조선시기 전남지역 서원 건립의 유서가, 숙종대를 분기점으로 하여 서로 상이함을 파악할 수가 있다. 예컨대 숙종대 이전에는 사림활동의 측면에서 건립유서로 강학소나 서재, 혹은 교화활동의 사적이 대부분이었다. 그러나 숙종대 이후로 가면 동족기반의 비중이 커지고 있으며, 특히 그와 연관되는 입향지나 태생지, 본관지 같은 동족기반에 건립된 경우가 증가하고 있는 것이다.

특히 동족기반이 유서가 된 총 37개소 중에서 사당이나 영당44)은 21개소나 된다. 그리고 이 경우도 좀더 면밀히 살펴보면 숙종 이전의 경우와 이후는 크게 다른 양상을 보여주고 있어 주목된다. 즉, 함평의 甑山祠(상산 김씨 : 影堂, 1422년), 영광의 畝長書院(전주 이씨 : 부조묘·영당, 성종조) 같은 경우는 건립 유서가 고려말 조선초로 비교적 빠르며, 사족적인 기반이기보다는 국가(왕)의 포장에 의한 것으로, 이후의 도학적 기

---

44) 祠堂이 일반적인 사족가문의 家廟를 대변한다면, 影堂은 사당에 영정을 봉안한 점에서 차이가 있으며, 이 영당의 경우 중에는 국왕의 下賜 影幀이 있거나 不祧廟, 別廟가 일반적이다.

반과는 매우 다른 것이었다.

한편 숙종대 이후의 사례들은 조선전기에 저명 사족의 가묘로 건립되어 유지되다가 족적 기반이 공고해진 조선후기에 향중공론을 형성하여 서원·사우로 발전한 경우이다. 장흥 鑑湖祠(담양 전씨), 장성 鶴林書院(울산 김씨), 함평 牟陽祠·射山祠(함평 이씨), 담양 淵洞祠(홍양 이씨), 구례 忠孝祠(개성 왕씨), 강진 月岡祠(원주 이씨) 등과 같은 이거사족들의 사례가 그것이다. 이와 함께 洞契나 族契가 서원으로 변화된 경우는 영암 지역에서 집중적으로 확인되는데 鹿洞書院(전주 최씨), 竹峯祠(문화 류씨), 西湖祠(창령 조씨), 松陽祠(거창 신씨)가 그 예이다.[45]

한편 서재와 정사로 출발하였다가 문중 기반의 강화로 서원(사우)이 되는 경우는 영암의 鹿洞書院(전주 최씨 : 存養樓)과 竹峯祠(문화 유씨 : 慎排齋), 竹亭書院(함양 박씨 : 間竹亭), 松陽祠(거창 신씨 : 二友堂), 장성의 鳳巖書院(황주 변씨 : 望庵精舍)과 龍巖祠(파평 윤씨 : 龍巖書契)가 대표적인데, 이러한 사례들이 영조대 이후는 전혀 없다는 점도 주목되는 현상이다. 이 같은 건립 기반과 유서들은 해당 지역 내에서 주도성씨나 그 세력이 지녔던 서원(사우)조직의 위상을 그대로 말해준다.

이와 함께 墓閣이나 門中 齋室이 사우로 발전하는 경우는 수도 없이 많은데, 이 점은 전남지역의 경우가 영남지방의 경우와 비교하여 특징적인 모습을 보인다. 사우의 선행 형태로 존재했던 이들 서재나 재실은 서원이 그 기능을 대신하였기 때문인지 전남지역의 경우는 매우 빈약하고 분산적이다. 한 가문의 재실이 한 군현 단위로 10여 개씩 되기도 하고, 마을마다 입향 선조의 선영이 재실과 함께 건립되어 묘각으로 활용되는 것이 일반적이다.[46] 물론 이 같은 현상은 18세기 후반에 집중적으로 나

---

45) 이해준, 1988, 「朝鮮後期 靈巖地方 洞契의 成立背景과 性格」『全南史學』2.

46) 그러나 영남 지역의 경우는 재실의 규모나 역할, 기능이 자못 포괄적이고 대규모이다. 예컨대 영남의 많은 재실들이 문중 자제를 위한 교육기구로서 서당을 부설하는 것이나, 서당에서 선조를 享祀하는 경우가 18세기 후반 이후 증가하고 19세

타나는 현상이지만, 전남 지역의 유력 가문들이 경쟁적으로 서원·사우 건립을 성취할 수 있었고 그에 따라 서당이 그 부속기구로 건립되는 경우가 없지 않지만, 영남 지역의 경우처럼 서당이나 서재가 享祀 기능을 지닌 곳은 전혀 없다.

그런가 하면 지역적인 연고나 배경도 숙종대 이전의 지방관이나 도학적인 공적, 정치인 유배자가 숙종대 이후에는 거의 없고, 숙종대 이후는 특히 족적인 기반 및 성씨세력의 존재와 연계된 태생지나 입향지가 61개소였음을 확인할 수 있다. 여기에 본관지였던 6개소를 합하면 총 67개소의 경우가 동족적인 기반 위에서 건립되고 있어, 결국 이같은 분석 결과는 조선후기에 집중적으로 건립되는 서원·사우 중에서 문중서원의 점유비가 그만큼 높을 가능성을 암시하여 주고 있는 것이다.

이러한 건립 유서중 문중서원의 성격과 관련해서 특히 부각되는 사항은 ① 영당과 사당(생사당), ② 동족마을로서 입향지와 본관지, 혹은 그 기구와 조직, 그리고 ③ 인물의 배출(학행, 효행, 충절인)을 유서로 하고 있었다는 점이다. 다음에서 이러한 내용을 유형별로 좀더 상세하게 살펴보기로 한다.[47]

1. 影堂과 祠堂(生祠堂)

일찍이 유홍렬이 서원의 발흥을 조선 초의 사당과 가묘제도의 발전,

기 이후는 거의가 享祀 機能을 지니고 있었다(丁淳佑, 1985, 『18世紀 書堂研究』, 한국학대학원 박사학위논문, 85~95쪽 참조). 이는 영남의 경우와 전남의 경우가 크게 다른 점으로 영남 지역의 경우 문중 기반이 조성되었다 하더라도 도학이나 학연, 학맥이 분명하지 않은 경우 전남 지역처럼 사우의 건립이 순조롭게 이루어지기는 어려웠던 사정에서 이 같은 보완적인 기능이 생겨난 것으로 보인다.

47) 이밖에 외형상 鄕祠宇와 같은 가문연대적인 성격의 사우들도 많았으므로 이에 대하여는 제5장에서 별도로 상술하기로 한다.

즉 성리학적 이념의 보급과 연결하여 이해한 바 있듯이, 門中書院은 종법체계의 정착과정과 밀접하게 연결되었다고 할 수 있다.[48] 조선후기의 많은 서원과 사우가 그 건립의 유서나 전신 형태를 이들 사당이나 가묘, 영당으로 하고 있는 점은 그런 사정을 잘 반증한다.

국가의 통제와 금령으로 서원 건립이 불가능했던 상황에서 18세기 중반 이후 금령이 해이해지고 통제가 약해지자 문중기반을 강화한 지방의 유력 성씨들은 조선전기에 가묘적 성격으로 건립한 사당이나 영당을 서원, 사우로 발전시키고자 하였다. 이러한 유형의 사례로는 개국 초의 공신으로 影堂(不祧廟)을 건립하였다가 이를 사우로 발전시키는 영광의 影堂祠(畝長書院)와 함평 甑山祠, 생사당을 사우로 발전시키는 보성 五忠祠 사례를 예시하여 본다.

[사례 1] 영광 影堂祠 (畝長書院)

影堂祠는 李天祐[49]의 가문으로 널리 알려진 영광 지역 전주이씨의 사우이다.[50] 전주이씨는 이천우의 증손인 李孝常이 妻鄕인 영광 畝良面 嶺陽里 堂山으로 이거 정착하였다. 전주이씨가 영광 지역에서 사족가문으로 성장하게 되는 것은 임진왜란을 전후로 하여 李孝常의 4세손 李應

---

48) 유홍렬, 1936, 「朝鮮 祠廟發生에 대한 考察」『진단학보』 5.
   지두환, 1983, 「朝鮮前期 廟制에 관한 一考察」『한국문화』 4.
   장철수, 1990, 「祠堂의 歷史와 位置에 관한 硏究」, 문화재연구소.

49) 李天祐(1353∼1417)는 太祖 李成桂의 조카로 1369년(공민왕 18) 그의 휘하에서 왜구토벌에 공을 세웠으며, 1380년(우왕 6) 荒山大捷에서는 부상을 입기도 하였다. 1392년(태조 원년) 조선개국에 참여하였고 1, 2차 왕자의 난에는 太宗(李芳遠)을 도와 定社功臣, 佐命功臣이 되었다. 1416년(태종 16) 퇴직 시 太宗이 田畓과 奴婢를 하사하였지만 사양하였다. 이에 태종이 그의 뜻을 받아들이는 대신 畵工으로 하여금 公의 畵像과 二鷹圖를 그리게 하여 하사하였고 그 영정은 전라남도 문화재자료 제146호로 지정되었다. 諡號가 襄度, 1499년(연산군 5) 不祧廟를 건립, 영정을 봉안하고 있다.

50) 『畝長書院誌』(1969년).

鍾·李黃鍾·李洪鍾 등 충절인물을 배출하면서부터였다.

李應鍾(1522~1605)은 橘亭 尹衢(1495~?)에게 배웠고 1558년(명종 13) 進士試에 합격했으나, 조정에 파벌형성의 조짐이 있음을 보고 벼슬할 것을 포기하고 귀향하여 양친 봉양에 전력을 다하는 한편 經書에 심취하였다. 또한 그는 함평이씨 李長榮 등과 함께 鄕飮射禮를 베풀어 향인 교화에도 모범을 보였다.

임진왜란이 일어나자 그는 71세의 노령에도 불구하고 아우인 察訪 李洪鍾과 아들 李克扶·李克揭 등과 더불어 의병을 모집하여 광주 義陣으로 갔으나 금산에서 招討使 高敬命이 패배했다는 소식을 듣고 동생과 두 아들, 金景洙·金齊閔 등과 힘을 합하여 長城 南門 밖에 義兵都廳을 설치하였다. 그는 金齊閔을 의병장으로 추대하는 한편 모집한 의병과 군량을 奇孝曾으로 하여금 의주로 조달케 하였다.

또한 영광군수 南宮凞이 부친상으로 공석이 되자 丁希孟 등과 箕城館에서 회동하여 군수 부재의 대책을 강구, 守城都別將이 되어 약 5개월간 城을 수비하면서, 영남의 郭再祐가 군량과 의병의 조달을 요청하자 白米 23石과 租 30石을 수합하여 보내기도 하였다. 이때 전주이씨 가문에서는 李應鍾이 수성도별장, 李克揚(응종의 자), 李克扶(응종의 자), 李希益(이희용의 아우) 등이 姜沆, 丁希孟, 柳益謙 등과 戰船 보급에 참여하고, 募穀有司로 李宏中, 李容中, 李洪鍾 형제와 李克揚, 李克扶 등 5명이 선정되어 막중한 역할을 담당하였다. 한편 1624년(인조 2) 이괄의 난과 1627년(인조 5) 정묘호란, 그리고 1636년(인조 14) 병자호란 등에 의병 및 군량을 모취하는 등 괄목할 만한 활동을 벌였다.

이 같은 과정 속에서 전주이씨는 영광지역에서는 가장 시기가 빠른 1616년(광해군 8)에 1499년(연산군 5) 건립되었던 不祧廟를 유서로 鄕內 儒林과 합모하여 影堂祠를 창건하고 襄度公의 영정을 移安, 제향하였다. 1747년 사우가 화재를 만나 중수되었고, 1829년(순조 29) 사액을 요청한 바 있으나 허락받지는 못했다.[51] 철종 때 李宏, 李明仁, 李馥遠을 추배하면서 歃長書院이라 개칭하였다. 일제시대 이후 계속 문중인물을 추배하여 모두 8위를 제향하고 있다.

[사례 2] 함평 甑山祠

전주이씨 影堂祠와 비슷하면서 영당을 토대로 사우를 건립하는 사우가 함평의 甑山祠이다. 이 사우는 함평 지역 商山金氏의 입향 시조인 金德生을 제향하는 사우로 1693년에 건립되었다. 김덕생의 둘째 아들인 金仲明이 함평 나산면 이문리 오수산 아래로 입향한 뒤 함평 일대에 번성했던 가문이다.

이 가문의 상징적 선조인 金德生(고려말~조선초)은 개국원종공신으로 1400년(정종 2) 權近(1352~1409)·李天祐(1354~1417) 등과 朴苞가 일으킨 왕자의 난을 평정하고 태종의 즉위에 공헌하여 좌명공신에 올랐고, 1404년(태종 4) 태종의 생명을 구한 공으로 말을 하사받았다 전한다. 사후인 1422년(세종 4) 忠簡의 시호가 내려지고 아울러 田 60결을 하사하여 影堂을 세우도록 하였다.[52] 이 영당이 바로 증산사 건립의 유서가 되는 것으로, 정유재란 때 영당과 影幀이 함께 소실되어 폐허화되었는데 이후 100여 년이 지난 1692년(숙종 18) 문중의 지위가 공고해짐을 계기로 사우의 건립을 결의하고, 이듬해인 1693년(숙종 19) 甑山村에 사우를 창건하여 金德生을 독향하게 된다.[53]

증산사 건립시기는 金德生의 8대손 善繼堂 金漢老(1646~1687)가 활동하던 시기였다. 金漢老는 1675년(숙종 1) 식년문과에 급제한 이후 병

---

51) 兪最基 撰, 「影堂祠記」(1747년) ; 奇老章 撰, 「歃長書院重建記」(1934년).

52) 당시 영당은 金仲明이 건립하였고, 경제적 뒷받침은 세종의 특명으로 하사된 토지 60結을 이용하였으며 이때 金德生의 아우인 담양부사 金祐生의 지원이 컸다고 한다(<甑山公行狀> 宋徵殷 撰)

53) 현재 善繼堂 金漢老(1646~1687)·最樂堂 金重璿(1659~1782)이 추배되어 3위가 제향되고 있다.

조와 예조 좌랑을 역임하였고, 1686년(숙종 12)에는 老峰 閔鼎重을 비롯
당대 명사 16인 등과 徽憲大王妃의 작품인 素屏을 하사 받을 만큼 중앙
정계에서 활동이 컸다. 한편 김덕생의 9대손인 最樂堂 金重璿(1659~
1702)도 성리학 강구 및 鄕飮酒禮 시행으로 鄕俗 교화에 크게 공헌하는
가 하면 1689년(숙종 15) 송시열의 제주도유배, 金壽恒 관직 삭탈, 이
이·성혼의 문묘출향, 민비폐출 등에 식음을 전폐하고 세상을 한탄하였
다는 행장 기록54)이 전한다. 이를 참조할 때 증산사 건립은 함평 지역의
노론세력 부식과 연결되고 있음을 엿볼 수가 있다.55)

[사례 3] 보성 五忠祠

다음은 生祠堂이 사우로 변화된 사례로 보성 五忠祠가 있다. 五忠祠의
전신은 玉山祠로 이는 退休堂 宣允祉를 모신 生祠堂이 유서가 되어 건립
된 사우이다. 宣允祉는 1383년(우왕 9) 호남안렴사가 되어 왜구를 소탕하
고 성리학을 보급한 공으로 향인들에 의해 생사당56)에 모셔졌다.

宣允祉의 후손들이 이후 보성에 세거하면서 사족가문으로 성장, 1739
년 옥산동에 성균관과 호남 유생들의 발의로 玉山祠를 건립한다.57) 즉,
이 사례는 려말선초에 宣允祉를 기렸던 생사당이 1739년 향사우로 바뀐
것이었다. 본관지이자 시조를 제향한 사례로 임란기에 이 가문에서 충절
인물을 배출하여 향촌사회에서의 지위를 상승시킨 결과였다.

그런데 이 玉山祠는 창건 후 60년이 지난 1799년(정조 23) 전라도 유
학 鄭元贊 등의 상소로 보성선씨 임란 충절인 宣居怡(1550~1598)의 포
장이 논의되면서 예조의 입안을 받아 이 가문 출신 五忠을 배향하는 五

---

54) 『最樂堂遺稿』甑山公行狀(宋徵殷 撰).
55) 함평에서는 1726년 지역 연고가 전혀 없는 주자와 송시열을 제향하는 紫陽書院
이 건립되는데, 당시 상산김씨들은 이 과정에 연관된다.
56) 生祠堂의 위치는 寒泉洞이었다고 한다(『退休堂遺蹟』「玉山祠祭享祝」).
57) 吳鼎源 撰,「玉山祠祭享祝」

忠祠로 이름을 바꾸게 된다.[58] 제향된 5위는 宣允祉와 宣居怡, 보성선씨 顯祖인 宣炯(1434~1479), 宣若海(1579~1643), 宣世綱(1577~1637) 등이었다. 이렇게 문중사우로 성격을 굳힌 이 사우는 세도정권기에 사액을 받는 유일한 경우이기도 한데, 1825년 전라도 유생 曺衡民 등의 청액소와 지평 李相重의 상소, 후손 宣宗洛의 擊錚 原情,[59] 그리고 당시 예조판서 李義甲의 주선으로 사액을 받게 된다. 이 사우의 사액 과정에는 영의정 金祖淳의 후원이 크게 작용하였다고 전해진다.[60]

2. 本貫地와 入鄕地(同族마을, 族契, 齋室)

본관지와 입향지에 문중서원을 건립하는 것은 조선후기 문중서원 발달의 가장 일반적인 형태로서, 이는 동족마을의 형성과정, 곧 해당 문중세력의 태반 형성과 문중서원 건립이 연계됨을 보여주는 일면이다.

토성인 경우 문중 기반의 텃자리인 본관지, 그리고 이거사족이나 신흥사족의 경우 입향지에 서원을 건립함으로써 문중 구성원들의 결속을 강화하고 자신들의 권위를 사회에 부각시키고자 하였다. 이러한 본관지나 입향지에의 문중서원 건립을 위해서는 결속력이 강한 동족마을 형성이라고 하는 문중성원의 밀집도가 무엇보다 중요한 1차적 요인이었다.

공인된 100개소의 경우 본관지나 입향지(태생지)가 67개소를 차지했듯이(앞의 <표 13> 참조), 추가 분석하는 105개소의 경우도 마찬가지이다. 이는 앞 절에서 지적하듯 75개소의 서원들이 단일문중의 인물을 제향하고 있었던 점이나, 이밖에 10여 개소도 2개 이상의 성씨를 제향하

---

58) 『五忠事蹟』, 후손 宣宗怡의 <原情>(1799년).

59) 앞의 책, 1827년 및 1830년 <原情>.

60) 구전되는 일화로는 金祖淳의 딸이 私邸에 있을 때 이 가문 출신의 宣宗漢에게 글을 배웠는데, 후일 그녀가 純祖妃가 되자 그 인연으로 사액을 쉽게 받을 수 있었다고 한다.

고 있기는 하지만, 특정 문중의 세력을 기반으로 하고 있음을 볼 수 있
었다(<표 10~12> 참조).

물론 제향인이 단일성씨라도 문중기반 위에서 건립 운영되지 않은 경
우가 있을 수 있다. 18세기 중반 이전, 사족들의 鄕論에 토대한 鄕祠宇
의 경우가 바로 그러한 것들일 것이다. 그러나 기록에 나타나지 않는,
105개소의 경우에서 그러한 사례는 거의 없다고 해도 과언이 아니다. 다
음 <표 14>는 이들 추가 분석되는 105개소의 성씨 배경을 구분하여
본 것이다.

〈표 14〉 建立基盤 中의 同族的 背景

왕대 건립유서	선조	광해	인조	효종	현종	숙종	경종	영조	정조	순조	헌종	철종	총계
건립총수	1		2		1	8	2	18	20	38	7	8	105
본 관 지							1	1	1	5	1	1	10
입 향 지	1		2		1	8	1	17	15	26	6	7	84
기타									4	7			11

결국 여기서 우리가 확인할 수 있는 것은 11개소를 제외한 94개소가
모두 동족적인 기반 위에서 건립되고 있었다는 점이다. 그리고 이를 좀
더 자세하게 살피면 본관 토성으로 일찍이 서원을 건립하지 못한 경우들
이 모두 숙종대 이후에 사우를 건립하고, 이거성씨들이 입향시조나 파조
를 제향하는 것과 다르게 시조를 제향하는 현상도 주목된다.[61] 또 하나
문중 기반을 토대로 서원을 건립하는 94개소 중에서 영조대 이후의 사
례가 80개소로 절대적인 비중을 차지하는 것도 동족마을의 형성·발전과
서원건립이 시차를 두고 진전되고 있다는 점을 엿보게 한다.

모든 門中書院은 동족마을에 건립되는 것이 기본이고, 그밖에는 해당

---

61) 본관 토성의 경우 같은 토성끼리의 연대현상과 노론계의 지원을 토대로 하는 점
이 흥미롭다.

성씨인물의 由緖(입향지, 현조 사적지)가 있는 곳에 세워지기 마련이다. 물론 1930년대에 조사된 자료만으로는 동족마을의 정확한 형성시기가 불명확하여 전반적인 논의를 전개하기는 어렵지만, 善生永助의 『朝鮮의 聚落』에 소개된 전남의 저명 동족마을(50호 이상)은 모두 83개소이다.[62]

〈표 15〉 전남지역 동족마을 형성시기(1930년 기준)[63]

시기\지역	100 이하	101-200	201-300	301-400	401-500	500 이상	미상	계	시기\지역	100 이하	101-200	201-300	301-400	401-500	500 이상	미상	계
광주		1	2	3				6	해남			2	2				4
담양		1	1					2	영암		1		2	2	1		6
곡성			1	2	1			4	무안		1	5	1	1			8
구례			1					1	나주		1	5	1	5	1		13
고흥				2	2	2		6	함평		1	6	2	1			10
보성		1						1	영광							1	1
화순	2							2	장성			1		1			2
장흥			2	2				5	진도			2	3				5
총 계										2	7	29	22	17	5	1	83

이들을 형성시기별로 구분하여 보면 100년 이하가 2개소, 101～200년이 7개소, 201～300년이 29개소, 301～400년이 22개소, 401～500년이 17개소, 500년 이상이 5개소로 나타나고 있다. 그러나 사실 이 동족마을의 형성시기는 조사방법과 정확한 시기 확인기준이 설정된 것이 아니므로 '형성시기'와 '입향시기'의 편차가 정확하게 드러나지 않는다. 전국적인 통계를 비교하여 보더라도[64] 대체로 300～500년 전 즉, 15～17세

---

62) 善生永助, 1933, 『朝鮮의 聚落(後篇)』 제4장, 조선총독부, 68～472쪽.
63) 이 표에서는 원 기록상 연대가 미상인 경우도 자료 확인으로 보완하여 해당 시기에 삽입하였다. 예를 들면 강진 수양리 광산이씨의 경우 입향 인물이 李熹(1477～1542)로 밝혀져 1930년 기준으로 위의 표에서 보완·처리하였다.
64) 저명 동족마을 1,685개 중 500년 이상이 207개소, 300～500년이 646개소, 100～300년이 351개소, 100년 미만이 23개소, 불명이 458개소로 나타나 전남의 경우와 유사한 현상을 보이고 있다.

기에 동족마을이 집중적으로 형성된 것처럼 보이고 있다. 그러나 엄밀한 의미로 볼 때 이 같은 시점은 동족마을의 형성시기라기보다 입향하여 해당성씨의 유서가 마련되는 시기라고 보아야 한다.

실제로 현지 확인 과정에서 이러한 시기가 대개 현재 거주 종손의 직계 혈조로 처음 입향한 시기를 代數(대개 1代 30년)로 소급하여 추정하는 수준이었음을 알 수 있었다. 따라서 위의 통계는 동족마을의 형성기반을 마련한 입향시조의 정착시기로 할 경우 수긍되는 것이고, 그런 의미에서 분화와 이주경향을 살필 수 있는 자료는 되지만, 그것을 바로 역사상 우리가 의미를 부여하는 '동족마을의 형성시기'로 이해하면 곤란하다는 점을 유념할 필요가 있다.

가문별로 사회경제적인 지위나 기반확대의 과정에 편차가 있기 때문에 일률적으로 말할 수는 없으나, 장흥 방촌의 위씨 사례를 보면[65] 장흥 위씨의 입향시기는 1510년대 어간으로 파악되지만 실제 이들의 문중활동은 18세기 중엽 이후에야 본격화되고, 촌락 내에서 주도권을 갖는 시기는 빨라야 1734년 어간을 소급할 수 없음이 자료로 확인된다. 다시 말하면 동족마을에서 문중 기반이 작용될 수 있는 상대적인 지위의 인정과 보장, 인물의 배출, 족원의 증가 등이 가능하려면 위의 '유서마련 시기' 보다 빠르면 100여 년(3~4대), 혹은 200여 년(혹은 5~6대 이상) 정도가 지나야 실질적인 동족기반이 마련될 수 있는 것이 아닌가 생각한다. 따라서 일괄 적용에 문제는 있으나 앞의 통계를 150~200년 정도 내려 동족마을 형성시기를 잡아야 할 것으로 생각된다(이에 대하여는 장흥 죽천사의 사례를 참조).

<표 16>은 부분적 사례를 검토한 것이지만 전체 동족마을의 30% 이상이 결국 서원·사우를 건립하는 상황을 보여주며, 특히 시기별로는 400년 이상 마을에서 40% 이상의 높은 건립비율이 확인된다는 점이다.

---

65) 이해준, 1985, 「朝鮮後期 長興傍村의 村落文書」『邊太燮博士華甲紀念論叢』.

<표 16> 동족마을 형성시기[66]와 사우건립 비교표

구 분	동족마을 성씨	형성년대	사우명칭	창건년대	건립율
201~ 300년전 (29마을)	務安郡 老松亭 利川徐氏	1630	月 山 祠	1752	17%
	咸平郡 月也里 晋州鄭氏	1630	月 湖 祠	1804	
	*潭陽郡 芝谷里 延日鄭氏	1630	松江書院	1694	
	光州郡 日谷里 光州盧氏	1630	節 孝 祠	1839	
	光州郡 松亭里 河東鄭氏	1630	華 潭 祠	1776	
301~ 400년전 (22마을)	咸平郡 海保里 晋州鄭氏	1590	芝 山 祠	1801	32%
	靈岩郡 茅山里 文化柳氏	1580	茅 山 祠	1822	
	*務安郡 社倉里 羅州金氏	1580	牛 山 祠	1683	
	康津郡 蓮塘里 原州李氏	1550	月 岡 祠	1789	
	海南郡 山幕里 原州李氏	1530	英 山 祠	1731	
	長興郡 鶴松里 長興馬氏	1530	忠 顯 祠	1831	
	長興郡 上金里 水原白氏	1530	岐 陽 祠	1808	
401~ 500년전 (17마을)	康津郡 秀陽里 光山李氏	1500	秀 巖 祠	1820	41%
	*務安郡 清川里 大邱裵氏	1480	清 川 祠	1710	
	*靈岩郡 奄吉里 天安全氏	1480	長 洞 祠	1677	
	*羅州郡 金安里 豊山洪氏	1450	月井書院	1659	
	*谷城郡 梧枝里 順興安氏	1446	道 東 廟	1677	
	*靈岩郡 永保里 全州崔氏	1430	鹿洞書院	1713	
	*咸平郡 草浦里 咸平李氏	1430	射 山 祠	1670-1700	
	高興郡 大江里 礪山宋氏	1430	濟 洞 祠	1785	
500년전 이상 (5마을)	高興郡 虎東里 高興柳氏	1330	雲 谷 祠	1785	80%
	*長城郡 舟山里 新平宋氏	1390	壽 岡 祠	1702	
	高興郡 寒東里 高興柳氏	1300	雲 谷 祠	1785	
	羅州郡 鐵川里 利川徐氏	1180	哲 川 祠	1794	

　이것은 전제한 것처럼 입향 이후 최소한 3~4대가 지난 이후에야 문중 기반이 사회적인 활동을 개시하고 있음을 보여주는 것이다. 한편 동족마을 형성시기(善生永助의 조사기준)와 사우건립의 시차를 보면 <표 16>에서 *표로 표기한 사례를 제외하면 모두가 18세기 후반 이후 건립이었고, 시기가 빠른 경우는 문중적인 성향보다도 도학인물이나 특정 유공(충절)자나 당쟁과 관련되는 경우였다. 이 점도 조선후기, 특히 18세기

66) 형성 시기는 1930년 조사결과임.

후반 이후 서원이 문중화하는 과정을 보여주는 일면이라고 할 수 있다.

다음에서 동족마을 형성과 문중조직 강화의 연계선상에서 서원을 건립하는 사례로 영광의 岐川祠(영광김씨)와 함평의 射山祠(함평이씨), 그리고 장흥의 竹川祠(장흥위씨)를 살펴보고자 한다. 岐川祠의 경우는 족보의 편찬 과정과 연계되는 경우이고, 竹川祠는 기왕에 설립된 鄕祠宇를 동족마을의 형성과 활발한 문중활동을 토대로 하여 門中書院으로 변환시키는 사례이다.

[사례 4] 영광 岐川祠(영광 김씨)

조선후기, 특히 18세기 후반 이후 경쟁적으로 건립되는 문중사우들은 동족마을의 형성, 문집이나 족보의 간행, 족계의 발전 등을 기반으로 하면서 구체화되었다. 그런 경향을 잘 보여주는 사례가 바로 영광김씨이다.

영광의 岐川祠는 영광의 토성사족인 영광김씨의 문중활동을 상징하는 유적이다. 岐川祠는 영광읍 월평리 기천마을(216번지)에 위치하며, 영광김씨의 시조인 文安公 金審言(?～1018)과 조선 세종대의 충신인 忠節公 金諒(?～1419)를 제향한다. 이 마을에는 先系의 묘소와 제각이 함께 존재한다. 이 사우는 1808년에 건립되지만, 이에 앞서 1704년의 사당 건립, 그리고 1740～50년대의 派譜 완성, 그리고 1808년의 대동보 편찬 작업과 연계선상에서 岐川祠가 문중사우로 건립되었던 것이다.

岐川祠에 주벽으로 제향된 金審言은 영광김씨의 시조이자 상징적 인물이다. 그는 영광의 별호인 箕城君에 봉해지기도 하였는데, 岐川마을에서 출생하여 崔暹에게 수학하고 재주를 인정받아 그의 사위가 되었다. 文科에 급제하여 목종～현종대에 예부상서, 내사시랑평장사 등의 요직을 역임하였고, 이후 영광김씨는 그의 후광으로 4대가 줄곧 2품관 이상의 벼슬을 역임하여 당대 대표적인 문벌가문으로 성장하였다.[67] 영광김

---

67) 金審言의 자 金允輔, 손 金行瓊(고려 문종～선종대), 증손 金守寧, 현손 金克儉(고려

씨들은 김심언이 성종조에 중앙정계에 진출한 이후 약 180여 년간 후손들이 계속 재경 종사하여 명문의 기반을 다져왔다. 그러나 무신정권이 성립되던 1173년(명종 3) 金甫當(?~1173)이 무신난을 일으켰던 정중부를 타도하려다 실패하였고, 이 사건의 여파로 이후 영광김씨들은 중앙정계에서 거세되어 약 100여 년 동안 관직에 등용되지 못하였다.

고려말 조선초기 인물 金諴(?~1419)는 영광파의 중시조인 金衍의 손자이자 金龍(공민왕~우왕대)의 아들이다. 金龍은 홍건적의 난에 공민왕을 호종하여 호종공신 1등에 훈록되었다. 金諴는 무과에 급제한 이후 여러 외관직을 역임하다가 세종의 대마도 정벌에 朴實, 朴弘信(1363~1419) 등과 출정하였다가 함께 순절하였다. 이에 세종은 史官을 보내어 초혼제를 지내게 하고, 또한 御製碑文으로서 포창하였다고 한다. 대체로 이후 영광지역에서의 가문활동은 이들 金衍-金龍-金諴로 이어지는 영광파 가계에 의하여 이루어진다. 그러나 영광지역의 영광김씨들은 조선전기에 그렇게 부각되지는 않았다. 조선전기 인물로 金克信과 金漑 정도가 보일 뿐이며, 그들의 활동 역시 개인적 차원에 머물고 있다.

영광김씨가 향촌사회 사림활동에 활발하게 참여하는 것은 왜란과 호란 때였다. 임진왜란 당시 56명의 義士들이 箕城館에서 守城同盟을 맺었을 때[68] 영광김씨 영광파 인물로 金雲이 참여하였다. 金雲은 김해의 7세손으로 지극한 효심과 행실로 당시 이름이 널리 알려졌던 사람이다. 한편 金餘慶(1577~1637)이 睡隱 姜沆의 문인으로 정묘호란에 의병으로 참여·활동하였고, 金碻(1599~1677)이 이괄의 난에 省齋 辛應淳과 의병과 군량을 모취하였으며 1636년 병자호란에는 옥과현감 李興勃, 梁曼容, 전 현감 李熹熊, 姜時億, 丁明國 등과 창의하였다.

숙종~1124)이 연이어 상경종사하고, 특히 김극검의 아들 金永夫(1096~1173)는 拓俊京(?~1144)과 함께 李資謙(?~1126)을 제거하는데 참여하는 등 가문의 활동이 매우 활발하였다.
68)『壬辰守城錄』(1747~1753년)『湖南募義錄』(1760년 불갑사).

영광의 토착성씨로 비교적 다른 성씨에 비하여 활동이 미미하였던 영광김씨는 이 같은 충절 행적으로 향촌사회에서 오랜 지위를 재확인 받으면서, 1704년(숙종 30) 岐川마을에 祠堂을 세워 文安公의 영정을 봉안한다. 그리고 뒤이어 파보의 편찬 등 일련의 작업들을 추진하는데, 바로 이 시기인 1700년대 중반이 영광김씨 문중기반의 결속기였음을 알 수 있다. 영광김씨는 18세기 중반 이전에는 시조만 김심언으로 같을 뿐 각기 다른 중시조를 내세워 6개파로 나뉘어져 있었고, 그들의 족보(파보)가 완성되는 시기가 바로 18세기 중반이었다.

다음의 <표 17>에서 보듯이 영광김씨의 각계 파보의 마련은 6개파 중 4개파가 1748∼1752년 어간에 집중되고 있다. 영광김씨 중에서 가장 먼저 京派가 1748년(영조 24) 金正父(고려중기)를 중시조로 하는 파보를 완성하였고, 이어 1752년(영조 28)에 장흥파가 金台用(고려 충렬왕대)을 중시조로 하여 역시 파보를 완성하였다. 영광파는 1755년(영조 31)에 파보를 완성하고 있다. 본관지인 영광에서는 金衍(충렬왕대)을 중시조로 하여 1755년(영조 31)에 영광파 乙亥譜가 만들어진다. 이들 중시조를 중심으로 하는 각 계파의 형성은 내용적으로 역시 세거하는 지역 단위를 근거로 하고, 중시조로 부각된 인물들은 이들의 직계 혈조로서 도학이나 충절 등으로 당 시대가 추구하던 가치관과 직결되는 인물이었다.

<표 17> 靈光金氏 系派譜의 編纂時期

派	派譜 편찬시기	中始祖(生-沒)	비 고
京 派	1748년(영조 24)	金正父(고려 중기)	京派와 合譜
高敞派	1748년(영조 24)	金思敬(고려 공민왕대)	
長興派	1752년(영조 28)	金台用(고려 충렬왕대)	
靈光派	1755년(영조 31)	金 衍(고려 충렬왕대)	
良士派	1857년(철종 8)	金光纘(고려말-조선초)	靈光派와 合譜
江界派	1926년	金文卿(고려 명종대)	靈光派와 合譜

그런데 이 같은 각 파보의 성립 과정에서 영광김씨들은 대동합보 작업의 필요성을 느끼게 되었고 이를 주도한 인물이 金鎭輔(1784~1859)였다. 美泉堂 金鎭輔는 金該의 14세손으로 향리에서 학문에 전념하여 문장으로 명망이 높아 童蒙敎官에 천거되었으나 나아가지 않았고 영광 김씨들의 대동보 편찬과 岐川祠의 창건에 주도적인 역할을 한다. 그는 1808년 영광김씨의 3派 合譜 초본을 완성[69]하는 한편 사당 건립 이후 다른 성씨들에 비해 미미했던 문중 지위를 일신하고자 1808년(순조 8)에 이 지방 유림들과 회합하여, 文安公의 생가터로 전해지고 동족들이 세거 하던 岐川마을에 사우를 창건하여 시조 김심언과 영광파가 내세우는 중심인물인 김해를 제향하기에 이른다.

岐川祠의 창건 과정을 통해 김진보라고 하는 인물이 당시 향촌사회에서 차지하던 지위와 함께, 유사한 성씨들의 연대에 의한 사우건립 과정을 엿볼 수 있다. 金鎭輔는 영광지역에서 우암 宋時烈의 행적과 유적을 선양하는 데도 앞장섰던 인물이고,[70] 『武靈書院誌』에 수록된 창건 당시의 기록인 「參謁錄」을 통하여 우리는 이 시기에 영광김씨와 입장을 같이하던 지원세력의 실체를 확인하게 된다. 「參謁錄」에는 參奉 姜禮會, 進士 金垕鎭, 參奉 丁麒鉉, 美泉堂 金鎭輔, 中樞府使 金鎭盆 등 이 지방 사림 20여 명이 참여하였는데, 이들 창건시 참여 성씨들은 진주강씨, 상산김씨, 영광정씨 등으로 당시 영광지역의 유력한 성씨집단인 동시에 친밀한 인척 가문들이기도 하였다.[71] 김진보와 그를 통하여 연대했던 당시 유력 가문의 지원 하에서 岐川祠는 수령으로부터 경제적인 특권을 인정받기도 한다.[72]

---

69) 金鎭輔, 『美泉堂遺稿』 「族譜序」에 의하면 초본이 완성된 이듬해(1809년)에 흉년이 들어 간행하지 못하다가 1857년에 이르러서야 간행하게 되었다 한다.
70) 金鎭輔, 『美泉堂遺稿』 「望華亭建立賦役疏」. 이를 보면 宋時烈 遺蹟인 望華亭 건립에 安敎煥, 姜柱榮 등과 함께 주도적인 역할을 하고 있음을 알 수 있다.
71) 『武靈書院誌』, 金宣 撰 「岐川祠重修上樑文」(1831년).

[사례 5] 장흥 竹川祠(장흥 위씨)

동족마을의 형성과 연계된 사우 건립 사례로는 장흥 방촌의 장흥위씨 竹川祠가 대표적이다. 원래 竹川祠의 전신은 1688년(숙종 14) 창건된 忠 烈祠로 이는 을묘왜변에 장흥부사로써 순절하였던 韓蘊(?~1555)과 왜 란 충절인 장흥위씨 魏德毅(1540~1613)를 제향하기 위하여, 장흥유학 李昌善 등 104인이 요청하여 건립한 鄕祠宇였다. 그러나 건립기에 사우 의 위치와 합향 여부에 대한 이론들이 적지 않았고,[73] 결국 1694년 한온 을 제향하는 별도의 사우가 장흥읍 부근에 건립되면서[74] 이후 魏德毅 만을 독향하는 사우로 남아 존속하였다. 그러던 것이 1806년에 완전한 장흥위씨의 문중사우로 변모한 것이다.

장흥위씨는 본관지 토성으로 고려말에 현재의 장흥읍 부근에 거주하 다가 魏晋賢~魏鯤 代에 남쪽 해안가의 작은 마을인 현재의 傍村으로 이주한다. 전후의 사정을 감안하여 보면 대개 그 시기는 1500년대 말~ 1600년대 초로 추정하는데, 새롭게 방촌에 이주 정착한 위씨들은 기존 에 마을에 세거하면서 주도권을 가지고 있던 金, 任, 白, 朴氏 등과 연대 하여 서서히 족세를 키워 나간다.[75] 그리고 임란 및 호란기에 魏德毅,

---

72) 『美川堂遺稿』, <顚結錄> 2본. 이는 1857년과 1858년의 고문서자료로 1857년의 문서는 姜禮會·金鎭輔·丁應麟 등의 상서로 減役戶의 還頉문제를, 그리고 다음 해인 1858년의 문서는 金鎭輔·金得重·金邦·金敬臣 등이 10戶 除役과 殉節公 墓 直 1戶를 요청하는 내용이다.

73) 李敏琦(1646~1704) 『晚守齋集』 권2, 「上城主請故韓蘊因享竹川祠狀」

74) 별설 당시 忠烈祠는 石臺祠로 불려졌고 韓蘊과 鄭明世(?~1593)를 제향하여 향사 우로써 지위를 지녔으나, 1770년 단종조 충절인 鄭苯(?~1454)과 그의 아들 鄭 光露의 자손녹용이 정해지는 것(『英祖實錄』 44년(1768), 1770년 敍用결정)을 계 기로 1786년 金翼鉉 등이 상소하여 1798년에는 鄭苯을 주벽으로 하면서 『忠烈』 의 사액을 받고(『正祖實錄』 22년 9월), 곧이어 이 사우에는 鄭光露, 鄭明遠마저 추배되어 진주 정씨 4위를 제향하는 문중사우로 변한다.

75) 魏道悌, 傍村洞約序(1803년). 이해준, 1985, 「朝鮮後期 傍村의 村落文書」 『邊太 燮博士華甲紀念史學論叢』.

魏德和, 魏德元, 魏廷說(이상 壬亂), 魏廷勳, 魏廷烈, 魏廷鳴, 魏廷望, 魏廷獻, 魏廷喆(이상 胡亂) 등이 집중된 충절행적을 보여주고 이에 대한 국가의 포장이 내리면서 가문의 사회적 지위도 확대되어 갔다.

1688년(숙종 14) 장흥 忠烈祠(현재의 竹川祠)의 건립은 이러한 족세의 성장을 잘 반영한다. 위씨들은 을묘왜변에 장흥부사로써 순절하였던 韓蘊(?~1555)을 제향하는 이 사우에 왜란 충절인 魏德毅(1540~1613)를 합향하기에 이르렀다. 이 시기에 위씨들은 노론 세력과 일정한 연계를 도모하고 있었다. 즉 노론계 핵심인물인 老峯 閔鼎重(1628~1692)이 1675년 장흥으로 유배되어 장흥 지역에서 많은 문인들을 배출하게 되는데, 이들은 이후 장흥 지역의 노론세력으로 좌정하는 집단이 된다. 李敏琦, 金發地, 李時輝, 白漢翊 등 문인들은 노봉이 죽은 직후인 1695년 노봉을 竹川祠와 汭陽祠에 추배 제향하고자 한다. 물론 竹川祠는 위치문제로, 예양사는 위차문제로 이론이 생겨 결국 노론 세력의 독자적인 서원 건립 추진으로 1698년 연곡서원을 건립하였지만(1762년 사액),[76] 위씨들과 이들의 연대관계는 이후에도 지속되었다.

竹川祠가 문중사우로 바뀌는 것은 한온이 충열사로 이향된 뒤, 위덕의를 독향하는 사우로 존속하다가 1737년(영조 13) 중건되면서부터였다. 즉 1737년 魏相鼎은 가재를 털어 중수비 2백금을 출연하고 1797년에는 魏榮運 등이 제수답 6두락을 출연하였다.[77] 이러한 중수와 사우 운영에는 이 시기에 활발했던 문중 조직 및 활동과 연관되어 있었다. 즉, 입향 초기에 참여와 신입의 성격에 불과하였던 위씨들이 마을 조직의 주도적 위치를 점유한 것이나,[78] 방촌위씨들이 자신들의 문중 조직을 마련한

---

76) 당시 위씨들은 소론 세력과도 연계되고 있었는데, 魏東賢이 남명 조식 및 내암 정인홍과 교류하고 있음을 통하여 그러한 사정을 알 수가 있다(『長興魏氏忠孝錄』 魏東賢條). 그러나 노봉의 죽천사 제향 논의 및 연곡서원 건립을 통하여 노론 계열의 가문으로 변하고 있으며, 위백규의 경우는 그러한 연대의 중추적 인물이 된다.
77) 魏伯珪, 「竹川祠重修記」(1797년 『竹川院誌』).

것이 그것이다.

방촌 위씨들의 문중 활동은 위씨들이 방촌마을에 정착한 이후 3~4
대가 지나면서부터 서서히 틀을 잡아가는데, 방촌위문의 문회조직은 입
향 2세대인 德厚(1556~1606)를 파조로 하는 소위 顔巷派宗會로 모체를
삼고, 그의 세 아들인 廷勳·廷烈·廷鳴의 계통을 잇는 3개의 작은 小宗
會가 병존하는 형태이다. 즉 (1) 안항공 德厚의 장자 廷勳系는 聽禽公派
로, (2) 차자인 廷烈系는 桂春洞 혹은 縣監公派로, (3)말자인 廷鳴系는
磻溪公派로 각각 독자적인 소종회를 운영하면서 방촌계파의 큰 문회 조
직인 '안항공파문회'에 참여하였던 것이다. 대개 이 같은 문중조직은 18
세기 중엽에 다음에서 보는 바와 같이 정례적이면서 유기적인 모습을 갖
추게 되는데, 이 시기 魏文德-魏伯珪 父子의 선도적인 문회 활동이 족
적 기반의 성장과 맞물려 가능했다고 보인다. 당시의 활발한 분위기를
년대별로 표집하여 보면 다음과 같다. 즉

> 1737년 竹川祠 중수
> 1746년 花樹宗親規 마련
> 1747년 문중재실(俯溪堂=長川齋) 중건
> 1752년 魏繼廷 묘비 건립
> 1755년 養正塾 설치, 문중자제 교육
> 1767년 문중규약(社約, 社中約講會名帖) 마련
> 1768년 桂春洞宗契案, 磻溪公派 宗契案 마련
> 1768년 傍村上下契 창설
> 1769년 魏氏家狀 편찬
> 1777년 社約 중수

---

78) 예컨대 입향 초기에는 마을 父老들의 모임인 『聽禽翁煎花約』에 부분적으로 참여
하는 정도였으나 1734년 좌목에는 위씨 일색으로 변하고 있다. 이는 이 어간에
방촌마을이 위씨들의 동족마을로 자리를 굳혀가고 있음을 말해준다. 이러한 현상
은 뒤이은 1766년, 1774년의 약원에서 더욱 분명해지는데, 타성의 존재는 없고
다만 '茶山學童'이라 하여 타 성씨(金·范·趙·徐)의 자제 3~4명만이 참여하는 상
황으로 변해갔던 것이다.

1778년『장흥위씨충의록』발간
1790년 無伎契 창설
1797년 竹川祠 중수
1803년 洞約 중수

등이 바로 동족마을인 방촌을 중심으로 진행된 문중 활동들이었다. 이러
한 바탕 위에서 위씨들은 1806년 魏德毅와 함께 이 가문이 배출한 忠節
人 魏德元(1549~1618), 魏德和(1551~1598), 魏廷勳(1578~1652), 魏
廷喆(1583~1657), 魏廷鳴(1589~1640) 등 5위와 그리고 이 마을이 배
출한 학자이자 문중 활동에 기틀을 마련했던 魏伯珪(1727~1798)를 竹
川祠에 추배하기에 이른다. 죽천사에 제향된 인물과 방촌위씨의 계파도
를 보면 다음의 <표 18>과 같다.

<표 18> 長興魏氏 傍村派系譜와 忠節人物

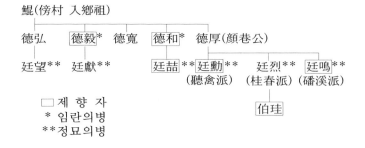

□ 제 향 자
* 임란의병
**정묘의병

결국 장흥 출신의 충절인을 제향했던 鄕祠宇 忠烈祠(1688년 건립)가
향론의 분열로 분건, 移享되면서 애매한 형태로 홀로 제향되어 오다가
장흥위씨들의 문중 기반 강화와 연결되어, 이미 1737년 중수 시부터 문
중적 성향을 증대시켰고, 1806년에는 명실상부한 문중사우로써 그들의
동족마을인 장흥 방촌에 문중 선조들을 대거 제향하는 竹川祠로 변신한
다. 일련의 동족 활동과 문중 기반의 확대를 바탕으로하여 완전한 문중

사우로 좌정하는 모습을 잘 보여주고 있는 것이다.

한편 죽천사가 이처럼 방촌마을을 중심으로 장흥위씨 冠山派의 문중 사우가 되자, 장흥 행원을 중심으로 번족했던 장흥위씨 杏園派들도 1822년 그들의 입향지인 행원마을에 石川祠를 건립하여 그 마을 출신의 충절인과 명조를 제향하였다. 石川祠에는 1822년 건립 당시 魏大用, 魏大器, 魏山寶, 魏廷寶, 魏天會, 魏天相 등 6위를 제향하였으나, 1843년에 는 행원마을의 先住姓氏이자 인척이었던 평산신씨와 연대하여 임란 순절인인 申龍虎, 申龍俊 형제를 추배하였다. 이어 1865년에는 魏大經, 魏舜廷, 魏壽徵을 또다시 추배하여 모두 11위를 배향하고 있다. 장흥위씨 죽천사와 석천사는 한 군현 내에 계파에 의하여 두 개의 사우가 건립된 사례로서도 주목된다.

제4장

祭享人物의 性格

제1절 祭享人의 기본성격

서원·사우에 제향된 인물의 성격(지위)은 서원 조직의 다른 어느 것보다 우선하며, 또한 서원 건립의 일차적인 조건이라고도 할 수 있다. 따라서 서원 건립기의 제향인은 누구이며 어떤 성격의 인물인가는 그 서원의 성격을 가장 정확하게 보여주기 마련이다. 또한 서원폐단 논의 중에서 제향인의 성격(기준저하, 문중인물)이나 제향인 수가 문제되고 있듯 실제 문중서원의 성격은 제향인물 분석을 통해서 가장 잘 드러난다.

다음 <표 19>는 관찬 서원기록에 보이는 전남지역 100개 서원·사우의 창건 당시 제향인 155명을 성격별로 나누어 살펴본 것이다.

〈표 19〉 창건시 祭享人의 性格

제향인 구분 ＼ 왕대별	명종	선조	광해	인조	효종	현종	숙종	경종	영조	정조	순조	총계(%)
도학 (유현)	1	12	2		2	1	6		2			26(17)
학, 효, 충절인		9	2	4	5	4	50		12	28	3	117(75)
지방관, 유공, 기타		2					4		1	2	3	12(8)
제향인 총수	1	23	4	4	7	5	60		15	30	6	155(100)
(충절인 점유수)		9	2	1		3	19		5	16	3	58(37)

<표 19>에서 보듯 건립 당시의 전체 제향인 중에서 도학 연원의 儒賢 수는 매우 적다. 그나마 여기에는 김인후, 박상, 박순, 기대승, 최부, 최산두 등의 호남 출신 사림들을 포함한 것이다.

그런데 전남의 경우 이 같은 도학연원 인물의 제향 사례는 1564년 순천 옥천서원의 김굉필, 1570년 능주 죽수서원의 조광조, 1584년 나주 경현서원의 김굉필과 1589년 조광조, 이언적, 이황의 추배, 1673년 광산 월봉서원의 김장생과 김집 추배, 1726년 함평 자양서원의 주자와 송시

열 제향, 1804년 강진 남강사의 주자와 송시열 제향[1] 등이 전부이다. 그리고 실제 서원 수로 보면 7개소에 불과하다.

그러나 이 같은 도학연원의 인물은 아니지만, 호남사림으로 명망이 있던 16세기의 지역인물들이 거의 17세기에 집중 제향되고 있는 점이 주목된다. 이들은 조선후기 호남 사족의 연원이 되고, 각 가문의 지위와 직결되는 저명 선조, 저명 인물들이기도 하기 때문이다. 다음 <표 20>에서 보듯 호남 사림계 인사들은 거의 빠짐없이 17세기에 이르러 연고가 있는 여러 지역의 서원 사우에 제향되고 있다.

이들의 도학적 전통은 적어도 17세기 전반까지는 향촌사회에서 당색에 크게 구애되지 않고 추앙되었으며, 이는 곧 서원이 바로 그러한 강학과 장수의 중심처로서 기능하고 있었음을 보여주는 것이다. 그러나 이러한 상황은 17세기 중엽 이후 당쟁이 격화되면서 당파적인 성향을 벗어나지 못하고, 각각 당파연원에 이들 인물을 좌정시킴으로서 서원이 당파 활동의 중심지로 변화되게 한다. 그리하여 17세기 후반 이후는 이들 이외에도 당파와 깊게 관련된 인물들, 예컨대 許穆을 비롯하여 鄭澈, 鄭介淸, 金壽恒, 金昌集, 閔鼎重, 尹煌, 安邦俊, 尹宣擧, 朴世采, 尹善道 등이 공적과 유배, 교화 등 각종 유서를 빌미로 제향되면서 그 서원들이 해당 당색을 지닌 사족들의 지방 거점으로 활용되는 경향을 보게 된다.

다음으로 나타나는 제향인의 특징은 행의를 실천한 인물의 경우가 전체의 75%를 점유할 만큼 지배적이라는 점이다. 물론 이는 지배이념의 정착과 그 이념을 실천하고 행하는 인물들에 대한 추앙과 기대가 보편화되고 있음을 보여주는 것이기도 하지만, 그 수에 있어서 숙종대 이전과 이후의 수가 크게 대비된다. 총 155명 중에서 숙종대 이전은 모두 44명인데 이는 숙종대 60명 보다도 적은 수이다.

---

1) 송시열과 주자의 제향처는 함평의 자양서원(1726년)과 강진의 남강사(1804년)로 두 곳 모두 노론계와 연대한 지방세력들에 의하여 건립된 점이 주목된다.

〈표 20〉 16世紀 湖南士林의 祭享 事例

인물명	생몰년대	제향년	지역	제향서원	사액여부
崔 溥	1454~1504	1689	해남	海村祠	
崔忠成	1458~1491	1713	영암	鹿洞書院	사액
宋 欽	1459~1547	1702	영광	壽崗祠	
朴 祥	1474~1530	1671	광산	月峯書院	사액
梁彭孫	1480~1545	1570	능주	竹樹書院	사액
崔山斗	1483~1535	1578	광양	鳳陽祠	
		1668	동복	道源書院	사액
奇 遵	1492~1521	1697	장성	秋山書院	
宋 純	1493~1583	1704	담양	龜山祠	
尹 衢	1495~1549	1689	해남	海村祠	
林億齡	1496~1568	1668	동복	道源書院	사액
		1689	해남	海村祠	
林亨秀	1504~1547	1702	나주	松齋祠	
金麟厚	1510~1560	1590	장성	筆巖書院	사액
		1694	옥과	詠歸祠	
柳希春	1513~1577	1607	담양	義巖書院	사액
		1689	해남	海村祠	
朴 淳	1523~1589	1659	나주	月井書院	사액
		1671	광주	月峰書院	사액
梁子懲	1523~1594	1694	옥과	詠歸祠	
		1786	장성	筆巖書院	사액
朴光前	1526~1597	1607	보성	龍山書院	사액
朴光玉	1526~1593	1604	광산	義烈祠	사액
奇大升	1527~1572	1578	광산	月峰書院	사액
		1584	나주	景賢書院	사액
鄭介淸	1529~1590	1616	함평	紫山書院	사액
崔慶會	1532~1593	1609	능주	褒忠祠	사액
高敬命	1533~1592	1601	광산	褒忠祠	사액
鄭 澈	1536~1593	1694	창평	松江書院	사액
金千鎰	1537~1593	1606	나주	旌烈祠	사액

또 그러한 변화의 대부분을 학행·효행·충절 등의 행의 인물이 차지하고 있는 것도 특징적이다. 총 117명 중에서 명종~현종대의 경우는 24명에 불과하고 이후 시기의 인물 수가 93명이나 된다는 것은 후대로 갈

수록 향촌 단위, 내지는 가문 단위의 인물 제향이 크게 증가하고 있음을 엿보게 한다.

또한 숙종대 이전의 행의 인물들은 대부분이 충절인이었다는 점과, 전체적으로 보아서 절반(117명 중 58명)을 충절인이 점유하고 있다는 것은 전남지역의 서원 사우가 지닌 특징으로 주목할 만하다. 전남지역 서원에서 선조대의 충절 제향인은 대부분 임란에 참여한 인물들로 당대에 국가나 향인들로부터 그 행적을 인정받았던 경우이며, 문중 의지와는 관련이 거의 없었다고 할 수 있다. 그러나 숙종대 이후 충절인물의 제향이 급증하고 있고, 이들 중 다수는 후손들에 의해 추앙된 인물들이었다. 이는 다음에서 분석할 추배제향 인물의 분석과 관련하여 보다 분명해질 것이지만, 이것이 바로 숙종대 사우 남설 현상과 이후 계속되는 문중화 추이의 중심요인이었다고 생각된다. 대체로 충절인물 선양사업은 문중 기반이 크게 변화하던 17세기 중엽, 다시 말하면 숙종대를 전후하여 활발하게 전개되었고, 전라도의 경우 정조대에 이루어지는 『忠武公全書』의 편찬과 『湖南節義錄』의 편찬(1799년)이 그 같은 인물의 발굴과 선양에 결정적인 계기로 작용하였다.[2]

이러한 경향과 함께 18세기 후반 이후가 되면 이와는 성격이 약간 다른 인물들, 예컨대 각 성씨의 始祖(遠祖)나 入鄕祖, 나아가서는 문중에서 배출한 三綱人物들까지 추배되는 모습을 쉽게 볼 수 있다. 우선 건립 당시 제향인 중에서 문중 선조가 차지하는 비중을 보면 다음 <표 22>에서 보듯 100개소를 기준으로 숙종대 이전에는 5명에 불과하여 총 제향인 44명 중 10%에도 미달한다. 그런데 숙종대 이후의 상황은 자못 다르

---

2) 正祖 末年의 『湖南節義錄』 편찬은 상징적인 것으로 이는 충절가문을 친왕적인 세력으로 포섭하려는 국왕의 의도를 잘 보여준다. 이와 병행된 충절 포장정책이나 호남인 수용노력은 여러 형태로 나타나고 있었다. 1798년 光山館에서 치뤄진 試取에 御製策問(「御製奉案記」, 광주목사 徐瀅修, 1798년)이 내려지고, 이때 선발된 인물들이 求言應旨疏를 올리고 있는 것도 같은 측면에서 이해될 수 있을 것이다.

다. 즉 숙종대 이후 총 제향인 111명 중 문중 인물이 75명을 차지, 그 비율이 68%에 이르러 전체 제향인의 2/3가 문중인물로 변하고 있음을 보게 된다. 이같은 비중은 105개소의 경우에서는 더욱 높아진다.

그러나 향촌사회 구조 속에서 제향인의 성격과 성향만으로 서원에 제향되는 것은 아니다. 그 인물이 어느 시기에 어떠한 필요에 의하여, 또 어떠한 세력에 의하여 제향되고 있는지가 더욱 중요하다. 이는 한 인물의 학문이나 사회적 지위와 함께 이를 선양·추앙하는 세력이 있었을 때 서원·사우가 건립되고 있음을 보여주는 것이고, 따라서 제향된 인물의 활동시기와 건립시기, 인물의 성격, 건립주체를 함께 살펴야 할 필요를 느끼게 된다.

〈표 21〉 제향시기와 제향인의 활동시기3)

생존시기＼왕대	명종	선조	광해	인조	효종	현종	숙종	영조	정조	순조	총계(%)
고려조 인물		2					6	4	2		14(9)
15세기 인물	1	1					10	2	5	1	20(13)
16세기 인물	1	18	2				23		11	2	59(38)
17세기 인물			2	4	7	4	21	4	10	1	53(34)
18세기 인물						1		3	2	2	8(5)
19세기 인물										1	1(0)
총 계	2	21	4	4	7	5	60	15	30	7	155(100)

<표 21>에서 보듯이 제향인의 활동시기가 서원 건립 당대 혹은 직전 시기인 경우는 숙종대 이전에서 보다 두드러진다. 반면 숙종대 이후부터 고려시대나 조선전기와 같은 전대 인물 제향이 증대되고 있다. 100개소의 제향인을 분석한 <표 21>에서 숙종대 이후의 제향인들이 고

---

3) 제향인의 생존시기는 주로 활동한 시기에 비중을 두어, 만약 생존 시기가 두 시기에 걸친 경우에는 장년 이후의 시기에 배열하였다.

려~16세기의 활동인물에 집중되는 현상은, 특별한 경우를 제외한다면 대부분 문중적인 기반 위에서 그 행적이 새롭게 인식된 경우일 가능성이 크다. 좀더 상세히 살피면 숙종대 60명 중 고려~16세기 인물이 39명, 영조대는 15명 중 8명, 정조대는 30명 중 18명, 순조대는 7명 중 3명을 점유하고 있다.

이와 함께 17세기 중엽 이후 친족의식이 변화하면서 문중의식이 고조되고 사사롭게 가문의 명예를 드러내기 위한 奉祀 위주의 서원·사우 건립이 일반화된다. 이는 앞에서 잠시 지적한 바와 같이 서원과 사우의 구분기준이 모호해지고, 제향인에 대한 엄격한 기준 설정이 없는 상황에서 林㙲의 지적처럼 "서로 경쟁이라도 하듯 폐단이 넘쳐 심지어 의논이 공정하지 못하고, 혹은 관직이 높으면 제향하고, 혹은 문족이 성하면 다투어 제향함으로써 이를 자랑으로 삼는다"[4]고 할 만큼 문중 인물의 제향이 가능했고 일반화했던 사정과 통하는 현상이었다. 그리고 이러한 현상은 18세기 후반 이후에 건립되는 추가 105개소의 경우에서 보다 확연하게 드러난다.

<표 22> 先祖 祭享比率

생존시기	왕대	명종	선조	광해	인조	효종	현종	숙종	영조	정조	순조	현종	철종	총계
100개소	제향인수	2	22	4	4	7	5	60	15	30	6			155
	선조		1	1	1	1	1	37	12	20	6			80
	선조(%)		5	25	25	14	20	62	80	67	100			52%
105개소	제향인수		4		11		3	35	50	83	199	31	26	442
	선조		3		6		2	15	34	51	97	26	23	257
	선조(%)		75		55		67	43	68	61	49	84	88	58%

<표 22>는 관찬의 서원기록에 보이는 100개 서원의 제향인과, 관찬

---

4) 『仁祖實錄』 仁祖 22年 8月 己未條.

서원기록에 누락된 105개소의 제향인 중 문중 선조가 차지하는 비율을
비교하여 본 것이다. 앞 절에서 105개소 중 단일문중의 선조 제향사례가
70% 이상을 점유하고 있었음에도 선조의 제향 비율은 58%로 100개소
의 52%와 크게 차이나지 않는 것이 주목된다. 이는 鄕祠宇라든가, 몇
개 문중의 연대적인 서원 건립, 특정 성격의 인물(충절, 유공, 당파) 제향
사례가 적지 않고, 제향인을 개별 수로 환산하였기 때문에 나타난 결과
이다. 특히 이를 숙종대 이전과 이후로 구분하여 보면 문중 선조의 제향
비율 변화가 더욱 크게 엿 보인다. 105개소를 기준으로 숙종대 이전은
18명 중 11명이, 숙종대 이후는 424명 중 246명이 선조였다. 그리고 헌
종·철종대의 선조 제향비율 84%, 88%라는 점유율은 더 명확한 선조 제
향 경향을 단적으로 보여준다.

　이 같은 문중 선조의 성격을 좀더 자세하게 살피기 위하여 추가 105
개소를 중심으로 문중 제향인을 동족적인 기반이 보다 강하게 드러나는
遠祖(始祖, 派祖, 中始祖, 入鄕祖)와 문중이 배출한 상징적인 인물(충절
인, 당파관련인)로 구분하여 살펴보고자 한다.

제2절　遠祖 및 入鄕祖의 祭享

　이 같은 선조의 제향 비율과 함께 추가 105개소의 사례에서 고려시대
의 문중시조, 혹은 원조 제향이나 조선전기의 입향조를 제향하여 동족적
인 성격을 분명히 하는 사례에 대하여 살펴보자. 물론 앞에서 보았듯이
단일문중의 인물 제향이 지배적인 현상으로 나타나고는 있으나, 17세기
까지는 一鄕祠宇로 지방 유공자나 그 지역이 배출한 학행, 충절인물들을
제향하거나 당파 인물 제향을 통한 사회적 권위 보강의 성격이었다.

〈표 23〉遠祖 및 入鄕祖 祭享事例

지역	사우명	건립년	제향인	지역	사우명	건립년	제향인
영암	九皐祠	1640	金振明	장성	松溪書院	1797	劉敏
영암	龜岩祠	1668	文益周	옥과	龜岩祠	1799	沈璿
무안	牛山祠	1683	金適	보성	龍源祠	1804	金廷年
담양	月山祠	1688	李齊賢	강진	龜谷祠	1804	李齊賢
낙안	忠愍祠	1697	金贇吉	광산	花巖祠	1807	金佑生
무안	淸川祠	1710	裵玄慶	순천	玉溪書院	1808	鄭知年
해남	老松祠	1728	金驥孫	장흥	白洞祠	1808	文壁
영광	南崗祠	1741	李岸	영광	岐川祠	1808	金審言
남평	長淵祠	1747	文益漸	영암	雲湖祠	1817	金克禧
무안	盆梅祠	1750	尹吉	강진	杏亭祠	1820	金亮
담양	蘿山書院	1755	金粹	강진	秀岩祠	1820	李先齊
영광	長山祠	1759	丁贊	순천	龍岡書院	1821	梁彭孫
영광	佳山祠	1770	李齊賢	고흥	星山祠	1824	李長庚
광산	花潭祠	1776	鄭熙	낙안	栗峰書院	1824	丁克仁
무안	柄山祠	1778	朴義龍	순천	伊川書院	1827	朴世熹
영광	甫村書院	1782	李聞	장흥	忠顯祠	1831	馬天牧
보성	酉山祠	1786	朴成仁	장성	晦溪祠	1832	金愼德
장흥	金溪祠	1788	李文和	장성	良溪祠	1834	沈德符
나주	居平祠	1789	魯愼	광산	節孝祠	1839	盧俊恭
광산	芝山祠	1790	崔致遠	장흥	虎溪祠	1842	金永幹
나주	錦江祠	1792	廉悌臣	장흥	四賢祠	1846	金方礪
영광	萬谷祠	1793	奉汝諧	광산	斗岩祠	1850	金庚信
장흥	杏岡祠	1797	金憲	강진	大鷄祠	1860	曺精通

그러나 이 시기에도 문중 성향을 강하게 드러내는 사우들이 서서히 나타
나는 사실을 주목할 필요가 있다. 예컨대 영광 影堂祠(1616년 : 전주이씨),
강진 胄峰書院(德林祠, 1624년 : 창령조씨), 화순 茶山祠(1624년 : 해주최
씨), 영암 九皐祠(1640년 : 김해김씨), 함평 射山祠(1670년 : 함평이씨),
장흥 鑑湖祠(1677년 : 담양전씨), 장성 鳳岩書院(1677년 : 황주변씨), 영
암 長洞祠(1677년 : 천안전씨), 영암 竹亭書院(1681년 : 함양박씨), 무안
牛山祠(1683년 : 나주김씨), 나주 雪齋書院(1688년 : 나주정씨), 함평 甑
山祠(1693년 : 상산김씨) 등은 바로 그러한 사례들이다. 물론 이들도 외

형적으로만 보면 후대에 보는 바와 같이 단순한 문중 기반의 강화라는
조건만으로 사우를 건립한 경우는 아니었다. 그러나 내용적으로는 문중
적인 기반을 근거로 하면서 入鄕祖나 顯祖, 忠節先祖를 제향하려 하였
다는 점에서 문중적 성향을 분명하게 드러내고 있으며, 이들은 18세기
후반 이후 '문중서원'이 일반화되는 시기에 문중선조를 추배, 혹은 주벽
으로 바꾸면서 보다 분명한 문중서원으로 탈바꿈한다.

　그러나 본격적, 혹은 일반적인 경향으로서 문중인물을 제향하는 것은
역시 18세기 이후이다. <표 23>에서 보듯 추가된 105개소 중 遠祖와
入鄕祖의 제향처는 모두 46개소에 이른다. 이를 시기별로 보면 17세기
는 5개소에 불과하고, 18세기 전반도 4개소 뿐이다. 그러나 18세기 후반
이후에 급증하여 정조대 12개소, 순조대 16개소, 헌종～철종대 5개소
등 37개소가 18세기 후반～19세기에 집중되고 있다.5)

　이들 중에는 지역 연고가 전혀 없는 始祖와 遠祖의 제향도 많은데,
이는 동족 기반 위에서만 가능한 것으로서 문중서원의 특성을 아주 분명
히 드러내는 부면이다. 앞의 사례들 중 본관지가 아닌 경우 시조나 고려
시기의 中始祖들처럼 해당 지역과 인연이 없더라도 후손들이 번성하여
제향된

　　담양 月山祠(1688년 李齊賢), 무안 淸川祠(1710년 裵玄慶), 남평 長淵祠
　　(1747년 文益漸), 영광 佳山祠(1770년 李齊賢), 나주 居平祠(1789년 魯愼), 광
　　산 芝山祠(1790년 崔致遠), 나주 錦江祠(1792년 廉悌臣), 강진 龜谷祠(1804년
　　李齊賢), 강진 秀岩祠(1820년 李先齊), 순천 龍岡書院(1821년 梁彭孫), 고흥
　　星山祠(1824년 李長庚), 낙안 栗峰書院(1824년 丁克仁), 장성 良溪祠(1834년
　　沈德符), 장흥 四賢祠(1846년 金方礪), 광산 斗岩祠(1850년 金庚信)

---

5) 추가로 분석하는 私建의 경우에는 사실상 추배의 의미가 적다. 왜냐하면 이들의
　경우는 처음부터 문중인물의 제향이 일반화되고 있었기 때문이다.

등은 바로 그러한 경우들이다.

[사례 1] 함평 射山祠와 草浦祠(함평이씨)

遠祖, 入鄕祖를 제향한 대표적 사례가 바로 함평의 射山祠와 草浦祠(함평이씨)이다. 이는 본관지의 토성이 동족마을의 파조를 제향하다가 시조를 주벽으로 제향하면서 계파 간에 갈등을 빚는 사례이다.

함평이씨 사산사는 1670년 李有仁[6]의 주력으로 孝友公派의 직계 선조인 李彦·李春秀·李摺·李舜枝·李舜華 등 5위의 선조를 제향하기 위하여 문중의 사당 형태로 건립되었다. 그러나 당시 李有仁의 사회적인 지위를 반영하면서 그의 직계 선조들을 모셨던 이 사우는 1700년에 이르러 같은 문족이면서 세력을 떨쳤던 李弘稷(1705~?)·李普榮 부자와 李命龍(1708~?)을 중심으로 문중의 합의를 받아 시조인 李彦(고려 광종대 인물)만을 제향하는 鄕祠宇로 발전되었다. 李弘稷은 그의 아들 李普榮과 함께 중앙 정계에서 현달했던 인물이었고, 결국 그들의 힘이 크게 작용하였음을 예측할 수 있다. 그후 1790년에 이르러 사산사는 함평유림들의 논의와 후손들의 합의에 따라 다시 李春秀·李從生·李兢·李摺 등 제현을 추배하여 모두 5위를 봉향하게 되었다.

이들 제향인들은 시조 李彦의 10세손(春秀, 從生)과 11세손(春秀의 두 아들인 兢과 摺)으로 모두 함평이씨 가문의 지위를 선양했던 인물들이었다.[7] 함평이씨 사산사는 앞의 1670년 건립기와 1700년 李彦만의 독향

---

6) 破愚 李有仁(顯宗~肅宗代)은 현종~숙종 년간에 활동했던 인물로 最樂堂 金重璿(1659~1702)과의 학문적 교유만이 알려질 뿐, 상세한 행적은 알려지지 않고 있다.

7) 李彦은 함평이씨의 시조로, 고려 광종 때 무신으로 咸豊君에 봉해졌던 인물이다. 그의 10세손인 李春秀는 려말 왜구침략을 막아낸 무장이며, 장자 李兢(1389~ 1433)은 세종조에 성균관 대사성, 홍문관 예문관 대제학 등 청요직을 두루 거쳐 이조판서와 箕城君에 봉해졌고, 차자 李摺(연산군대)도 김종직 문하에 들어가 수업, 김굉필·정여창 등과 교의가 있었으며, 향리에 四槐亭을 지어 후학을 양성하여

과정, 1790년 다시 추배되는 과정을 통하여 문중 각 계파 간의 이해나
향촌사회에서의 지위 보강을 위하여 이합 집산하는 모습을 적나라하게
보여준다. 즉, 春秀의 두 아들인 兢과 摺은 각각 箕城君派와 孝友公派의
系派祖로 지목된 인물들로, 1670년 孝友公派에 의하여 설립된 사우가
1700년 두 파의 합의에 의하여 시조만을 제향하는 향사우로, 1790년에
는 계파 전체를 아우르는 문중 전체의 선대 5위를 제향하는 사우로 변모
하고 있었던 것이다.

〈표 24〉咸平李氏 世系와 祠宇祭享人

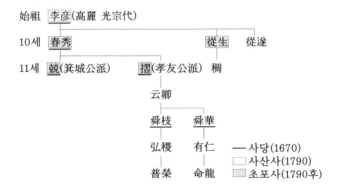

한편 사산사는 이웃한 나산면 우치리 계동마을에 건립되었던 车陽祠
(李有仁 제향) 및 초포리의 草浦祠(李舜華·李有仁·李命龍 제향)와 밀접
한 연관을 갖고 있어 한 군현 내에서 문중사우가 중복 건립된 사례로도
매우 주목된다. 车陽祠는 모든 서원 관련기록에 李有仁(현종~숙종대)을
제향한 사우로, 그리고 정확한 건립 년대를 밝히지는 않고 있으나 『열읍
원우사적』의 함평지역 기록(1759년, 1763년)을 미루어 볼 때 1760년대

학행으로 천거되었으나 학문에만 몰두하였다. 李從生(1423~1495)은 1467년(세
조 13) 이시애의 난을 평정, 敵愾功臣과 咸城君에 봉해졌고 이후 평안·충청·함
경·경상 절도사 등을 역임하였다.

이전에 건립된 것만은 분명하다. 그런데 이 牟陽祠의 건립이 인접한 초포리의 射山祠와 밀접하게 연관되면서 건립된 것이라는 점이 주목된다. 즉 이 과정에서 적지 않은 문족간의 이해관계가 있었을 것임을 예상케 되며, 앞에든 사산사의 시조 제향과 관련된 문제로 李有仁을 독향하는 牟陽祠의 창건으로 귀결되었던 것은 아니었을까 추측해 볼 수 있다. 이러한 사정은 이후 인접한 초포리(원초포)에 별도로 草浦祠가 건립되는 것으로도 확인된다. 즉 사산사가 1700년 李彦을 독향하는 향사우로 발전하고 1790년에 4위의 추배가 이루어지자 원래 그곳에 모셔졌던 李舜華(李摺의 손자)를 원초포의 별도 사우인 草浦祠로 모셨고, 뒤에 이곳에 李命龍과 李有仁(모양사 훼철 후 배향)을 배향하고 있기 때문이다.

[사례 2] 보성 梁山書院 (파주염씨)

한편 문중적인 성향보다는 향중 공론에 의하여 건립된 鄕賢祠 중에서도 18세기 중엽 이후 특정 문중의 遠祖를 추배하여 주벽을 바꾸어 문중화하는 사례도 적지 않다. 보성의 梁山書院은 1712년 임란 충절인이면서 효자였던 廉世慶(1566~1646)을 제향하기 위하여 건립한 것인데, 창건당시의 명칭은 梁山祠였다. 그런데 파주염씨들은 1727년 염세경의 9대조인 廉悌臣(1304~1382, 딸이 공민왕때 愼妃), 8대조인 廉國寶, 그리고 염세경의 아들인 廉悌立을 추배하면서 주벽도 遠祖인 廉悌臣으로 바꾸었다.[8]

한편 이 서원은 수령의 침학을 받는 사례로서도 주목되는데, 1797년 보성군수로 부임한 尹敬喆이 원생을 혁파하여 軍保로 충당하고, 祭需用 牲幣를 지원하여 주지 않아 서원 기능이 마비되기도 하였으나 廉相五와 향유들의 거듭된 상소[9]로 원상 복귀되었다. 아마도 이는 보성지역에서

---

8) 이처럼 전혀 지역적인 연고나 유서가 없음에도 후손들이 세거하고 문중지위가 확보된 경우로는 순천의 謙川書院, 장흥의 江城書院 등이 있다.

9) 『梁山書院誌』, 廉相五 등의 「等狀」(1797년).

차지하는 파주염씨들의 지위 변화와 관련되어 있었을 것이다. 이 같은
상소와 원상복구 과정에서 전일의 지위를 다시 확보하였던 것으로 보여
진다. 비슷한 사례로는 장흥의 강성서원(문익점), 남평의 장산서원(문익
점), 광주 장열사(김유신), 광주 지산사(최치원) 등이 있고, 특히 경주이씨
처럼 여러 지역에 李齋賢과 李恒福을 제향한 경우도 있다.[10]

　그런데 이 같은 사설서원과 그 문중적 성격의 일반화는 16~17세기
에 향중공론을 통하여 건립된 서원 사우들로 하여금 본연의 모습을 지키
지 못하게 했던 것으로 보여진다. 즉, 기존의 서원들 중에서 많은 경우가
18세기 중엽 이후 추배제향을 통하여 문중화하고, 그것이 결국은 '문중
서원'의 점유율을 더욱 증가시키는 결과를 야기하고 있었던 것이다. 그
런가 하면 조선후기의 남설기로 접어들수록 창건 시의 제향인물 성격과
추배 시의 제향인물 성격이 다른 경우도 많아지며, 추배인물의 생존시기
나 문중적인 기반의 차이 때문에 몇개 성씨의 합력에 의하여 창설되었던
서원(사우)들이 분리되거나 갈등하는 경우도 보인다.

제3절 忠節人의 祭享

　한편 전남지역 '문중서원' 사례에서 특징적으로 돋보여지는 사실은
충절인물의 제향 비중이 크고 그들이 대개는 문중인물이라는 점이다.
　앞장에서 살폈듯이 전남 지역의 공인 100개소의 경우 충절인 제향이
37% 정도를 차지하고 있으며, 정조대에는 전체 제향인의 53%를 충절인

---

10) 慶州李氏는 담양 월산사(1688년), 장성 가산사(1770년), 강진의 구곡사(1804년)를
　　각각 건립하여 李齊賢을 제향하고 있으며, 비슷한 사례로 남평문씨는 장흥 강성
　　서원(1734년)에 문익점을 추배한 이후 나주 장연사(1747년), 장성 덕천사(1822년)
　　에도 그를 제향한다.

이 차지하고 있다.[11] 물론 선조대의 충절인은 거의가 임란 충절인들로 당대에 국가나 향인들로부터 그 행적을 인정받은 경우이므로 문중과의 관련은 거의 없다고 할 수 있다. 그러나 숙종대 이후 충절인 중 문중인 물의 점유율이 63%, 영조대에는 100%에 이르는 사정은 숙종~정조대 의 충절인들은 새롭게 후손들에 의해 추앙되고 있음을 반영하는 것이다. 이 같은 충절인물의 제향에서는 특히 추배제향을 통하여 그 수를 증가시 켜가는 경향이 추적되었다. 이것이 바로 숙종대 사우 남설현상과 이후 계속되는 문중화 추이의 주요 요인이었다고 생각된다.

대체로 충절인물 선양사업은 문중 기반이 크게 변화하던 17세기 중 엽, 다시 말하면 숙종대를 전후하여 활발하게 전개되었고, 이를 주도한 인물이 바로 牛山 安邦俊(1573~1654)이다. 안방준은 1650년『湖南義錄』 을 발간하여 사장되거나 민멸될 의병사적을 재조명하였다. 이 작업은 탁 월한 행적이 있으면서도 1617년에 편찬된『東國新續三綱行實圖』에 수 록되지 못한 인물들을 대상으로 한 것으로, 이 책이 광해군 때 대북정권 하에서 편찬되었다는 점을 감안할 때 삼강행실도의 재편찬 사업은 서인 계 입장에서의 보완을 의미하는 것이었다.[12] 이러한 선행적인 충절인물 정리를 토대로 정조대에 이루어지는『忠武公全書』와『湖南節義錄』의 편찬(1799년)은 그 같은 인물의 발굴과 선양에 결정적인 계기로 작용하 였다. 서원과 사우만이 아니라 충절에 대한 포장 역시 이 시기에 집중되 었던 사정도 문중적인 기반의 강화와 연결되는 하나의 사회사적인 현상

---

11) 관찬기록에 나타난 100개소의 왕대별 충절인 제향 비율은 다음과 같다.

왕대별 구 분	명종	선조	광해	인조	효종	현종	숙종	경종	영조	정조	순조	총계
제향인 총수	1	23	4	4	7	5	60		15	30	6	155
충절인 수		9	2	1	3		19		5	16	3	58
충절인 비율		41	50	25	43		32		33	53	50	37

12) 이해준, 2002,「은봉전서 해제」『국역 은봉전서』, 보성문화원.

이었던 것이다. 또한 이 같은 성향은 내용상 충절인 제향의 절반이 양란기의 의병활동 내지는 순절자였다는 점과 관련하여 전남 서원의 제향인물과 그 주체가 지닌 하나의 특징적인 모습으로 지적하여 볼 수 있다.

〈표 25〉 祭享人의 性格(105개소 기준)

구분＼왕대	선조	광해	인조	효종	현종	숙종	경종	영조	정조	순조	헌종	철종	총계(%)
제향인 총수	4		11		3	36	7	42	83	199	31	26	442(100%)
도학 행의	3		6		3	29	7	28	66	139	27	23	331(75%)
충절 인	1		5			7		14	17	60	4	3	111(25%)

<표 25>는 105개소의 총 제향인 442명을 도학 및 행의 인물, 충절인물로 나누어 본 것인데 흥미로운 것은 숙종대 이후 사설서원의 건립이 많아질수록 충절인의 비율이 축소되고 있다는 사실이다.[13] 이는 사우별 제향인 수가 100개소(평균 1.5명)에 비하여 추가 105개소(평균 4.2명)가 3배 정도로 증가하는 추세 속에서 나타난 현상이며, 이를 사우 수로 보면 충절인 제향 사우가 전체 105개소 중 45개소에 이르고 있어서 변함없이 높은 점유율을 보인다.

그런가 하면 충절인을 배출한 가문들이 연대하여 鄕祠宇의 형태로 서원을 건립한 사례도 적지 않다. 충절가문 연대의 사례로는 보성 旌忠祠(1677~1768년, 1827년 추배, 순흥안씨, 경주최씨, 진주정씨), 구례 忠孝祠(1786년, 1814년 추배, 개성왕씨, 청주한씨, 제주양씨, 제주고씨 등), 장성 鰲山祠(1794년, 南門倡義士 72位), 고흥 武烈祠(1826년, 여양진씨와 창원박씨), 옥과 倡義祠(1832년, 同鄕殉節人 10位) 같은 경우가 있는

---

13) 단, 이 <표 25>에서는 1794년(정조 18)에 건립된 장성의 鰲山祠에 제향된 충절인 72명을 제외하였다. 이는 단일 사우로서는 충절제향인 수가 너무 많아 전체 추이를 조망하는데 합당하지 않을 것으로 판단되었기 때문이다. 이를 포함할 경우 충절인의 비율은 35% 정도가 될 것이다.

데, 이들의 경우는 대부분 건립기에 공인을 받거나 아니면 후대에 同類
의 인물을 추배하는 형태로 연대하고 있다.

그러면 이제 충절인을 배출한 가문이 문중서원을 건립하는 경향을 표
집된 몇 개 지역을 토대로 살펴보기로 하자. 다음의 <표 26>은 몇 개의
지역을 선정하여 임진·정유왜란과 이괄의 난, 정묘·병자호란에 충절의
행적을 보인 가문과 관련 인물 수를 서원 건립과 함께 살펴 본 것이다.14)

<표 26> 忠節人物 輩出과 書院建立

지역	성씨	충 절 행 적			관련사우(건립년대)
		왜 란	이괄 난	호 란	
나주	나주나씨	5	2	6	금호사(1723)
	광산김씨	5	3	3	
	문화유씨	6	1	3	죽봉사(1729)
	김해김씨	10			두암사(1850)
	나주정씨	5		4	설제사(1688)
	파주염씨	1	2		금강사(1792)
	하동정씨	2		2	모산사(1822)
	함평노씨	2	1		거평사(1789)
장성	울산김씨	8		1	오산사(1794), 회계사(1832)
	광산김씨	4		3	오산사(1794)
	황주변씨	3	1	3	봉암서원(1677)
	밀성박씨	2	1	1	
	진원박씨	2		1	학림서원(1643)
영광	전주이씨	8	3	6	묘장서원(1616)
	영광정씨	8	6	3	장산사(1759)
	진주강씨	8	2	4	용계사(1635)
	김해김씨	9	1	1	송림사(1790)
	함평이씨	2	6	1	두동사(1860)
	광산이씨	6			두동사(1860)
	장흥임씨	4	1	1	계산사(1806)
함평	함평이씨	15	2	3	사산사(1700), 초포사(1730)
	진주정씨	8		6	지산사(1801), 월호사(1804)

14) 이 표는 『湖南節義錄(1799년)』과 관련지역 邑誌資料, 족보기록을 참조하여 작성함.

	파평윤씨	6		3	
	광산김씨	6		2	
	여양진씨	2			월계사(1826)
장흥	장흥위씨	14	4	20	죽천사(1688), 석천사(1822)
	남평문씨	13	2	4	강성서원(1644)
	영광김씨	6	5	6	사현사(1846)
	초계변씨	15			
	김해김씨	4	2	1	양강사(1700)
	영광정씨	6	1	1	반계사(1714)
	진주정씨	4			충열사(1683)
영암	김해김씨	7	2	1	구고사(1640), 운호사(1817)
	함양박씨	5	3	2	죽정서원(1681)
	전주최씨	5		1	녹동서원(1630)
	천안전씨	2	3		장동사(1677)
	거창신씨		2		송양사(1796)
	해미곽씨	1		1	충효사(1790)
무안	나주김씨	6	1		우산사(1683)
	무안박씨	3		3	병산사(1778)
	나주정씨	2		2	월천사(1708)
	파평윤씨	2		2	분매사(1750)
	달성배씨	4			청천사(1710)
	광산김씨	2		1	모충사(1829)

분석 대상 지역은 公認과 私設 서원의 수가 상대적으로 다른 지역에 비하여 많은 지역(앞의 <표 3-3> 지역별 건립수를 참조), 성씨는 지역별로 인물수가 많은 순으로 5위까지만 추출하여 보았다. 다만 수적으로는 5위 이하이지만, 서원을 건립한 경우는 참고로 함께 삽입 추가하였다.

이 표에서 보듯 시기의 차는 있으나 충절가문으로 지목되는 경우는 거의 예외 없이 사우를 건립하고 있었다. 이점은 전남지역 서원·사우의 특징으로 주목할 만하다. 대표적인 사례가 바로 영광의 長山祠와 구례 忠孝祠인데, 長山祠는 충절인의 배출을 계기로 가문의 지위를 고양시킨 뒤 道內 제 종족의 협찬으로 사우를 건립한 경우이며, 忠孝祠는 같은 지역 내에서 충절가문의 연대로 사우를 건립한 경우이다.

[사례 3] 영광 長山祠(영광정씨)

1759년에 건립된 영광의 長山祠는 한 지역의 토착 성씨세력이 문중세력을 기반으로 사우를 건립하는 구체적인 사례이다. 靈光金氏와 더불어 영광 지역의 대표적 토성세력인 靈光丁氏는 고려후기, 元 지배 하에서 활약한 성씨이다. 영광정씨 인물 중에서는 시조 丁晉의 손자인 丁贊(?~1363)의 행적이 주목된다. 그는 靈城君(영광군의 별호)의 君封을 받은 인물로 공민왕 때 서북면 도안무사로 활동하면서 崔濡 등 德興君 추대세력의 역모를 저지했던 인물이다.

영광정씨의 조선전기 대표적 인물로는 조선 초 가사문학 작가로 유명한 不憂軒 丁克仁(1401~1481)과 丁禮孫(1432~?), 그리고 丁璿(1516~?) 등이 있다. 이들은 모두 문과에 급제한 뒤 중앙정계에 진출하였는데, 이중 정극인과 정례손은 단종 폐위 때 벼슬을 버리고 낙향하였다. 정극인은 고려말 靈城君에 封君된 丁贊의 증손이고, 정례손은 정극인과 사촌이다. 그리고 정선은 정극인의 5세손으로 병조좌랑 홍문관 교리 등을 역임하였던 사람인데 후손들이 주로 영광지역에 세거하였다.

영광정씨가 조선후기에 활발한 활동을 하게 되는 것은 양란을 통해 충절인물을 배출하면서였다. 영광 지역은 임진왜란 중에 守城軍을 조직하여 활발한 의병활동을 보였던 지역이면서, 동시에 충절인에 대한 포장과 추앙의 움직임이 해당 가문의 후손을 중심으로 매우 활발했던 곳이다. 1747년(영조 24)의『壬辰守城錄』간행 작업은 바로 그 같은 가문별 활동과 연계되면서 일정하게는 중앙의 지방세력 포용책과도 관련된다.

『壬辰守城錄』은 靈光 守城戰에 대한 자료로서 임란 이후 150년이 지난 이때에 간행되는 것은 바로 그 같은 후손들의 필요가 강했었기 때문일 것이다. 그런데 충절을 기록으로 남기고자 향중 士友가 1747년 佛甲寺에 모여『수성록』간행을 계획하였으나 이때에는 이해가 다른 의견

탓으로 중지되었는데, 아마 이 과정상의 마찰도 당색과 관련되어 확대된 것이었다고 추정된다. 그러다가 그해 가을 어사 韓光會가 南行 중 영광에 들려『수성록』의 초본 자료을 보고 간행을 독촉함으로써 출간하게 되었는데, 수성록 명첩의 서문은 당시 영광군수 兪取基가 썼다. 그러나 당시 만들어진 수성록은 너무나 간단하고 또한 잘못된 내용들이 많아 1753년(영조 29) 修正都有司 유학 丁致亨 외 18명이『守城錄』을 鳳停寺에서 다시 수정하여 중간하였다. 이 같은 충절인에 대한 관심은『임진수성록』간행에 이어 1760년 불갑사에서의『湖南募義錄』간행으로 이어지고, 이로써 충절인에 대한 인식이 한층 고조되자 그들 후손들의 사회적인 지위도 매우 높아지게 된다. 1799년에 간행된『湖南節義錄』에 등재된 영광성씨들을 추출하여 보면 43개 본관 성씨 중 18개 성씨가 추가 등재되어 있는데, 이는 그러한 과정의 연속선상에서 이해할 수가 있을 것이다.

이 자료를 통하여 수적으로 많은 충절 인물을 배출하였던 가문은 전주이씨, 영광정씨, 진주강씨, 김해김씨, 함평이씨, 영월신씨, 장흥임씨, 광산이씨 등이었다. 이를 왜란과 이괄의 난, 호란으로 나누어 가문별 인원수와 사우의 건립을 살핀 <표 26>에서 보듯이 영광지역에서는 7개의 서원 사우가 건립된다. 즉, 충절인의 포장과 충절가문의 상호연대 속에서 각 가문의 후손들은 이들을 추앙하는 형태로 권위의식의 상징물인 서원·사우나 충효열 정려를 적극적으로 건립하고 있었던 것이다.

영광정씨의 長山祠도 이 같은 맥락 속에서 향유들의 지원을 받으며 건립된다. 이들은 먼저 金瑠, 李命彦, 金琮 등 영광향교 유림의 이름으로 1758년 3월 창건 통문을 각읍 향교와 도내 제 宗中에 보내(3月 17日) 建院의 협조를 구하였다. 건립 과정에는 1753년『靈光壬辰守城錄』의 修正都有司였던 丁致亨이 직접 간여하고 있어 그의 지역 내 역할이 컸을 것이고, 한편으로는 노론세력을 배후로 삼고 있었던 것으로 생각되기도 한다.

이는 이 사우에 제향된 丁贊의 행장을 市南 兪棨(1607~1664)가 찬했던 것을 비롯하여, 현감으로 부임한 兪㝡基(1746~1747 재임)가 『壬辰守城錄』의 간행을 지원한 사실 등을 미루어 짐작되는 바가 있다. 또 열읍건원 통문에 대한 답통이 전주, 남원, 광주, 나주 등지의 향교와 태인의 武城書院 등 노론계 기반의 지역에서 있었던 점은 좋은 근거가 될 것이다.

이 같은 정치적 성향이나 지역 기반의 문제와 함께 이 사우의 건립과정이 주목되는 또 하나의 이유는 당시 건립을 위해 이들 문중이 기울인 노력 때문이다. 이에 관련된 자료는 전라도 내의 정씨문중에게서 거두어들인 경비를 기록한 收錢記(1758년 봄)와 再收錢記(1758년 가을)를 통해 알 수 있는데, 이에 대하여는 다음 절의 서원 경제부면에서 보다 상세히 언급하고자 한다. 다만 여기에서 주목할 사실은 수전의 범위가 동성 후손으로 한정되고 있었던 점이다. 이는 17세기 중엽 이후 일반화된 동성동족 즉, 부계친 중심의 문중 구성을 그대로 보여주는 것으로, 만약 16세기의 경우였다면 外裔가 보다 적극적으로 참여한 모습을 볼 수 있었을 것이다. 長山祠 收錢記를 보면 영광 군내는 물론 각 지역의 영광정씨들에게서 3~4차례에 걸쳐 경비를 추렴하고 있으며, 총수입은 359兩 5錢에 이른다. 그리고 이를 사우 건축비로 사용한 내력도 매우 상세하게 기록되어 있어 당시로서는 흔하지 않은 건축 관련 경비지출 내용을 알 수 있다. 그리고 이 사우의 경우 官에 減役을 요청하는 품목이 있어 주목된다.

1758년 丁致亨 외 11인의 문족들은 도내 종족들에게 통문을 돌려 "영광이 선조의 봉읍지이니 반드시 이 땅에 사우를 건립함이 마땅하고, 이에 영광의 후손들이 뜻을 모아 사우 건립을 계획하여 빈부를 막론하고 출재하여 기지를 마련하고 건물을 지었으나 재력이 모자라 열읍의 제 종족에게 도움을 청하지 않을 수 없는 사정"을 전하였다.

「收錢記」는 그 결과 수합된 경비를 정리한 것으로 영광 군내는 물론

각 지역의 영광정씨들에게서 3~4차례에 걸쳐 추렴하고 있는데, 이를
영광군내와 도내 각 군으로 나누어 살펴보면

靈光郡內 各面(2차 수합)

道內 21량　南竹 16량　法浦　1량　水南 13량　　龍頭 14량　　卞山　1량
畝良　9량　外間 18량　元山　6량　海龍 15량5전　鹽所 2량7전　望雲　5량
金山　1량　畝洞 10량　弘農　3량　　　　　　　　　　　(도합　130량7전)

各郡收錢記(4차 수합)

무안 : 35량 6전　장흥 : 38량(회령 丁時雋 특출)
홍양 : 70량(南塘 40량, 落頭 24량, 點岩 6량)
순천 : 29량(牛山 19량, 熊川 10량)　태인 : 11량(古縣 10량, 읍내 1량)
남평 : 國成　1량　보성 : 水南　4량　나주 : 3량(江鏡 2량, 압해 1량)
강진 : 唐洞　2량　창평 : 內洞 10량　영광 : 外李氏門 3량
고부 : 達川 10량　순창 : 藋岩　5량　전주 : 西門外 4량
부안 : 1량　　　정읍 : 1량 2전　　　　　　(도합　228량 8전)

으로 총 수입은 359량 5전(실제 363량 5전)이었다. 이를 사우 건축비로
사용한 내력도 매우 상세하게 기록되어 있어 당시로서는 흔하지 않은 건
축 관련 경비지출 내용을 알 수 있다. 참고로 당시의 祠宇 建築經費의
내역을 살펴보면,

　　基地家舍價 105량, 開基立柱 所入 4량 4전 8푼, 庫舍木松價 12량, 石手賃
2량 3전,　山役時役人賃 5량 2전 7푼, 冶匠手價　4량 1전 3푼, 瓦價 7량 4전
4푼, 上樑時木手所給 1량, 運瓦價 6량 5전 8푼, 木手餘丁衣資價 2량, 土役人
賃 3량 2전 6푼, 木手別饌價 4량 2전 6푼, 鐵物價 9량 9전 8푼, 臺石價 3전
7푼, 南草價 5량 1전 3푼, 筆墨價 6푼, 紙代 1량 2전 6푼, 文書机代 3전 5푼,
炭代 4전, 馬料代 2전 9푼, 木手履代 1량 3전, 賢殿門材木代 3량 9전 6푼,
木手蔽陽子代 6전 4푼, 門材木運來賃 5전, 待客糧饌代 9량1전3푼, 仰土賃 3
량 5전, 木手糧饌代 43량 5전 1푼, 盖瓦價 3량, 鹽醬代 3량, 築墻價 6량, 成
造所用器皿價 1량 6푼, 木手鎬饗時所入 2량 9전 6푼, 草席價 5전, 木手工價

55량, 庫舍門間盖草價 1량 5전, 講堂修理材木價 1량 4전, 燈油價 4량 2전,
冶匠手價 1량5전, 土役代 4량 3전, 東通章紙代 4전 1푼, 木手饌代 7전 9푼,
家基訟卜時所用 1량7전, 炭代 3전, 沙壁代 1량 6전 2푼, 修場役人貰 4전 4푼,
板代 7전 8푼, 木手講堂修理代 12량5전, 地衣代 5전, 東西齋草席16枚代 2량
3전, 同福雇賃 4전, 講堂窓戶紙3卷 4전5푼, 馬鐵代 2전, 册紙代 1량 1전, 馬
價 14량

등으로 총 지출액이 356량 6전 3푼(실제 360량 1푼)이었다.

　특히 이 사우의 경우는 문중적인 성격이 운영조직상에서도 적나라하게
드러나고 있다. 그 당시 대개의 경우 타성이나 지방관, 혹은 전임관리를
유사나 직임을 분정하는 것과는 다르게 營建有司分定記나 奉安有司分定
記, 行祭執事分定記 등을 이들 성씨만이 맡아서 하고 있다. 또 참사록에
나타난 이들을 보아도 영광과 다른 지역에서 찾아든 정씨들이 거의 전부
이고, 外裔인 전주이씨들이 몇 명 있을 뿐이다.15) 아마도 17세기 이전이
라면 내외손이 총망라되는 현상이었을 것이다.

　그러나 이러한 초창기 건립 활동에도 불구하고 실질적인 경제적 기반
이 없어 운영여건은 열악하였던 모양이다. 사우 건립과 동시에 官으로부
터 10결 10호에 대한 감역조처가 있었으나, 불과 50여 년만인 1802년
(순조 2)에 사정이 여의치 않게 되자 다시 수령에게 품목을 올려 2호 10
결로 하여 8호를 삭감해줄 것을 청하고 있다.16) 이에 대해 수령은 戶結
의 삭감은 엄히 조치해야 함에도 불구하고 허락한다고 하고 있다.

[사례 4] 구례 忠孝祠 (개성왕씨)

　구례 충효사는 원래 개성왕씨 王之翼(1683~1727)의 학행과 효성을

---

15) 『長山祠誌』「參祀錄」. 예컨대 영광 내 영광정씨 59명, 전주이씨 7명, 연안김씨
　　1명, 타지인 무안에서 8명, 순천 3명, 장흥 6명, 태인 1명, 홍양 1명, 보성 1명,
　　무장 4명이었다.
16) 「長山書院院任禀目」 임술 8월, 李馨弼 姜敬曾 林熙 李秉模 등.

기리기 위한 목적에서 1786년(정조 10) 건립된 藍田祠가 그 전신이다. 당시 발의자는 그의 손자인 王處中이었고, 이듬해 왕지익이 효자 정려를 받아 실제 그가 사우에 제향되는 것은 1795년(정조 19)이었다.[17] 그런데 여기서 주목할 것은 구례 지역의 경우는 서원과 사우가 이때까지도 전무하였고, 뒤이어 1797년 濟州高氏들이 효행과 학행으로 이름난 高效柒(1429~1501)을 제향하는 文山祠를 건립하여 서로 경쟁하는 관계에 있었다는 점이다. 문산사에는 1802년 구례현감으로 부임하여 향교의 중건과 향촌교화에 공적이 있는 安處順이 추배되는데, 이와 같은 시기에 개성왕씨들도 사우와 典司廳을 완공하면서, 왜란 시 구례현감으로 석주관에서 순절하였던 李元春(1554~1597)을 추배하였다.

그 후 1798년 화엄사에서 대웅전을 수리하다가 새롭게 七義士와 관련된 문서[18]가 확인되자 후손들은 향유들과 연대하여 이해부터 칠의사 포장의 상서를 계속 올리게 되었다.[19] 드디어 1804년(순조 3)에는 7의사가 함께 증직을 받게 되자, 이로써 칠의사의 후손가문들은 일체감을 가지고 연합하게 된다. 개성왕씨들은 우선 증직된 藍田 王得仁, 西崗 王義成에게 정려가 내려지자[20] 곧바로 이들을 남전사에 추배하였다. 이어 1814년(순조 14)에는 칠의사의 후손 가문들과 연합하여 향론을 통해 정유왜란 중에 순절한 타성의 石柱關 七義士였던 李廷翼·韓好誠·梁應祿·高貞喆·吳琮을 추배하고 사우의 명칭도 忠孝祠로 변경하였다. 이 과정에서 개성왕씨와 순절인들의 후손들이 연합하여 이 사우를 운영하였음은 물론이다.

---

17) <忠孝祠移建記>.
18)「寄華嚴寺和尙僧弘○檄文」. 이 자료는 1798년 화엄사 대웅전 수리 시에 발견된 것으로 석주관 칠의사가 화엄사의 승병에게 지원을 요청하는 문서이다.
19)「上方伯書(1798~1802년)」「列郡道會通文(1798~1799년)」「上禮曹書(1799~1804년)」(이상 구례군 왕병호 소장 고문서)
20) 藍田 王得仁은 1812년에, 西崗 王義成은 1814년에 각각 旌閭가 내려진다.

제4절 黨派關聯人의 祭享

　지역적인 편차가 크기는 하지만 이같은 향권 및 향촌 내의 지배구조와 연결된 사정은 앞서 살핀 바대로 당쟁의 지방확산 과정과도 연결된다. 즉, 광해군~인조대 북인과 서인, 숙종대의 예송으로 노론과 소론의 각축이 격심해지는 시기에 이르러 公認 100개소 서원 중 많은 경우가 물론 지역적인 공론의 형성이 가능한 충절인물의 포장이나 선양과정을 통하여 향중사우의 형태로 건립되기도 하지만, 그와 함께 정치적 비중이 있는 인물(유공자, 유배인물)을 제향하면서, 부수적으로 그 주동세력으로 가문의 지위를 상승시키는 모습을 보여주고 있다. 다음의 <표 27>은 저명한 당파 관련인을 제향하는 서원과 제향되는 사유를 도표화해 본 것이다.

　<표 27>에서 보듯 노론의 영수로 조선후기 지방사회에서 노론세력을 부식하는데 많이 이용된 송시열의 제향, 남인의 입장에서 같은 기능을 하던 허목의 제향은 전국적인 현상으로 주목되는 바이지만, 전남지역에서는 유배인 중 당파와 직결된 민유중, 민정중, 이건명, 김수항, 김창집 등을 추배함으로서 지역에서 해당 서원의 당파적 성향을 결정하기도 한다. 그 대표적인 사례로는 영암 鹿洞書院(김창협, 김수항), 진도 鳳巖書院(진도유배인), 장흥 淵谷書院(민정중, 민유중) 등을 들 수 있다. 이들은 유배인과 관련되어 발전한 서원·사우로, 지역인물(문중인물)과 유배인을 함께 제향(추배)함으로서 유배자들이 복권되어 정치적인 비중이 증대됨을 기화로 서원의 건립이나 사액을 이루어내고 있다.[21]

---

[21] 물론 나주의 景賢書院·月井書院·眉泉書院, 무안 松林書院, 함평 紫山書院·紫陽書院, 강진 南康祠, 장흥 淵谷書院, 보성 大溪書院 등은 당파와 관련되어 지역 내에서 집단적인 세력을 형성한 경우로, 단일문중이라기보다는 관련되는 당색과 연결된 향촌세력 연대의 의미가 더욱 크다고 할 수 있다.

<표 27> 黨派 關聯人의 祭享 事由

지역	서원 (사우)명	건립년	제향년	제향인물	제향유서
나주	景賢書院	1584	1693	金誠一	지방관
장흥	沜陽書院	1610	1664	申潛·南孝溫	유배인
광산	月峯書院	1578	1673	金長生·金集	본관지
진도	鳳岩書院	1683	1684 -1756	盧守愼·鄭弘翼·李敬輿· 金壽恒·趙泰采·申命圭· 南二星·李敏迪,	유배인
영암	鹿洞書院	1630	1695	金壽恒·金昌協(1711)	유배인
무안	松林書院	1630	1706	兪棨	지방관
장흥	淵谷書院	1698	1716	閔鼎重·閔維重	유배지
나주	潘溪書院	1694	1720	朴世采·朴弼周	본관지
영광	栢山祠	1722	1722	李世弼	유배지
영광	龍岩祠	1694	1723	尹拯	입향지
함평	紫陽書院	1726	1726	宋時烈	지명유래
영암	竹亭書院	1681	1726	李晚成	서원원장
나주	泉洞書院	1702	1755	李敏敍·李觀命·李健命	지방관
고흥	德陽書院	1768	1768	李健命	유배지
나주	月井書院	1659	1789	金繼輝·沈義謙	지방관
영암	龜岩祠	1668	1798	徐命伯	유배인
나주	眉泉書院	1690	1799	許穆·蔡濟恭	태생, 원장
무안	滄州祠(址)	1804	1804	宋時烈	유배경유
강진	南康祠	1803	1809	宋時烈	종강유서

우선 이들의 제향시기를 보면 경현서원의 경우처럼 당쟁초기를 논외로 할 경우[22] 당쟁 격화기였음이 주목된다. 대체로 17세기 전반기까지 서인과 남인의 공존적인 정치질서가 유지되나, 17세기 후반기 정국이 경신환국(1680년), 기사환국(1689년), 갑술환국(1694년)으로 번복되는 양상이 나타나면서 정권안정을 위한 남인, 소론, 노론의 자파세력 부식 경향이 서원 건립에도 그대로 투영되는 모습이다.

물론 여기에서 이들 모두를 '문중서원'이라고 보지는 않는다. 전술한

22) 다만 이 경우도 鶴峰 金誠一이 제향되는 것은 1693년으로 당쟁 격화기이다.

것처럼 서원의 당파적인 성향은 중앙정파의 지방거점 마련이나 여론 조성기반으로 자파세력을 부식하는 과정에서 나타난 것이었다. 예컨대 미천서원의 건립은 나주지역을 포함하는 전라 지역에 포진하고 있던 남인 세력을 총동원하는 양상을 보여주며, 당시 건립에 참여했던 전라도 각 지역세력들²³⁾은 人脈이나 學緣에 의한 개인의 정치적 성향을 반영하는 차원이었다. 그러나 당파의 지방활동이 강해지면서 이같은 개인적 차원의 참여는 가문적인 기반을 동원하면서 점차 문중 전체의 이해와 직결되게 되고, 특히 지방관이나 집권 세력과의 연대는 이같은 문중의 이해를 관철하는데 매우 유용하게 활용되기도 하였다.

또한 중앙 세력의 지방거점 확보와 관련되어 당파적인 성향을 지니게 되었다고 하더라도, 그들에 의하여 선택되는 세력들은 지방에서 성장하면서 일정 기반을 형성한 문중, 혹은 서원 세력이었다는 점을 주목하고자 한다. 다시 말하면 중앙의 정파세력들은 이용가치가 있는 지방 세력을 대상으로 그들을 연대·포섭함으로써 자파의 지방 기반을 마련하고자 하였고, 반대의 측면에서 보면 이들 지방 세력들은 자신들의 사회적 성장을 위하여 중앙세력과 정치적 연계를 기도하고 있었다고 보아야 하는 것이다.

진도 봉암서원의 경우, 창령조씨를 비롯한 진도의 세력들은 사족적인 기반의 미성숙을 유배인의 제향을 통하여 보완하고 중앙집권세력과 연결함으로써 향촌 지배력을 유지하고자 하였던 것이고, 장흥의 연곡서원 건립세력들은 노론의 핵심인물인 민정중과 민유중을 제향함으로써 경쟁

---

23) 金東洙, 1977, 「16-17世紀 湖南士林의 存在形態에 대한 一考―특히 鄭介淸의 門人 集團과 紫山書院의 置廢事件을 중심으로 하여―」『歷史學研究』7, 63쪽 참조. 미천서원 건립상소에 참여한 세력들을 지역별로 보면 羅州(209), 靈光(79), 光州(52), 和順(44), 扶安(44), 綾州(36), 南平(34), 潭陽(24), 高敞(24), 同福(21), 玉果(15), 海南(15), 咸平(11), 長興(11), 順天(7), 昌平(6), 務安(2), 光陽(2), 求禮(2), 靈巖(1), 寶城(1), 興德(1) 등으로 모두 650인이다. 이중 나주나씨(25명), 나주정씨(51명)처럼 집단적으로 참여하는 경우도 있지만, 대부분은 학연에 관련된 개인적 참여가 많았고, 이들 모두가 문중세력을 대표한다고는 말하기 어렵다.

적이던 타 세력들을 견제하고 우위권을 확보할 수 있었던 것이다. 이같은 정파와 연결되는 서원 세력들은 이후 시기에 이르러 참여 가문의 사회적 지위 유지 수단으로 이용할 수 있었던 것이다. 당파 관련 구체적 사례에 대하여는 본서 제5장에서 다룰 것이므로 여기서는 간략하게 다루기로 한다. 영암 지역의 全州崔氏와 咸陽朴氏들이 노론계 인사들과 연결하여 자신들의 서원을 사액받게 하거나, 혹은 정파의 지방거점으로 발전시키고 있는 사례는 그같은 상황을 단적으로 보여준다.

영암의 存養祠는 전주최씨 영암 입향조인 崔德之(1384~1455)를 제향하기 위하여 전주최씨와 그의 외손인 거창신씨, 남평문씨가 건립한 사우로 사우 건립의 유서는 최덕지가 은거 시에 지었던 存養樓(「존양루기」 1446년 宋乙開 記)와 15세기 말엽 건립된 永保亭(전주최씨, 거창신씨의 합력), 그리고 1578년에 건립되는 연촌영당에서 비롯되었다. 이 사우는 1642~1644년간에 수차례 청액상소를 올렸으나 허락받지 못하자 1676년 제2차 예송논쟁으로 영암에 유배되었던 金壽恒과 유대를 가지면서 1695년 文谷 金壽恒(1629~1689)을 추배하게 된다. 이를 기회로 영암지역의 노론세력 부식이 시작되는데[24] 이어 전주최씨들은 1711년 農岩 金昌協(1651~1708)을 마저 추배하고, 이를 계기로 1712년 청액상소를 올려 1713년 鹿洞書院이라 사액(우부승지 李德英의 상소)받는다.[25]

1681년에 건립된 영암의 竹亭書院(함양박씨)도 유배인은 아니지만 노론계 인사들과의 유대 속에서 발전한 서원이다. 이 서원 창립기 노론계 인사들의 참여는 「竹亭書院上樑文」(1681년)을 金昌集, 李敏敍가 쓰고, 1698년 영암에 유배왔던 김창협이 『竹亭書院行蹟』을 쓴 것, 그리고 무안 자산서원의 훼철을 주장했던 李晩成이 초대원장으로 추대되고 마침

24) 『烟村先生遺事』續編 「存養樓記」, 「書院請額疏」(1680년 金昌協, 柳章玉 등 85명 연명상소), 「鹿洞書院記」, 「附尤菴宋先生與李畏齋別紙」.
25) 『鹿洞書院事蹟』: 「鹿洞書院事蹟」 「存養祠記」 「奉安祭文과 祝文」 「請額疏」(1712년 宋相琦 撰) 「賜額祭文」(1713년 魚有龜 製) 「鹿洞影堂事實」 「影堂奉安祭文」.

내 1726년 이 서원에 추배되는 것은 그러한 경향을 잘 말하여 준다. 이
서원의 주벽인 朴成乾의 행장을 李晩成의 조카인 李縡가 지은 것도 같
은 맥락에서 이해할 수 있다.

　이같은 사례에서 보듯이 당파 관련인의 제향은 노론에 의한 일방적인
것이라기보다 양 세력의 상호 보완적인 연결이었고, 실제 관련 문인이나
가문의 필요에 의하여 선택되고 있었다는 점을 부정할 수 없는 것이다.
오히려 당파 관련인과 연대하는 지방 세력이 향촌사회에서 자신들의 지
위를 보강하는 수단으로 이들을 이용하고 있었다고도 볼 수 있다. 이러
한 모습은 청액 및 사액 과정에서도 단적으로 나타난다.[26] 그리고 당파
세력들은 자파의 지방 기반으로 서원을 활용하여 서원세력과 상보적인
관계를 유지하였다고 생각된다.

　다음으로 제향인 중에서 지역적인 연고가 전혀 없거나, 있더라도 아
주 미약한 경우로 당파와 관련하여 제향된 사례들을 살펴보기로 하자.
서원이 당파의 지방 기반 확보에 이용되었음은 앞에서도 지적한 바 있으
며, 이러한 현상에 대해 英祖와 趙顯明은 書院을 '聚黨之所'라고 했고[27]
정조대의 조시준은 "당파의 거점으로 서로 쟁투한다"[28]고 했다. 바로 이
러한 경우가 서원 건립세력들이 자신들의 향촌사회에서의 지위 보강을
위하여, 혹은 당파세력이 지방의 거점으로 서원을 활용한 사례가 될 것
이다. 사림의 宗師로 추앙될 유현을 배출하지 못한 지역의 경우에 嫡居,
卒地, 杖履之所, 外鄕, 妻鄕 등의 연고를 내세워 서원을 건립하였다. 남
설기에는 전혀 연고가 없는 곳임에도 후손이 번족하면 서원을 세우는 경
우도 있었다. 심지어 지명이나 성현과 이름이 같다는 이유만으로도 서원
을 세운 경우까지 생긴다. 순조대에 송시열의 終講之地라 하여 건립되고

---

26) 朴智賢, 1991, 「全南地域 院祠의 建立性格」 『湖南鄕史會報』 2(앞의 주 24(76쪽)
　　를 참조).
27) 『英祖實錄』 권 22, 5년 6월 무술조.
28) 『正祖實錄』 권 12, 5년 12월 병신조.

주자갈필 목판의 표류[29)]를 계기로 그곳에 주자까지 제향한 강진의 남강사는 그 대표적인 사례이다.

한편 鄕賢祠와 같은 일정한 사족연대를 통해 지역 인물을 제향하던 기준이 당파와 관련되는 인물의 추배 제향으로 무너지게 되자, 이에 따라 사회적 배경을 앞세운 각 문중의 배출인물들이 鄕論보다는 후원세력의 정치적 지원에 의하여 추배 제향되기도 한다. 결국 이는 그러지 않아도 사족지배체제가 서서히 이완되어 가고 있던 이 시기 향촌사회에 논쟁과 시비의 발단으로 비화되어 사족 간의 분기현상을 초래하게 하고, 특히 18세기 후반 이후가 되면 이같은 분기를 통제할 公論이 형성될 수 없게 만들었다. 결국 사족들의 개별적 이해를 통제할 수 있는 공론의 부재와 그 속에서 각 가문의 이해만을 우선하는 사회 분위기는 과거와 같은 서원의 사회적 기능을 가문 단위의 '문중적' 수준으로 떨어지게 하였던 것이다.

이 같은 당파 관련인의 제향은 이 지역에 대한 노론세력의 집요한 공략 과정을 잘 반영하고 있다. 특히 영조초 신임옥사와 무신란, 특히 나주 괘서사건 이후로 전남 지역에서 소론세력이 약화되는 사정도 이같은 노론 부식과 연결되며, 이는 이후 세도정권기에 이르기까지 지속적으로, 그리고 성공적으로 계속된다. 당파인물의 제향시기에서 보듯 1660년 1차 예송 이후 서인－노론계의 우세 속에서 남인계 나주 미천서원에의 허목 제향(1690년), 영광 용암사의 윤증 제향(1723년)을 제외하면 모두가 서인－노론계 인물들의 제향이다. 이같은 집권세력의 지방거점 확보

---

29) 南康祠가 건립된지 6년 뒤인 1809년 「朱子敬齊箴木板」 20매와 「大禹手篆」 8매가 들어있는 木櫃가 康津 星子浦 앞바다에 떠밀려 왔는데, 이를 감영으로 수송하는 도중 목판을 실은 人馬가 영당 앞에서 전복되어 더 이상 나아갈 수 없었다. 이에 이 목판을 南康祠에 보관하기로 하고, 1838년에는 이 사우에 朱子를 주향으로, 尤菴을 배향하였다. 결국 우암의 '終講之地'나 「朱子木板」은 강진 지역 노론 가문의 지위 보강과 직결되고 있었던 것이다.

는 연대한 서원세력들에게 이에 부응하는 사회경제적 특권 강화나 문중
이해의 관철에 협조적일 수밖에 없었고, 이는 다시 향촌사회에서 이후
시기에 건립되는 서원들로 하여금 정파적인 연결고리 확보에 주력하게
만들었다.

제5절 追配 祭享人과 書院의 門中化

이상에서 우리는 18세기 이후 건립된 서원들이 문중적인 성향을 강하
게 드러내고 있음을 살폈다. 그런데 이 같은 경향으로 이미 건립된 서원
들도 건립 이후 추배를 통한 문중화를 시도하여 문중서원의 점유율을 더
욱 증가시키는 결과를 야기하고 있었다. 본 절에서는 이 같은 추배 제향
을 통하여 이루어지는 서원의 '門中化' 과정을 살펴보고자 한다.

추배제향인은 조선후기 문중서원의 특징적인 성향을 보다 분명하게
확인시켜 준다. 창건 년대가 이른 16세기 말 혹은 17세기 초의 서원·사
우가 문중적 성향이 거의 배제된 채 鄕中公論이나 사족적·학문적 분위
기를 바탕하고 있음에 비하여, 소위 남설기라고 불려지는 18세기 중후반
에 이르면 가문 중심의 명현 선조를 제향하면서 그 족적 권위를 과시하
는 형태가 일반화되고 있다. 이 과정에서 18세기 후반 이후가 되면 각
성씨의 始祖(遠祖)나 入鄕祖, 나아가서는 문중에서 배출한 三綱人物까지
추배되기도 한다.

그런가 하면 조선후기의 남설기로 접어들수록 창건 시의 제향인물 성
격과 추배 시의 제향인물 성격이 다른 경우도 많아지며, 몇 개 성씨의
합력에 의하여 창설되었던 서원(사우)들이 추배인물의 생존 시기나 문중
적인 기반의 차이 때문에 분리되거나 갈등하는 경우도 보인다(이에 대하
여는 다음 장을 참조).

앞에서 잠시 살펴보았듯이 창건 당시 제향인의 활동시기가 당대이거
나 직전 시기인 경우는 문제가 안되지만, 서원 남설기에 추배제향인의
대다수가 고려시대나 조선전기 같은 전대 인물이었던 것은 문중화 경향
과 매우 밀접한 관련이 있었다. 즉, 서원과 사우의 구분기준이 모호해지
고, 제향인에 대한 엄격한 기준의 설정이 없는 상황에서 "서로 경쟁이라
도 하듯 폐단이 넘쳐 심지어 의논이 공정하지 못하고 혹은 관직이 높으
면 향하고 혹은 문족이 성하면 다투어 제향함으로써 이를 자랑으로 삼는
다"고 하는 林㙉의 지적이나, 전라어사 李眞淳이 私設書院의 문제점을
제향인물의 기준이 무너져 문중인물의 제향이 일반화하고 있다는 지
적30)과 통하는 현상이다. 이는 바로 17세기 중엽 이후 문중의식이 점차
고조되면서 사사롭게 가문의 명예를 드러내기 위한 奉祀 위주의 서원
사우 건립이 일반화한 사실을 보여주는 일면이라 하겠다.

이는 추가로 분석되는 105개소의 경우 추배자가 거의 없는 것을 통해
서도 입증이 된다. 105개소의 추가된 서원에서 추배제향인은 20여 명에
불과하고 추배시기도 18세기 후반~19세기 전반에 한정되는데, 이는 이
시기가 되면 추배의 절차가 거의 필요하지 않은 상태가 되어 구태여 추배
의 방법을 동원하지 않고도 자연스럽게 제향이 가능했기 때문이다.

그렇다면 추가로 분석하는 105개소의 私建 사례에서는 과연 어떠하
였을까. 추가 분석되는 105개소에 제향인 중 추배인과 불확실한 경우를
제외한 총 213명의 최초(건립시) 제향인을 건립시기와 활동시기의 差(제
향년대－제향인 卒年)로 구분한 것이 다음의 <표 28>이다.

<표 28>에서 시대가 앞서는 서원일수록 제향시기와 활동시기의 차
이가 작고, 시대가 내려올수록 그 차이가 커지고 있음을 알 수 있다. 17
세기나 18세기 전반기의 경우에는 이 같은 경향이 크게 드러나지 않으

---

30) 『仁祖實錄』 22년 8월 己亥條 林㙉의 上疏 및 『書院謄錄』 景宗 4년(1724) 全羅御
使 李眞淳 書啓.

나 그 이후가 되면 쉽게 그 동향을 발견할 수 있다. 특히 300년 이상의 시차가 나는 인물의 경우 18세기 후반과 19세기에 집중되어 있는데, 그렇다면 이들 대부분이 거의가 조선전기 이전에 활동했던 인물이라는 이야기가 된다. 이는 문중선조 즉, 각 성씨의 始祖(遠祖)나 入鄕祖, 派祖(中始祖), 나아가서는 문중에서 배출한 三綱人物까지 제향되는 비중이 늘어나고 있음을 단적으로 보여주고 있는 것이다. 부연하면 조선후기 전남지역 문중서원 건립이 대부분 문중이 배출한 충절인의 선양을 목적으로 이루어졌음을 말해준다.

<표 28> 活動時期와 祭享時期差(105개소 기준, 단위: 명)

제향시기 \ 시차	1-50년	51-100년	101-200년	201-300년	300년 이상	계
1601-1650년	2		1			3
1651-1700년		7	4	1		12
1701-1750년		6	13	4	3	26
1751-1800년	6	3	17	10	18	54
1801-1868년	1	1	22	43	52	119
계	9	17	57	58	73	214

한편 이 같은 현상과 관련하여 추배 제향되는 인물과 그 문중적인 성격도 주목하게 된다. 공인된 100개소 서원에의 문중인물 추배는 조선후기 문중서원의 일반화를 보다 분명하게 확인시켜 준다. 건립당시의 성격은 사회구조의 변화나 주체세력이 지니는 정치·사회적인 성향 변화에 따라 시기별로 차이가 있음을 간과하여서는 안 된다. 예를 들면 당색의 경우도 분기가 이루어질 뿐만 아니라, 특히 조선후기에 서원이 본연의 기능을 잃어 가면서 문중화하게 되면 국가나 사림의 지원 속에 건립되었던 서원들도 점차 문중적인 성향으로 전환될 수가 있기 때문이다. 필자는 공인 100개소에 추배되는 제향인의 성격분석을 통해 이러한 변화의 모습을

보다 실제적으로 확인해 보고자 한다. 먼저 공인된 100개소의 서원에 후대에 추배되는 인물의 활동시기를 살펴본 것이 다음 <표 29>이다.

우선 관찬기록에 보이는 100개소를 기준으로 한 전체 추배인 중에서 문중 선조가 차지하는 비율은 43%로, 오히려 최초 제향인의 문중선조 점유율(52%)보다 적게 나타난다. 그러나 이 같은 외형적인 전도 현상은 최초 제향인 중 문중선조의 제향 사례가 숙종~순조대에 90% 정도가 집중되어 있었던 점에 연유하는 것이다. 즉, 18세기 이후에는 이미 건립시기에 문중선조가 제향되는 문중화 추이가 일반화되어 있었고, 여기에 문중 성향의 추배인물 제향이 이루어졌기 때문이다.31)

〈표 29〉 추배시기별 제향인의 활동시기(公認 100개소)

추배시기 / 생존시기	선조	광해	인조	효종	현종	숙종	경종	영조	정조	순조	현종	미상	총계	비율
고려					1	1		2	1	1		2	8	4
15세기	1				1	3		2	10	3			20	11
16세기	9		2	3	7	16	1	6	14	17	1	5	81	46
17세기			1	1	2	18	2	15	5	7		1	52	29
18세기								2	7	2		2	13	7
19세기								3		1			4	2
계	10		3	4	11	38	3	30	37	31	1	10	178	100
비율	6		2	2	6	21	2	17	21	17		6	100	

<표 29>에서 우선 추배시기를 주목하게 되는데, 대체로 서원 남설기라고 지목되는 숙종~순조대에 전체 추배자의 78%에 달하는 139명이 집중되어 있다. 이를 앞에서 살펴 본 건립 시 제향인의 수(숙종~순

---

31) 전체 통계상의 이같은 비율 감소는 선조~현종대의 非門中 인물의 비중(문중 5인 : 비문 중 37인)이 합산되었기 때문이다. 한편 제향인의 총수에서 보면 총 333명의 제향인 중 157명이 문중선조였는데, 이 같은 문중선조의 제향 사례가 거의 절반에 이른 시기에는, 나머지의 비 문중서원들도 점차 문중적인 기반에 연관되는 변화를 보였을 가능성이 크다.

조대 111명)와 합할 경우 조선시기 전남서원 총 제향자 333명 중 75%를
점유하는 250명이 이 시기에 제향된 셈이다.

한편 추배인의 생존시기는 사족들의 활동기였던 16～17세기에 집중
(75%)되고 있으며, 총 추배인 중 이들 16～17세기 인물이 차지하는 비
율을 보면 구분하여 명종～선조대 10명 중 9명, 광해～현종대 18명 중
16명, 숙종～순조대 139명 중 101명(73%)에 이른다. 그러나 이같은 전
체적인 추이와는 다르게 숙종, 영조, 정조, 순조대에는 추배인이 30명을
넘는 상황에서 직전 시기나 당대 인물이 아닌 추배자의 수가 급증하는
추이도 확인할 수 있다. 고려시기나 15세기 인물의 추배는 별도의 설명
이 필요 없이 제향인의 성격이 문중의 현조나 입향시조의 추배 경향과
직결되고 있으며, 영조대 이후에 제향되는 16～17세기 인물들까지도 이
같은 경향의 연장으로 보아 무리가 아닐 것이다.

추배된 문중인물의 성격[32]을 표로 만들어 본 것이 다음의 <표 30·
31>이다. <표 31>을 보면 추배제향 문중인물 77명 중 도학 및 정치적
인 인물의 추배가 50명이나 되고, 영조대 이후의 추배가 55명이나 되어
대부분을 점하는 현상이 돋보인다. 이같이 영조대를 분기점으로 문중인
물이 비문중인물의 추배를 상회하는 현상이 생긴 것은 내용상 사족적인
전통의 과시 경향과 문중의 결속력을 목적하는 전대 인물(입향조, 파조,
중시조, 현조)을 추숭한 결과였다.

이는 추가로 분석한 105개소의 경우 추배자가 거의 없는 것을 통해서
도 입증이 된다. 105개소의 서원에서 추배제향인은 20여 명에 불과하고
추배시기도 18세기 후반～19세기 전반에 한정되는데, 이는 이 시기가 되
면 추배의 절차가 거의 필요하지 않은 상태가 되어 구태여 추배의 방법을
동원하지 않고도 자연스럽게 제향이 가능했기 때문이다. 특히 이는 조선

---

32) 이들 추배제향인의 경우는 앞의 기본적인 분석에서 도학연원의 유현이 적었음을 감
   안하여 <충절인>과 <도학·행의인물>을 아예 구분하여 표를 작성하여 보았다.

후기에 일어나는 친족 결속양상의 여러 변화내용들과 연결되어 더욱 노골화되거나 일반화의 추이를 보여 주었을 것으로 추측된다.

〈표 30〉 추배제향인의 성격

성격 \ 시기	선조	광해	인조	효종	현종	숙종	경종	영조	정조	순조	헌종	미상	총계	비율
제향인 총수	10		3	4	11	38	3	30	37	31	1	10	178	100
성격 도학 행의	4		2	3	8	36	2	21	20	14	1	9	117	66
충절 의병	6		1	1	2	5	1	4	16	17		1	54	30
공적 기타					1			5	1				7	4

〈표 31〉 추배제향 문중인물의 성격

성격 \ 시기	선조	광해	인조	효종	현종	숙종	경종	영조	정조	순조	헌종	미상	총계	비율
제향인 총수	10		3	4	11	38	3	30	37	31	1	10	178	100
문중인물 수	2				3	9		12	21	21	1	8	77	43
성격 도학 행의					3	7		9	11	11	1	8	50	65
충절 의병	2					2		2	10	10			26	34
지방유공								1					1	1

제5장

門中書院의 社會史的 性格

제1절 門中活動과 門中書院

　우리가 주목하는 조선후기 門中書院들은 대부분 향촌사회 내에서 문중의 지위를 보다 공고히 하거나 유지하기 위하여 건립된 것이었다. 따라서 그 목적을 이루기 위하여 후원세력으로 중앙의 정치세력과 연대하였으며, 그들이 선택하는 정치세력들 역시 지방적인 배경을 공고하게 구축하고자 하였으므로 양자의 목적은 일정하게 합치되었다.

　이와 아울러 문중서원을 포함한 서원조직은 기본적으로 향촌사회의 지배세력인 사족들의 조직이고, 그들의 향촌 지배력을 확보하려는 목적에서 건립되고 운영된 것이었다. 따라서 이들 문중서원은 조선후기의 사회변화와 일정하게 연계되면서 스스로의 성격과 기능을 변모시켰다고 보아야 한다. 17세기 후반 이후 서원·사우의 남설 현상, 그리고 서원 건립의 주체가 18세기 후반 이후 왜 문중으로 바뀌는가의 문제는 결국 조선후기의 향촌사회구조가 어떻게 재편 내지는 변화과정을 겪고 있었는가 하는 문제와 연결되고 있다.

　서원 본연의 건립 목적이 구현되면서 각 지역에 건립이 시작되던 명종~선조대를 논외로 할 경우, 서원의 성격변화나 기능들은 대체로 3시기로 구분할 수 있을 것이다. 즉 (1) 광해군~인조대는 서원이 鄕中公論이나 鄕權과 관련되면서 건립·운영되던 시기로 문중적인 이해보다는 정치성향이나 학연이 우선이었고, 뒤이은 (2) 숙종대는 서원이 남설되면서 서원이 당파나 제향 중심으로 변해가는 과도적 시기로 문중서원의 사회적 실체가 서서히 부각되는 시기이다. 그러나 (3) 영조대 이후 19세기에 이르는 시기는 사족간 연대도 문중들의 이해가 우선이고, 또 이해에 따라 가문별 분기가 이루어져 門中化 되거나, 문중서원의 경쟁적 건립이 이루어진 시기였다. 특히 (3) 시기에는 기존에 건립된 서원들마저 문중

적인 성향으로 변질되어 門中書院化하고, 사족 공통의 이해나 公論보다
는 문중의 이해와 기대가 우선하는 한계를 노정하게 된다.

본 장에서는 이 같은 시기적인 변화 특징을 감안하면서, 주로 '군현
단위 향촌사회' 내에서 문중서원이 과연 어떠한 기능과 역할을 하고 있
었는가를 門中 內的인 측면, 정치적 측면, 향촌사회 지배구조와 관련된
측면으로 나누어 살펴보고자 한다.

1. 門中活動의 諸樣相

앞장에서 우리는 전남 지역 문중서원 건립 사례를 분석하면서 문중서
원이 건립목적이나, 제향된 인물의 성격상 특정 가문의 족적 기반과 이
해를 1차적으로 반영하고 있다는 점에서 일반 서원과는 기본적으로 구
분됨을 볼 수 있었다. 문중서원은 한마디로 私組織인 문중조직이 '公組
織인 서원조직'으로 전환된 형태였다고 할 수 있으며, 가문의 지위와 영
향력을 향촌사회에 드러내고 보장받고자 하는 수단의 하나였다. 그리고
문중서원은 18세기 후반 이후에 집중적으로 건립되어 건립목적과 기대
에 맞는 역할을 일정하게 수행하였다고 할 수 있다.

좀더 부연하면, 향촌사회에서 서원을 건립하고 조직·운영하는 문중세
력은 이를 통해 사회적인 지위를 보장받고자 하였다. 그들은 顯祖를 내
세움으로서 가문의 功利와 위세를 강조하는 형태로 17세기 후반 이후
서원과 사우를 경쟁적으로 창건하였던 것이다.

조선후기 향촌사회에서 이 같은 문중의 조직적 기반위에서 활발하게
전개된 문중활동의 양상(경향)은 대체로 그 기초가 ① 가문지위를 현양
할 구체적인 顯祖의 존재, ② 문중활동이 이루어지는 시기의 사회분위
기와 주도인물의 역량(향촌활동, 정치력, 연속성)에 있다. 그러나 이러한
조건이 갖추어진 경우라도 ③ 이를 가능하게 하는 인적, 조직적, 경제적

인 기반이 없으면 불가능하였으며, 그런 의미에서 보완적 연대세력까지
가지는 문중서원의 역할은 매우 중시될 수밖에 없었다.

조선후기 향촌사회에서 이 같은 문중의 조직적 기반 위에서 활발하게
전개된 문중 위세의 구현 형태는 대체로

(가) 顯祖의 행적이나 유적을 중심으로 문중활동을 전개하는 경우
(나) 향촌사회 구조변화와 경쟁적 문중활동과 연계되는 경우
(다) 동족의 인적, 조직적인 기반을 주된 근거로 하는 경우

의 세 경로가 일반적이라고 할 수 있다.[1] 첫째, 顯祖의 행적이나 유적을
중심으로 문중활동을 전개하는 경우로는 ① 행적 재평가(추숭·정려·신
원·추증) ② 遺蹟의 현창(유허비, 신도비, 행장, 樓亭, 齋室, 精舍, 影堂)
③ 향촌사회 및 국가의 공인절차(서원, 사우건립) ④ 파보·족보·문집(世
稿·實記)의 간행 등의 문중권위 홍보가 일반적이며, 이들이 순차적으로
이루어지는 것이 보통이다. 물론 이 과정에서 각 시기별 주도인물의 활
동범위나 지위, 동족의 경제력, 인적 조직력은 문중활동의 위상에 지대
한 작용을 하게 마련이다.

둘째, 시기별 향촌사회구조의 변화와 관련하여 전개되는 경쟁적 문중
활동의 경로는 대체적으로 결속의 범위가 15～16세기에는 내외친족이
망라된 族契, 內外譜나 鄕約契·洞契·樓亭 등 士族結社體를 중심으로 이
루어지다가, 문중의 범위가 부계친족으로 한정되는 17세기 중엽 이후는
洞契·門中契를 중심으로 하는 同姓同族的인 종가·선영·재실·서당의 건
립이 활발해 진다. 그리고 뒤이어 동족마을이 형성되면서는 족보(파보)
의 편찬이나 정려 포장, 서원(사우)건립, 문집 간행 같은 선조의 추앙활
동을 전개함으로써 가문의 지위를 향촌사회에서 인정받고자 한다. 특히

---

1) 이해준, 1993, 「조선후기 문중활동의 사회사적 배경」『동양학』23.

이 일련의 과정에서 이루어지는 문중활동의 궁극적인 귀착점이 바로 서원 건립이었고, 서원(사우) 건립활동은 이 같은 여러 활동의 중심체로서 문중 성원들의 결속과 대외적인 지위 강화의 상징적인 존재로 이용된다.

문중 중심의 서원·사우 건립과정은 시기별로 볼 때, 16세기~17세기 초반에는 국가적 도학자나 충절인의 제향이 일반화되어 문중은 영당이나 사당(재실)을 건립하는 것이 일반적이었다. 그러나 17세기 후반~18세기 후반에는 당쟁의 지방 확산 및 거점화와 관련 남설 경향을 보이며 서원보다 사우 건립이 증가, 문중 인물의 제향이 증가되어 결국 서원 남설의 주 요인이 된다. 이 시기에 문중 결속력이 미약한 2~3개의 가문이 합력하여 서원·사우를 건립하거나, 遠祖(始祖·中始祖)를 추배 제향하는 경향도 엿보인다. 18세기 후반~19세기 이후는 성씨(문중)별, 혹은 파별로도 서원·사우가 분립되는 양상을 보이면서 제향인도 다수가 추배되는 경향을 보인다.

셋째, 동족의 인적·조직적인 기반을 주된 근거로 하는 경우는, 동족적인 결속력이나 향촌사회에서의 지위가 강고하지 못한 상태에서는 결사체적 사족계나 내외친이 망라되는 족계를 마련하였다가 동족마을로 성장하면서 동성동족적인 족계(화수계, 문중계)를 마련, 동족 기반을 강화한다. 그리하여 선영수호를 위한 규약이나 경제적 기반으로 노비·전답·산림을 마련하고 재실·종가·문중서당 같은 관련기구를 조직하기도 하고, 그들의 축적된 권위와 기반을 향촌사회에 투영시키는 활동, 예컨대 동족연대 및 선조현창을 위한 족보(파보)·행장·비석건립 나아가 정려 포장이나 서원·사우 건립활동을 벌여나간다.

앞장에서 살폈듯이 문중서원의 건립기반이 본관지나 입향지(태생지)의 동족마을이었던 점이나 18세기 후반 이후 단일성씨의 서원 건립과 문중선조의 제향이 70~80% 이상으로 일반화되고 있었다는 사실로 미루어 보면, 설령 건립의 절차나 과정상 어떤 형태를 띠고 있던 간에 그

서원(사우)가 일단 문중성격을 강하게 지니고 있었을 것임은 쉽게 추측
이 된다. 공인된 100개소의 경우 동족마을과 연관되어 사우를 건립한 경
우가 67%(태생·입향지 61개소, 본관지 6개소)에 달하고,[2] 추가 분석하
는 105개소 중 11개소를 제외한 94개소가 모두 동족적인 기반위에서 건
립되고 있었으며 이 중 영조대 이후의 사례가 80개소로 절대적으로 많
다는 것은[3] 동족마을의 형성·발전과 서원 건립이 서로 시차를 두고 발
달하고 있었음을 엿보게 한다.

그런데 사실 문중세력이 서원 건립을 위해 鄕中公論이나 관의 지원을
얻어내는 과정은 그들의 지닌 정치·사회적 능력 지위와 직결되게 마련
이었다. 즉, 문중활동을 가능하게 하는 문중의 인적, 조직적, 경제적인
기반의 성숙도와 그것을 인정하고 지원해주는 연대세력의 존재 유무가
관건이었다. 그런 의미에서 보완적 연대세력까지 확보한 조선후기 문중
서원의 역할은 매우 중시될 수밖에 없었다.

문중서원을 중심으로 이루어지는 문중활동들은 매우 다양하였고, 문
중서원은 이같은 여러 형태의 문중활동을 전개하고 주관하는 중심체로
서 종합적인 기능을 담당하기에 유용한 조직이었다. 문중 성원들의 결속
을 위하여 족보를 간행한다든가 족계를 운영하는 주체로서 문중서원이
기능하는 것이나, 문중서원 건립이 선조의 추앙과 포상과 연계되어 이루
어지거나, 서원조직을 이용하여 선조의 추숭작업을 담당한 주체였다. 또
문중 자제를 위한 서당이나 강학소를 부속기구로 건립하여 운영하고 田
莊을 마련하여 선조제향과 문중사업을 위한 재원을 비축하는 등 총합적
인 기능을 문중서원은 담당하고 있었던 것이다. 그런가 하면 祭官의 교
환 임명이나 향촌운영에의 연대활동들을 통한 公的 對外活動의 창구로
서도 서원조직은 문중 통솔력과 대표성을 지닐 수 있었다. 이 같은 문중

2) 본서 82쪽, 제3장 제4절의 <표 13> 참조.
3) 본서 90쪽, 제3장 제4절의 <표 14> 참조.

서원의 모습을 경종 4년 전라우도 暗行御使 李眞淳이

> 대개 근일 서원 건립을 도모하는 자들은 모두 慕賢의 뜻을 가진 것이 아
> 니고 鄕谷 간에서 세력을 탐하는 부류들이 拔身의 계단으로 삼고자 하는 것4)

라 하는 것이나, 정조 5년 경상도 관찰사 趙時俊이 문중서원의 건립에
대하여

> 이는 慕賢尊師의 뜻에서 나온 것이 아니라 자손으로서 선조를 들어 사사
> 로움을 꾀하거나 미비한 자들이 여기에 기대어 행세하고자 함에서 비롯된 것5)

이라 파악하는 것은 이 시기 문중서원들이 문중 자손과 그 집단의 이해
를 반영하기 위한 목적과 수단으로 이용되고 있었음을 단적으로 말해준
다. 전남 지역의 사례에서도 1722년 光山 平章洞 광산김씨들의 建祠通
文에서

> 지금 嚴哥姓을 가진 자들이 이곳에 복거하여 우리 가문의 천년 유지가 하
> 루 아침에 다른 사람들의 소유가 될 지경에 이르렀다. 그런즉 우리 후손의 도
> 리로 마땅히 금단해야 할 일이지만, 서로 싸우면 떠들썩하기만 할 것이다. 이
> 에 사우를 세워 공격하지 않고서도 스스로 깨뜨리고자 한다. 어찌 우리 宗人
> 들이 분발하여 사우를 세우는데 노력하지 않을 수 있겠는가6)

라 한 것도 바로 그러한 사정을 보여준다. 다시 말하면 서원·사우의 건
립은 향촌사회에서 가문의 지위와 위세를 지켜내는 하나의 수단이기도

---

4) 『書院謄錄』 경종 4년(1724) 갑진 4월 28일조. 영조 4년 趙德隣과 申致謹도 서원폐
   단을 논하면서 서원의 건립이 '권세 있는 집안의 선조현양'과 '향촌사자들의 발신
   도구'로 이용됨을 지적하고 있다[『承政院日記』663冊, 영조 4년 6월 5일(庚申)].
5) 『正祖實錄』 5년 12월 丙申條.
6) 『平章洞誌』 「建祠通文」(1722년 金光洙 외 56人).

하였으며, 여러 형태의 문중활동을 전개하는 중심체로서 문중 성원들의 결속과 대외적인 지위 강화의 상징적 존재였던 것이다.

물론 여기서 문제가 되는 것은 이같이 다양한 문중활동들이 문중서원 건립 이후에 나타나는 것이냐, 혹은 건립이전 문중활동의 연장선상에서 결과물로 서원 건립이 이루어진 것이냐 하는 점이다. 이를 실제 문중서원의 활동사례를 살펴보면 이는 각 문중별로 편차가 심한데, 그 선후의 차이가 바로 문중이 지니는 사회적 위상을 보여준다고 할 수 있다. 다시 말하면 활발한 문중활동의 결과로 서원 건립을 이루어 내는 경우는 대체로 토착적인 기반이 있는 경우가 대부분이고, 반대로 서원 건립 이후 문중활동을 다양하게 전개하는 경우는 신흥 가문인 경우가 많다는 것이다.

다만 이 중 전자는 公論에 의한 鄕祠宇로까지는 발전하지 못했으나 족계나 동족마을 형성, 사족적인 인물배출, 향촌활동의 사적이 어느 정도 마련되어 있었던 경우로 보면 거의 일치한다. 그러나 후자의 경우는 정치적인 후원세력이나 특정인물의 추숭, 포장을 계기로 연대세력을 동원하여 서원 건립을 성사시키고, 나아가 서원조직을 통하여 활발한 문중활동을 전개하는 경향이다.

18세기 후반 이후 건립되는 전남지역 문중서원들은 대부분 16~17세기에 鄕中公論에 의한 서원 건립을 이루지 못한 경우들이라 할 수 있다.

19세기의 영남사정을 전하는 『智水拈筆』은 문중활동의 양상을

근래 인사들이 움직였다 하면 祠廟를 사설하고 문집을 改印하는데, 이들은 모두 鄕先輩일뿐 세상에 이름이 난 名士는 아니다. 그 계획은 사대부의 명칭을 잃지 않으려는 것에서 나온 것으로 스스로 가세가 빈한한 농민으로서 이미 조정에서 科宦을 얻지 못한즉 실로 門族을 보존하고 鄕里를 호령하기 어렵게 됨에 編戶와 구별 짓고자 함인 것이다. 그 선조 중에 조금이라도 謹愿하다고 칭할 만한 사람이 있으면, 문집을 간행하여 '某先生遺稿'라 하고 또 이와 함께 隣邑의 선비들이 모여 독서하고 휴식한 곳이라 하면서 재물을 모아 집을 지음에 匠人을 모으고, 民人을 함부로 사역시켜 얼마 안 되어 成造함

이 마치 손바닥 뒤집는 것보다 쉬우니 서로 모방하여 마침내 각 읍에 某姓의
世德祠 없는 곳이 하나도 없게 되었다.[7]

라고 단적으로 지적하고 있는데, 이 같은 사정은 정도의 차이는 있을지
모르나 당시의 전국적인 추세였다고 생각된다. 祠廟의 건립이나 선조의
문집 발간은 동족촌락과 문중조직 발달의 대표적인 구현형태로서 이를
통하여 향촌지배의 대열에 서거나 일반민과 구별되는 수단으로 이용되
었던 것이다. 여기에 더하여 선조의 증직이나 신원, 포장은 후손들의 사
회적인 지위를 보강하고 양반사족적인 제 특권을 보장해 주는 장치였다.
동족마을의 문중 기반도 역시 이 같은 현조의 유무와 연결되어 있었고,
결국 문중서원에 제향된 문중선조는 바로 이러한 인물들이었다.[8] 문중서
원은 이처럼 '門族을 보존하고 鄕里의 編戶와 구별 짓는' 수단으로 변해
갔던 것이며, 조직의 성격상 이 같은 여러 형태의 문중활동을 전개하고
주관하는 중심체로 종합적 기능을 담당하기에 유용한 조직이었다.

   그런데 문중활동과 관련하여 전남지역의 문중서원이 기능과 성격상
타 지역과 다른 특징을 엿볼 수 있다. 그것은 문중서원과 연계되는 門中
齋室이나 서당의 규모, 운영의 모습이 타 지역, 특히 영남지역과 비교하
여 큰 차이를 보여준다는 사실이다. 즉 영남 지역의 경우는 재실의 역할
과 기능이 자못 포괄적이고 규모가 크며, 재실에는 어김없이 문중자제의
교육기구로 서당이 부설되어 있다. 더구나 이들 서당에서 선조를 享祀하
는 경우가 18세기 후반 이후 증가하기 시작하여 19세기 이후는 거의가
享祀 機能을 지니고 있다.[9] 마치 이는 전남 지역의 문중서원이 가진 기

---

7) 洪翰周, 『智水拈筆』 卷6, 「嶺南文集」(栖碧外史海外蒐佚本 13, 亞世亞文化社, 1984)
8) 『與猶堂全書』 1, 跋擇里志. 여기에서 茶山은 "사대부가 수백 년 동안 관직에 임
   명되지 않더라도 尊富를 잃지 않는다. 그 풍속이 집집마다 각기 한 조상을 떠받들
   고 一庄을 점유하여 종족이 흩어져 살지 않으므로 견고하게 유지되고 근본이 뽑
   히지 않았다"고 하는 것이 바로 그러한 경우이다.
9) 丁淳佑, 1985, 『18世紀 書堂研究』, 한국학대학원 박사학위논문, 85~95쪽을 참

능을 영남지역에서는 문중 재실이나 서당에서 대행하는 모습이다. 그리고 영남 지역에서도 이런 현상이, 문중서원이 일반화하는 18세기 후반에 집중적으로 나타나고 있음이 주목된다.

실제로 도학 연원의 기반이나 전통이 약한 전남 지역에서 유력 가문들은 충절이나 사족적 行宜를 실천한 선조들을 경쟁적으로 내세움으로써 18세기 후반 이후에는 대부분 문중서원들을 건립, 제향할 수 있었다.[10] 가문의 위세와 지위를 공적으로 인정받는 서원이 건립된다는 것은 이 같은 향사 기능을 포함한 각종의 문중활동을 전개할 구심체가 마련되었음을 의미한다. 그리하여 영남 지역과는 달리 전남 지역의 재실은 규모나 운영, 그리고 그것이 차지하는 위상 자체가 매우 빈약하고 분산적이다. 한 가문의 재실이 한 군현 단위로 10여 개씩 되지만, 대부분 小宗 단위의 先塋 守護墓閣으로 건립된 것들이며, 서당이라든가 문중 집회 기구들은 서원에 下位的 기구로 부속되어 있는 것이 일반적이었다.

2. 書院의 經濟基盤과 門中支援

서원 건립은 향촌 사족들에 의하여 이루어지는 것이었지만, 국가나 지방 군현은 서원이 지닌 인재양성과 선현에 대한 향사적 기능을 인정하여 일정한 경제적 지원을 하였다. 특히 사액서원의 경우는 조정에서 특별히 서원의 명칭을 부여한 현판과 그에 따른 전답과 서적·노비 등을

조. 한편 충청도의 경우에도 이와 비슷한 양상들이 조사된 바 있는데, 옥천 지방의 景栗堂(1736년, 全後會제향), 德陽書堂(18세기말, 庚土府제향)이 그러한 사례이다(李政佑, 1989, 「朝鮮後期 沃川地方 士族과 鄕權의 推移」『湖西史學』 17).
10) 각 군현 단위로 보아 전남지역에서 노론세력의 부식 노력이 실패한 사례는 거의 찾아 볼 수 없을 정도인데, 이것도 영남 지역과 비교하여 전라도지역이 매우 다른 점이다. 이러한 당파와의 연결을 통한 상보적인 문중사우의 건립 과정이 문중사우의 일반화를 조장한 측면도 엿볼 수 있는 것이다.

하사하여 사회적 권위와 재정 운영의 내실을 기하였다. 또 사액서원·사우가 아닌 경우에도 書院田과 院屬·奴婢, 그리고 魚鹽 등과 같은 현물조달 등의 지원을 하고 있었다. 그러나 건물 신축이나 중수, 교유, 제향 등 제반운영에 막대한 경비가 소요되었기 때문에, 관의 재정 지원 외에 해당 지역 사족들의 출연과 기부, 그리고 더 많은 경우 제향인 후손들의 재정 확보가 필요했다.

그런데 이러한 서원의 재정과 경제 기반에 대하여 지금까지는 대체로 부정적 이해가 지배적이다. 서원의 폐단논의에서 이러한 경제적 문제점들이 빠짐없이 지적되어왔던 것이다. 특히 민병하의 서원경제 연구에서 이 같은 논의가 특히 강하여 사실 이상으로 확대되었는데, 민병하는 서원 남설로 인해 국가의 재정운영에 문제점이 생겨난 것으로 보았다.[11] 즉, 서원이 무위도식하는 유생들의 집합소로 변하여, 원생과 원노의 증가로 인한 국역의 감소, 서원전의 확대로 인한 국가의 조세수입의 감소를 초래하는 존재가 되고 말았다는 것이다. 이 논의는 이후 학계의 일반론으로 굳어져 마치 모든 서원이 광대한 토지와 많은 노비를 소유하고, 하민을 침학하는 주체였으며, 여기에 지방관의 현물 제공 및 공물 이급 등 경제적 특권까지 지닌 것으로 이해되었다. 물론 서원 비판론의 주류를 이루는 서원통제 논의 과정에서도 이 같은 軍役冒占이나 避役, 下民侵奪의 소굴이라는 지적은 많았고, 주지하듯 대원군의 서원훼철이 긍정적 평가를 받는 것도 그러한 경향이 있었음을 잘 말해주고 있다.

그런데 이는 사실 이상으로 확대된 해석일 수 있다.[12] 흔히 서원전이 대규모이면서, 면세 특권까지 지녀 경제적 파탄을 야기하였다고 파악되는 경향이 있으나, 이는 道內의 首院이나 집권 정파의 거점 역할을 한

---

11) 閔丙河, 1968,「朝鮮書院의 經濟構造」『大東文化研究』5.
12) 柳昌馨, 1992,「朝鮮時代 書院田에 관한 研究」『백산학보』39 ; 尹熙勉, 1983,「朝鮮後期 書院의 經濟基盤」『東亞研究』2 ; 윤희면, 1996,「朝鮮後期 書院田 再論」『길현익 정년사학논총』, 동 간행위원회.

특정 서원에 한정될 수 있는 논의이고, 더 많은 일반 서원·사우들은 그 반대였기 때문이다. 물론 서원들이 하민이나 일반 사족보다 상대적으로 큰 규모의 토지를 소유한 것은 사실이지만, 모든 서원이 영남의 몇몇 사례에서 보듯 상업활동이나 고리대 같은 경제활동을 행한 주체로 보이지는 않는다. 특히 18세기 후반 이후의 서원에서 그 같은 폐단의 자행은 오히려 건립 세력들의 희망사항일 수는 있으되 실제는 그와 반대인 경우가 많았다.

즉, 서원의 열악해진 경제사정과 재정 결핍은 유생 供饋가 불가능할 정도였고, 居齋의 풍습도 사라지게 만들었다. 심지어 會講에 참여 하기 위해 서원에 오는 유생에게조차 식량 지참을 의무화하고 있었던 것이다.13) 그리하여 영세한 서원들은 제향 인물의 후손이나 문중에 경제적 원조를 청하거나 아예 운영권을 넘기지 않을 수 없었으며, 문중서원이 성행하게 된 이면에는 이런 서원 경제의 영세성에서 비롯된 측면도 있었음을 주목하여야 한다.14) 서원 문서의 대부분이 官에 제수나 제역, 감세를 요청하는 上書 자료들이라는 사실도 이러한 점을 반증한다.15)

만약 그런 논의들이 타당하다면 우리가 주목하는 문중서원의 사회사적 의미도 재평가되어야 할 것이다. 실제로 1871년의 영남 지역 서원훼철을 기록한 『(慶尙)道內各邑書院毀撤査括成草冊』16)에 의하면 영남 지

---

13) 李樹煥, 1982,「嶺南地方 書院의 經濟的 基盤－紹修·玉山·陶山書院을 중심으로－」『民族文化論叢』2·3合輯 ; 1990,『朝鮮時代 書院의 人的構成과 經濟的 基盤』, 영남대 박사학위논문.
14) 이해준, 1993,『조선후기 문중서원 연구』, 국민대 박사학위논문.
15) 오히려 서원의 경제적인 폐단이 문제시되었다면 그것은 '서원수의 남설·급증'으로 인한 면역과 면세전의 증가와 일부 서원의 청탁성 지원 요청이 군현의 재정부담을 가중시켰기 때문일 것이다.
16) 이 자료는 李佑成 교수가 수집한 일본 동양문고소장 자료(『栖碧外史海外蒐佚本』, 아세아문화사)이다. 成大慶, 1985,「大院君의 書院毁撤」『천관우 선생 화갑기념 사학논총』.

역의 총 504개소가 5차에 걸쳐 훼철되고 있는데, 1차 훼철에서 264개소
가 훼철되며 전답의 거의 90%가 수거되었다. 전답을 소유한 202개소의
전답총량은 145결 정도, 평균으로는 1개소당 66부 정도에 불과하였다.
물론 이 전답이 당시 서원이 소유한 전체 토지량이라고 볼 수는 없지만,
그렇다고 하더라도 그것이 결코 경제적인 폐단을 야기할 정도는 아니었
던 것이다.

   그러나 이처럼 서원의 경제적 폐단이 확대 해석된 것이라고 하더라도
문중서원의 내부적인 문제로서 土地와 力役 賦課는 앞으로 연구되어야
할 과제가 많다. 실제 이 같은 문중서원 재산의 수집경위나 관리, 운영내
역, 그리고 이에 따른 문중성원 간에 발생될 수 있는 불평등의 문제가
아직 명확하게 정리되어 있지 않기 때문이다.17) 물론 여기에서도 문중
서원이 동족마을이나 문중 구성원에 대한 특권적 경제 침탈을 자행할 소
지가 전혀 없는 것은 아니다. 하지만 그와 동시에 이 시기의 문중 구성
원들도 '門中書院'이라는 보호막을 통하여 사회적인 지위를 인정받아
官權의 부당한 침탈을 방어하고자 하는 목적이 있었음을 유념해야 한다.
즉, 대부분의 서원들의 기본재정이 官으로부터의 지원보다 주로 원납과
증여, 혹은 문중성원들의 갹출에 의존하고 있었다고 보이고, 이럴 경우
전답을 증여하거나 기부하는 세력이 서원의 조직과 운영에서 참여 지분
을 확보할 수 있고, 이를 통하여 자신의 경제적인 기반을 보호할 안전판
을 구축할 수 있었던 것이다. 결국 이렇게 본다면 서원 조직은 한계와
유용성을 동시에 지니고 있었던 셈이다.

   물론 문중활동과 관련하여 문중성원을 대상으로 경제적 물재를 갹출

---

17) 이에 대하여는 崔元奎의 「朝鮮後期 書院田의 構造와 經營」(1988, 『孫寶基博士停
年紀念韓國史學論叢』)이 유일한 논고인데, 앞으로 이 문제에 대한 상세한 규명이
시기와 지역적인 위상을 비교하면서 이루어질 필요가 있다. 자료가 충분하지 못
한 까닭으로 본고에서는 자세히 다루지 못하였으나, 이는 문중경제 관련 자료를
활용하면 보완할 수 있을 것으로 보인다.

하는 과정에서 불평등과 강제성이 있을 수 있고, 또한 이를 통하여 얻어
지는 결과가 균등하게 분배되지 않는데서 야기되는 문중 내적인 불만의
문제도 없지는 않았을 것이다. 문중활동의 결과는 어차피 이를 주도하는
특정 계파에 집중되었을 것이기 때문이다. 그러나 문중활동이 이처럼 내
적으로는 불평등과 불만 요인을 가지고 있으면서도 지속적으로 이루어
질 수 있었던 것은, 문중성원들 스스로가 "鄕里의 一般編戶와 구별되는"
대외적 지위 유지의 수단이었고, 각종 침탈에 대한 개별적 대응 보다는
'門中'이라는 집단을 통한 대응이 필요했기 때문이다.

  한편 대원군의 서원훼철 직전인 1867년 전라암행어사 尹滋承의 보고
를 보면

> 호남이 옛날 성하던 시절에는 거실 대족이 없지 않았으나, 근래에는 좀 시
> 들하여 무단으로 논할 만한 세력들이 별로 없습니다 … 간혹 기강을 어기는
> 자가 있으나 疲殘之類에 불과하고 적발되는 대로 모두 형을 주어 벌하고 귀
> 양 보내는 것으로 그 경중을 분간하여 처리하였습니다. 이 같은 부류를 토호
> 라 적어 올리는 일이 오히려 번거로울 것 같아 거론하지 않습니다.[18]

라고 하였다. 이 기록의 내용을 그대로 믿을 경우 전라도에는 武斷土豪
가 없거나, 있어도 보고할 필요가 없을 정도로 대부분 疲殘之類에 불과
했다. 그러나 이는 두 가지 측면의 상황을 동시에 말할 수 있는 기록이
기도 하다. 즉, 첫째는 토호세력이 존재하지 않기 때문에 官權이나 불법
적인 특권세력에 의한 토색이 가능할 수 있는 측면, 둘째는 실제 그 같
은 세력들이 이미 관권이나 집권세력과 연결되어 치죄의 대상에서 빠져
나간 상황을 각각 고려할 수 있다. 한편 정조~순조 연간에 진휼을 위한
願納者 명단을 보면, 이들은 서원건립세력과 거의 연결되지 않는다. 이
들을 願納, 혹은 督徵의 대상이 될 수 있는 지주이거나 그만한 경제력을

---

18)『日省錄』57册 高宗 4年(1867) 6月 5日 全羅御使 尹滋承의 보고.

가진 신흥세력이라고 보면, 서원을 건립했던 세력들은 이 같은 토색에서
제외될 만큼 사회적 지위와 신분적 보장을 받은 세력일 가능성이 높다.

제2절 士族間 連帶, 分岐와 門中書院

주지하듯이 문중서원들은 대부분 향촌사회 내에서의 문중 지위를 보
다 공고히 하기 위한 목적으로 건립, 운영된 것이었다. 즉, 문중서원이
일반 서원과 기본적으로 다른 점은 건립 동기나 과정상 문중 기반의 성
숙도나 문중의 이해를 우선적으로 반영하면서 구체적 활동을 전개한다
는 점이다. 따라서 문중서원들은 1차적으로는 문중 자체결속력을 확보
하는 중심체로서 기능하면서, 밖으로는 사회적인 지위를 보장받기 위한
노력을 동시에 강구하였다. 그리하여 이들은 중앙 정치세력과의 연대를
시도하든가, 만약 그 같은 조건이 마련되지 못한 경우는 향촌사회 내에
서 비슷한 조건의 몇 개 문중이 합력하여 서원을 건립하거나, 기존의 서
원에 추배제향의 길을 모색함으로써 서원을 통한 향촌사회에의 영향력
행사와 참여를 꾀하고 있었다. 그리고 이 과정에서 기존의 향촌세력사이
에, 혹은 기존세력과 신흥세력 사이의 갈등이 鄕戰으로 나타나기도 하였
고 각 세력의 이해관계에 따라 이합집산을 하면서 분기현상이 증폭되기
도 하였다.[19]

그러나 이 같은 사족 분기의 과정에서 문중서원 세력이 목적한 것은
향권이나 향촌사회의 균형적인 구도가 결코 아니었다. 그들의 목표는 문
중서원이라는 공적 기구를 통하여 사적인 문중세력의 입지와 지위를 강
화하는 것이었다. 또 이와 연대되는 세력들 역시 필요에 의해 동원되었

---

19) 김인걸, 1988, 「조선후기 향촌사회 권력구조 변동에 대한 시론」 『한국사론』 19 ;
　　정진영, 1998, 『조선시대 향촌사회사』, 한길사.

던 것이므로 그에 상응하는 여러 형태의 이해와 대가를 요구하게 마련이
었고, 그 연대 양상도 매우 다양하였다.

이들 각 문중세력이 향촌사회 내에서 그들의 우위권을 확보하고 인정
받는 과정은 매우 다양하고 차이가 많다. 土姓으로 오랜 토착 지배권을
지녔던 성씨가 있는가 하면, 이주하여 토착성씨와 결합하여 성장한 예,
특출한 인물의 배출로 성장한 예, 그리고 몇 개의 유사한 성향의 중소세
력 성씨들이 결속하여 성장한 예 등으로 그 구체적인 내용들은 다양하
다. 또한 이러한 경향은 지역에 따라 舊鄕세력의 기득권 유지와 확보를
위한 당파적 연대나, 정치적 기반이 상대적으로 약했던 지역에서 新鄕세
력이 지방관이나 중앙의 당파세력을 동원하여 세력기반을 보강하는 형
태, 또는 유사한 성격의 가문들이 연대하여 각자의 사회적 지위를 확보
하고자 상호 경쟁하는 모습 등으로 다양하게 나타나고 있었다.

이를 살펴보기 위하여 만든 표가 다음의 <표 32>이다.

〈표 32〉 시기별 單一姓과 門中連帶 建立數

시 기	건립수	단일성	2-3성씨	4-6성씨	기타	단일비율
명종~선조	18	2	2	2	12	(11%)
광해~숙종 20년	44	11	6	1	27	(25%)
숙종 21년~정조	88	59	12	7	1	(67%)
순조~철종	55	37	8	4	1	(67%)
총계	205	111	28	14	2	(54%)

<표 32>에서 보듯이 처음부터 단일 문중이 중심이 되고 제향인도
단일 성씨인 경우가 숙종대 후반 이후에는 60%를 상회하고 있어 문중
별로 서원 건립이 이루어짐을 알 수 있다. 그리고 이러한 상태에서는 다
른 서원들 역시 문중적인 성격을 지니지 않을 수 없었을 것이라는 사실
을 주목하고자 한다.

물론 선조 이전이나 숙종 20년 이전의 경우에서 단일 성씨의 비율이

적게 나타나고 있는 것은 본고에서 주목하는 문중서원이나 문중분기와
는 다른 사회적 분위기를 반영하는 것이기 때문에 논외로 하지만, 숙종
대 이후에도 2~3개 성씨가 연대하여 서원을 건립한 경우는 적지 않다.
그러나 이들 전남지역의 사례에서 단일성씨가 아니면서 문중연대의 서
원 건립을 이루는 경우는 16~17세기의 서원 건립에서 보여지던 鄕祠宇
의 모습을 지닌 것이다. 이들은 대개

① 학행이나 지방관으로 공적이 있는 鄕先生을 제향한 사례
장성 慕岩書院 1578건립~1698추배   徐稜 외 충, 효, 학행 5가문
해남 海村祠   1689건립~1721추배   林億齡, 해남 5현 4가문
옥과 詠歸書院 1694건립~1846추배   金麟厚 외 학행 3가문

② 同鄕(同時)忠節人으로 충절가문의 후손들의 합력, 건립한 사례
능주 褒忠祠   1609건립~1655추배   崔慶會 외 3가문
보성 旌忠祠   1677건립~1826추배   安弘國 외 3가문
고흥 雲谷祠   1785건립~1796추배   柳濯 외 3가문
구례 忠孝祠   1786건립~1814추배   王得仁 외 6가문
장성 鰲山祠   1794건립   임진왜란때 南門倡義士 72位
옥과 倡義祠   1832건립   崔蘊, 李興浮, 金越浮,
                                     梁曼容, 柳揖 등

③ 結社體的 由緖가 후손들에 의하여 서원으로 건립된 사례
영광 龍岩祠   1694건립~1742추배   尹宣擧 외 2가문
담양 龜山祠   1704건립   宋純 외 3가문
창평 環碧祠   1795건립   林億齡 외 문학활동
나주 寶山祠   1798건립   절의계 8현 후손

보성 六賢祠	1807건립	보성 6현 후손
능주 三賢祠	1808건립	능주 사림 3현
장흥 岐陽祠	1808건립	장흥 八文章 후손

등의 3개 유형으로 대별할 수 있다. 이들 중 시대가 빠른 17~18세기 전반의 경우는 대개가 鄕祠宇의 형태로 공인절차를 거치고 있으나, 추배된 시기나 私建의 경우는 모두가 18세기 후반 문중사우 남설기에 집중되고 있다.

이러한 문중 간의 협조와 연대를 보면 건립 시에는 비슷한 성장과정을 거친 가문끼리의 연대로 서원을 건립하지만, 건립 이후 지속적으로 위상을 강화하는 가문과 그렇지 못한 가문이 있게 마련이므로 그 편차를 극복하지 못하고 대립, 반목하는 경향도 많았다. 서원의 남설과 정치적 성향, 여기에 더하여 가문 선조 간의 우열비교, 위차문제를 둘러싼 서원세력 내부의 갈등 등으로 18세기 이후 서원은 향촌 공동체적 연대관계보다는 문중적인 분기 현상을 보여주게 된다. 이 시기 원임의 구성이나 서원활동의 성격이 문중 중심으로 변해가는 모습은 그러한 사정을 적나라하게 보여준다.[20] 특히 이 같은 분기 현상은 위차나 당파로 인한 分建 事例에서 잘 나타나고 있다.

1. 鄕祠宇의 門中連帶와 分岐

문중의 연대와 이후의 분기 양상은 대체로 동질적인 성향의 수개 문중세력이 합력하여 건립되는 鄕祠宇의 경우에서 많이 일어나고 있는데,

---

20) 이수환, 앞의 논문. 예컨대 李彦迪을 제향하는 경주 玉山書院같은 경우에서조차 18세기 후반부터 원임이 서서히 양동이씨로 전환되다가 19세기에 가면 거의 대부분이 양동이씨로 변화되고 있다.

내용적으로 보면 단순한 위차의 是非次元이라기보다는 정치적 성향의
차이나 문중 기반의 성장 차이에서 야기된 경우가 많다. 여기에 더하여
당색이나 官과의 정략적인 연대가 개재되면 이 같은 분건을 통한 분기
현상은 더욱 심하여져 서원·사우들이 지닌 고유의 의미와 권위가 부지
될 수 없도록 만들었다. 바로 이 점은 문중서원(사우)가 남설되게 하는
또 다른 이유가 되었다. 鄕祠宇의 문중 간 연대와 분기의 모습을 적나라
하게 보여주는 고흥 雲谷祠와 濟洞祠 사례, 그리고 영암 鹿洞書院의 사
례를 다음에서 간략하게 살펴보고자 한다.

[사례 1] 고흥 雲谷祠와 濟洞祠

雲谷祠는 본래 고흥 지역의 유력 세족들이 그들 가문의 명현을 제향
하는 향현사로 1785년에 건립한 사우이다. 고흥유씨 柳濯의 경우는 고
려말의 인물로 다른 제향자들이 절의파 충절인이거나 왜란기의 충절인
물인 것과는 성격이 약간 다르지만, 고흥유씨는 고흥지방의 호장세력으
로,[21] 柳淸臣이 몽고어에 능통하여 충혜왕(1330~1343)의 배려로 현달
한 가문이며, 그 때문에 부곡이었던 고흥이 현으로 승격하게 한 유명한
일화가 있을 정도로 유력한 토성 세족이다. 류청신의 5자인 柳攸奇는 密
直副使, 손자이자 雲谷祠에 주벽으로 제향된 柳濯은 홍건적난 때 공민
왕을 호종했던 1등 공신으로 高興伯에 봉해졌다. 柳濯의 아들 柳濕은 이
성계의 上將軍, 柳濯의 종백부인 柳濬은 문하시중에 이르렀다.

고흥유씨와 합력하여 雲谷祠를 창건했던 여산송씨는 세조의 왕위 찬탈
에 반대하여 고흥 땅에 은둔하였던 宋侃(1405~1480)을 입향 시조로 하
는 이거사족으로 고흥유씨와는 성격을 달리하는 가문이기도 하였다. 따라
서 성향의 차이나 제향위차의 시비도 건립 초기부터 있어 왔던 터였다.

---

21) 柳淸臣의 6대조인 柳英은 戶長, 류청신의 모친은 고흥 토성인 고흥신씨였다(『세
    종실록지리지』 성씨조).

제5장 門中書院의 社會史的 性格 161

이 서원의 건립은 1782년 성균관 유생 韓德普의 발의로 시작되어 호
남 유림들에게 통문을 돌리고, 고흥유림인 申應澤과 丁孝穆의 주선으로
향론이 모여짐에 따라 柳濯, 宋侃, 丁運熙 등도 함께 배향키로 합의(金塔
寺 회의)하였다. 그리고 이 때에 왜란시기 고흥출신 충절인물인 宋大立
(1550~1598), 宋諟(1590~1637) 등도 고흥유씨, 여산송씨, 영광정씨가
향중 유림들과 합력하여 운곡리 雲嵐山下에 건립, 제향하였던 것이다.
그러나 雲谷祠가 건립된 지 불과 10여 년이 지난 1791~1792년 사이에
송간의 贈諡上疏가 올려져 결국 1792년 '忠剛'이라는 시호를 받고, 의정
부 좌찬성의 증직이 내려지자 여산송씨들은 위차문제를 제기하면서 향
내외의 문중활동22)을 통해 宋侃의 위패를 移配하고, 곧 1796년 그의 유거
지였던 서재동에 사우를 분건하게 된다.23) 이건 후 여산송씨는 사우명칭
을 世忠祠로 고치고, 1801년에 宋建(1558~1592, 임란 순절), 宋純禮
(1528~1597, 임란공신), 宋希立(1553~1623, 임란 활약)을 추배하고 모
두 6인의 문중 배출 충절인을 제향하면서 齋洞祠(일명 六忠祠)라 개칭하
였다. 1823년에 청액소를 올렸으나 허락되지 않았고, 1833년에 다시 임
란에 참전하여 공을 세운 宋商甫(1564~?), 宋得運(1570~1633), 宋碩降
(1570~1633) 등을 추배하기에 이른다.

이렇게 여산송씨가 사우를 분립하여 별도로 운영하게 되자, 雲谷祠
운영의 주도권을 가졌던 고흥유씨는 분건되던 해에 곧바로 문중인물인
柳夢寅(1559~1623)24)과 柳淳(1566~1612, 임란충신)을 추배하는가 하
면, 기존에 雲谷祠를 공동 운영하던 영광정씨가 배출한 충절인물 丁傑,

---

22) 당시 노론정권하에서 중앙정계 여산송씨의 도움도 크게 받았다고 전해진다.
23) 이때 사우 건물은 雲谷祠의 강당을 뜯어 이건하였다 하고, 이건 직후 이 건물이
   불의의 화재로 소실되었음을 미루어 보면 두 가문 간의 알력이 몹시 심했음을 알
   수 있다.
24) 유몽인의 신원과 이조판서 추증 및 '義貞'이라는 시호가 내려지는 시기가 바로
   1794년(정조 18)이었음도 이 같은 추배에 직접 관련될 것이다.

丁德輈를 추배하고, 한편으로 여산송씨와 경쟁관계에 있었던 남양송씨를 포섭하여 그 가문의 宋寅을 추배함으로써 새로운 운영세력을 형성하게 된다. 이 같은 문중 간의 미묘한 대립은 훼철 이후 영광정씨들마저 雁洞祠를 창건하여 분립하고(1925년), 雲谷祠는 현재 고흥유씨와 남양송씨 문중의 사우로 柳淸臣(1257~1329)을 주벽으로 하여 柳濯, 宋寅, 柳濕, 宋順孫, 柳忠臣, 柳忠恕, 柳夢寅, 宋悌, 宋德駬, 柳溪, 宋瑛 등 12位를 제향하는 사우로 바뀌어졌다.

이와 유사한 사례로는 고흥의 龍岡祠(현 武烈祠)도 있다. 무열사는 원래 1826년에 용강사로 창건된 사우이다. 임진왜란 때 이순신의 전라좌수군 휘하에서, 그리고 진주성 전투에서 공을 세운 여양진씨 陳武晟(1566~1638)과 창원박씨 朴由元, 朴鉿壽, 朴弘世 등을 제향하기 위해 건립하였다.[25] 여양 진씨와 창원박씨는 인척 간으로 여양진씨 고흥 입향시조인 진무성의 증조 洝(생몰년 미상)은 용인에서 처족인 창원박씨(대서면 상남리)가 사는 고흥으로 이거하여 와서 충절인물을 배출하자 힘을 합하여 용강사를 세웠던 것으로 알려진다. 그러나 후일 제향인의 位次 是非로 현재는 陳武晟만을 제향하고 있다.

[사례 2] 영암 鹿洞書院과 松陽祠, 龜巖祠

비슷한 성격으로 영암 지역의 녹동서원과 송양사, 그리고 구암사의 분건 사례가 있다. 이는 내외손으로 함께 서원을 건립하였다가 후대에 부계친 중심의 문중별로 별도의 서원을 분건한 사례이다.[26]

영암의 녹동서원은 전주최씨 영암 입향조인 崔德之(1384~1455)를 제향하기 위하여 전주최씨와 그의 외손인 거창신씨, 남평문씨가 건립한 서원이다. 최덕지는 세종~문종조의 文臣으로 1450년 간신들의 작폐와

---

25) 『典故大方』 龍岡祠條.
26) 金京玉, 1991, 「朝鮮後期 靈巖士族과 書院－全州崔氏家門의 成長과 鹿洞書院의 建立事例－」 『湖南文化硏究』 20, 全南大 湖南文化硏究所.

노령을 이유로 사직, 영암 덕진면 영보촌에 은거하였다. 이 서원의 유서
는 은거할 때에 지었던 存養樓(「存養樓記」 1446년 宋乙開 記)와 15세기
말엽 건립된 永保亭(전주최, 거창신씨의 합력), 그리고 1578년에 건립되
는 연촌 영당이었다. 사우로의 창립은 이들의 족계와 동계의 활동이 모
체가 되어 1630년(인조8) 전주최씨와 거창신씨가 주동이 되고 鄕人 및
영암군수 李善行 등의 협조(「존양사상량문」 崔紳 記)를 받아 이루어졌
으며, 1636년에는 『烟村先生家傳詩文集』을 간행하였다.

이 사우는 1642~1644년 간에 수차례에 걸친 청액 상소를 올렸으나
허락받지 못하였고, 1655년에는 최덕지의 손자인 山堂 崔忠成(1458~
1491)을 추배하였고, 이어 『烟村遺集』을 간행(1668년)하면서 제2차 예
송논쟁으로 영암에 유배(1676년)왔던 金壽恒의 아들 農巖 金昌協이 청
액 상소문을 작성, 1680년에는 영암 유림 85명의 이름으로 청액소를 올
리는 등 활발한 활동을 벌인다. 이 시기에는 거창신씨와 남평문씨도 하
나의 인척세력으로 存養祠를 통한 연대의식을 강하게 가지고 있었다.

그 후 전주최씨들은 1695년에 文谷 金壽恒(1629~1689)을 추배하였
다. 이 같은 노론세력을 추배하는 과정은 영암 지역의 사족 동향과 함께
매우 주목되는 부분인데, 이를 기회로 영암 지역의 노론세력 부식이 시
작되었다.[27] 이어 전주최씨들은 1702, 1704, 1706년에 연이어 청액 상
소를 올리지만 성사시키지 못하고, 1711년에는 農岩 金昌協(1651~
1708)을 추배하고, 金壽恒 부자의 추배를 계기로 1712년 청액 상소를 올
려 1713년 鹿洞書院이라 사액(우부승지 李德英의 상소)받기에 이르렀
다.[28] 이러한 깊은 인연으로 鹿洞書院에서는 『農巖集』과 『文谷集』이 간
행되기도 하였다.

---

27) 『烟村先生遺事』 續編 「存養樓記」, 「書院請額疏」(1680년 金昌協, 柳章玉 등 85명
   연명상소), 「鹿洞書院記」, 「附尤菴宋先生與李畏齋別紙」.
28) 『鹿洞書院事蹟』 「鹿洞書院事蹟」 「存養祠記」 「奉安祭文과 祝文」 「請額疏」(1712
   년 宋相琦 撰) 「賜額祭文」(1713년 魚有龜 製) 「鹿洞影堂事實」 「影堂奉安祭文」.

거창신씨들은 영보정 동계와 존양사 창건 및 운영에서 전주최씨와 합력하였으나, 전주최씨와의 협력관계를 청산하고 1686년 거창신씨 족계를 중수하면서 서서히 독자적인 문중활동을 벌여 나가다 1795년 雙孝旌閭(愼述顯, 愼相顯)를 받는 것을 기회로 1796년에는 거창신씨 가문의 입향 시조인 景齋 愼幾(1411~1493), 山亭 愼榮壽(1442~1497), 澄溪 愼喜男(1517~1591), 素隱 愼天翊(1592~1661), 湖山 愼海翊(1592~1617) 등을 제향하는 松陽祠를 분리, 건립하게 된다.29) 한편 남평문씨들은 전주최씨의 외손으로 영암에 입향한 文孟和(?~1487)를 중시조로 하면서 전주최씨와 연합적인 성격을 지니다가, 文益顯(1573~1646)이 場岩亭 마을로 移居한 이후 독자적인 족계와 동계를 결성하고 1668년에는 구암사를 창건하였다. 그런데 남평문씨들의 구암사는 1721년 辛丑士獄 때 영암에 유배된 鑄同 徐命伯(1678~?)과 유대를 마련하고 전주최씨와 유사한 형태로 1778년 그를 구암사에 추배하였다. 이처럼 전주최씨와 연대하여 성장하였던 거창신씨, 남평문씨 세력들이 18세기에 들어와 문중화하면서 각기 독립적인 문중서원을 건립하였던 것이다. 이는 당시의 일반적 경향이기도 하였다.

1681년에 건립되는 영암의 竹亭書院도 이와 유사한 건립과정을 밟은 서원이다. 영암 입향시조인 五恨 朴成乾(1418~1487)과 孤狂 朴權(1465~1506)을 제향하는 이 서원은 녹동서원과 마찬가지로 서인세력과의 연대 속에 지위를 상승시킨 사례이다. 함양박씨는 五恨 朴成乾이 선주 정착한 처족인 蘭浦朴氏와의 유대로 사족가문으로 성장하였는데, 五恨 朴成乾은 1479년 間竹亭을 건립하였고 朴奎精(1493~1580)은 선산임씨, 창령조씨와 함께 1565년 西湖洞憲을 중수하면서 1574년에는 임구령, 신희

---

29) 예조판서 心齋 宋煥箕(1728~1807)는 송양사 건립에 적극 지원하였으며, 그는 常享祝文을 지었다(『松陽祠誌』). 송양사에는 1826년 遠祖인 신기, 신영수 등이 추향되면서 주벽이 바뀌었고, 서원촌으로 松內, 長燈, 龍山, 牛島(1857년 「예조완문」)을 두었다.

남, 이후백, 백광훈 등과 함께 靈岩鄉約(鄉規)을 창설하기도 하였다. 이
가문은 임란 때 朴大器(1537~1601), 朴承源(1573~1640) 등 충절인물
을 배출하여 사족적인 기반을 더욱 강화하다가 1681년 五恨 朴成乾과
孤狂 朴權을 배향하는 죽정서원을 건립하였다. 1683년에는 오한의 손자
인 박규정이 죽정서원에 추배되었다.

이 서원의 창립에도 노론계 인사들의 참여가 보이는데, 농암 김창협
이『죽정서원행적』(1698년)을 쓴 것이나 무안 자산서원의 훼철을 주장
했던 李晩成이 초대원장으로 추대되어 활동하다가 마침내 1726년에 그
를 추배하기에 이른다.「죽정서원상량문」(1681년)을 金昌集, 李敏敍가
쓰고 오한의 행장을 이만성의 조카인 李縡가 지은 것도 마찬가지이다.

그런데 죽정서원은 당파 인맥의 유배를 통한 문중 연계 사례이면서,
특이한 지방 거점화 과정을 보여준다. 즉, 文谷 金壽恒(1629~1689)은
3년간 영암에 유배되어 죽정서원이 소재한 구림에서 지내는데, 월출산
밑의 영암 구림은 회사정과 간죽정, 죽림정 등과 같은 정자가 있고 특히
죽림정은 유명한 錦城別曲의 작자인 五恨 朴成乾의 유적이기도 하다.
유배 중이던 김수항은 이곳에서 시문학을 통하여 지역 사류들과 교류하
면서 후일 '鳩林歌壇'으로 지칭하는 일종의 詩會30)를 결성하고 문인들
과 교유하여 후일 이 지역에 노론계 세력을 부식하는 결정적 계기를 만
든다. 이 인연으로 김수항은 아들 김창협과 함께 녹동서원에 제향되었으
며, 문집 간행도 영암에서 이루어졌다. 또 수많은 記文들을 영암에 남겨
유배를 통한 당파인물의 지방세력과의 다양한 연계모습을 보여준다.

문중서원으로 일찍이 성격을 갖추는 이 서원에서는 1764년 문중 자
제를 위한 勸學契를 만들고31) 1826년에는 朴省吾의 영당을 건립하고

---

30) 연관된 성씨로는 구림의 함양박씨를 비롯하여 창령조씨, 선삼임씨, 연주현씨 등과
　　녹동서원을 건립하는 전주최씨 등이다. 이해준, 1988,「조선후기 영암지방 동계
　　의 성립배경과 성격」『전남사학』2 ; 정근식 외, 2003,『구림연구』, 경인문화사.
31)『間竹亭勸學契案』(1764, 1770, 1771, 1831, 1880년).

1835년에 朴承源(병자호란 때 조행립과 함께 군량미 수송)을 추배함으로써 문중서원으로 좌정하게 된다.

2. 黨派的 門中連帶와 分岐

한편 鄕賢祠로 건립된 서원이 黨色에 따라 후대에 분리되어 결국은 門中書院化하는 사례들도 적지 않다. 영광, 장성 지역에서 노론과 소론 세력 가문 간의 대립과 분기 상황을 단적으로 보여주는 사례가 영광 龍溪祠와 龍巖祠이며, 반면에 강진의 南康祠와 秀岩祠·花岩祠는 당파 간 문중 연대로 건립된 사례이다.

[사례 3] 영광 龍溪祠와 龍巖祠

이 사례는 향촌사회에서 각 문중의 이해가 시기별로 첨예하게 대립하고 작용하는 과정을 적나라하게 보여주는 경우이다. 원래 영광의 龍溪祠는 이 지역이 배출한 충절인이면서, 만년에 향리에서 학문수양과 후학 양성에 공이 있던 진주강씨 睡隱 姜沆(1567~1618)을 제향하기 위하여 후손인 진주강씨와 그와 학연을 가진 파평윤씨의 합력으로 1635년에 건립된 사우였다. 이 서원의 건립에 주력한 대표적 인물은 그의 문인이었던 尹舜擧(1596~1668)이다.

영광 지역의 파평윤씨는 조선전기에 尹相民이 처향인 영광으로 들어와 세거하게 된 가문인데, 17세기 초반에 尹煌(1572~1639)이 영광군수(재임기간 1609~1613)로 부임해 와 晉州姜氏 姜沆과 교의를 가지면서 지역적 연고를 지니게 되었다. 그리고 그의 장자 尹舜擧가 강항의 수제자가 되었고, 윤순거는 후일 스승 강항을 배향하는 서원 건립에 중심적 역할을 하였다. 또한 尹煌 자신은 아들 尹宣擧(1610~1670)와 함께 '龍岩書契'를 결성하는 등 조선후기 영광 삼계 지역(현 장성)에서 활발한 활동을 펼쳤다.

龍溪祠는 睡隱 姜沆이 죽은 지 17년이 되는 1635년(인조 13) 그의 수 제자인 尹舜擧가 강항을 추모하기 위한 사업의 일환으로 여러 문하생 및 관찰사 등과 협의하여 건립하였다. 그러나 이듬해 사우에 화재가 일 어나 불갑면 용산으로 이건하였는데, 이때 주도적인 역할을 하였던 사람 들은 金地粹(1585∼1636), 판서 林墰(1596∼1652), 참봉 金友伋 등이었 고(『列邑院宇事蹟』), 사우의 명칭은 尤庵 宋時烈이 龍溪祠라 편액하였 다. 또한 이로부터 22년 후인 1658년(효종 9) 강항이 도승지로 추증됨과 동시에, 윤순거 등 그의 문인들은 『睡隱集』을 편찬하였는데 그 서문 역 시 우암 송시열이 짓고 있다. 이후 龍溪祠는 1682년(숙종 8) 수은 강항 의 수제자 童土 尹舜擧를 추배하였고,[32] 2년 뒤인 1684년 尹煌 또한 추 배하였으며, 1702년(숙종 28)에는 대대적인 중수를 하였다.

그러나 이 같은 파평윤씨와 진주강씨의 관계는 이웃한 영광 삼계에 龍岩祠가 건립되는 시기에 이르러 문제가 생기게 된다. 같은 파평윤씨를 제향한 사우이면서도 성향을 달리하는 사우가 바로 龍岩祠이다. 龍岩祠 는 尹煌과 尹宣擧(1610∼1670) 부자가 결성한 「龍岩書契」가 유서, 모체 가 되어, 생원 李益馨 등 후학과 문인들이 1681년(숙종 7)에 윤황, 윤선 거 부자를 제향하는 사우의 건립을 상소[33]하나 허락을 받지 못하고, 뒤 이어 1687년(숙종 13) 재차 사우 건립이 논의되지만 역시 불허되었다. 적어도 龍岩祠의 창건은 이 같은 당파 간의 알력이 전제되면서 서서히 지방사회에서도 가문·사족 간에 분파의 조짐이 나타나고 있음을 예고하 는 것이기도 하였다. 그러다가 1694년(숙종 20)에 朴世采·崔錫鼎 등의

---

32) 龍溪祠에의 윤순거 추배는 당시 전라도관찰사 蒲菴 李師命(1647∼1689)의 주선 에 의해서였다. 그리고 그는 당시 「祭享祝文」을 지었다.

33) 전라도 생원 李益馨 등 상소. 그런데 이에 앞서 윤증은 부친 윤선거의 묘비 찬술 문제로 송시열을 비난했던 일이 있었는데, 그 같은 불화가 이어져 바로 이해 (1681년)에 송시열에게 절교를 당하고 있음을 유념해야 한다.

주동으로 森溪 古縣 牛峰山 下에 사우를 건립, 윤황 부자를 제향하기에 이른다.

그런데 이 사우의 건립을 논의하기 시작한 시점이 송시열에게 윤증이 절교를 당한 시점과 일치한다는 사실은 매우 흥미롭다. 앞서 살펴본 바와 같이 윤황·윤순거는 원래 서인계 인물들과 긴밀한 관계를 유지하고 있었으나, 윤증은 바로 이 시기에 노소론 대립에서 소론계의 중심인물로 좌정한다. 尹拯(1629~1714)은 炭翁 權諰의 사위이자 문인으로, 尤庵 宋時烈에게도 사사받아 학행으로 천거되기도 하였던 인물이다. 그런데 부친 윤선거의 묘갈명 문제로 1673년(현종 14) 송시열의 학문과 덕행의 결함을 비난하고, 이를 계기로 입장을 달리하게 되어 1681년(숙종 7) 송시열에게 절교를 당하면서 소론의 입장을 선도하게 되었던 것이다.

다시 말하면 파평윤씨 중 소론계열에서 龍岩祠 건립활동을 벌였던 것이고, 그 같은 입장을 보강하는 과정에서 龍岩祠에는 1698년(숙종 24)에 같은 지역 출신의 도학인물인 宋欽(1459~1547, 신평송씨)을 추배한다. 신평송씨의 장성 입향시기는 대체로 고려 말~조선개국 초기로 송흠의 증조인 宋龜(1379~?)가 신왕조 개창에 반대하면서 세거지였던 충청도 連山에서 영광 삼계 지역으로 이거 정착하였고, 宋欽 代에 와서야 사족 가문으로 이름을 얻게 되었다.[34] 당시 신평송씨와 파평윤씨와의 관계는 매우 긴밀하였던 것 같다. 그것은 宋欽의 신도비와 묘비를 尹拯이 찬한 것으로도 잘 알 수 있다.

그러나 이 같은 龍岩祠의 건립과 지위 보강이 파평윤씨와 신평송씨의 연대에 의하여 시도되기는 하지만, 그러나 연령상 송흠이 선배가 되어 龍巖祠의 주도권을 가진 파평윤씨와는 位次문제로 시비가 생기게 된다. 이에 신평송씨들은 1702년에 壽岡祠를 分建하여 송흠을 독향하게 된다.

---

34) 宋龜의 형인 宋希璟(1375~1446)은 그보다 약간 늦게 이거하였다가 곧이어 담양으로 이거 정착하였는데, 그의 4세손이 바로 俛仰亭 宋純(1493~1583)이다.

즉, 신평송씨들은 합향된 지 불과 4년만인 1702년(숙종 28) 별도로 壽岡
祠를 분리·건립하여 宋欽을 移安하여 갔던 것이다.35)

그러다가 1723년(경종 2) 윤황의 손자이자 윤선거의 아들인 尹拯
(1629~1714)이 용암사에 추배되면서 다시 문제가 되었다.36) 이미 윤선
거와 윤증은 이 시기에는 소론의 상징적인 인물로 지목되고 있었으므로
龍岩祠의 이 시기 모습은 분명 인근 지역 소론계 인사들의 거점으로 변
화되고 있음을 느끼게 되는 것이다. 이렇게 龍岩祠의 성격이 현저해진
까닭인지 뒤이어 1742년(영조 18)에는 윤선거의 형 尹舜擧가 영광 姜沆
의 사우인 龍溪祠에서 龍岩祠로 移配된다.37)

결국 龍溪祠(강항, 윤황 부자) → 龍岩祠(윤황 부자, 송흠) → 壽岡祠
(송흠)로 연결되는 복잡한 사우의 분립 과정이 당파 및 가문 성향과 관련
되어 나타나고 있는 것이다. 여기에 더하여 1702년(숙종 28) 龍巖祠에서
壽岡祠를 分建하여 宋欽을 독향했던 신평송씨들은 6년 뒤인 1708년(숙
종 34) 함평이씨 竹陰 李萬榮(1510~1589)과 竹谷 李長榮(1521~1589)
형제38)를 추배하면서 또 다른 가문과의 연대를 모색한다. 대체로 이 같은

---

35) 1702년(숙종 28) 용암사에서 宋欽이 移安되는 이유를 서원지는 윤황과의 位次문
   제로 설명하고 있으나, 이보다 중요한 이유는 당론의 차이였으며, 대부분의 송흠
   문도들이 노론계의 인사들인 점을 보면 그러한 간극은 쉽게 이해된다.
36) 1716년(숙종 42) 윤순거와 아들 윤증은 함께 관직을 삭구 당하고, 1722년(경종 2)
   에 삭탈된 관직이 복구되고, 이어 1741년(영조 17) 윤선거의 문집인 『童土集』을
   간행하는데, 용암사로 移配 시기가 바로 그 직후인 1742년 이었다는 점이 그러한
   추정을 가능하게 한다.
37) 이러한 이유를 '一邑之內 十里之間 父子兄弟 分設俎豆.'의 규제 때문이라고 하지
   만, 이는 당색과 관련된 혐의 때문이었을 가능성이 크다.
38) 李萬榮(1510~1589)은 나주에서 영광으로 이거한 인물로 穎波 李岸의 증손으로
   河西 金麟厚와 교의가 두터웠고, 1538년(중종 33) 문과에 장원으로 급제한 뒤, 성
   균관·사간원·시강원 등의 청요직을 역임하였던 인물이다. 그의 동생인 李長榮
   (1521~1589)도 학문이 출중하고 효행으로 널리 알려졌는데 박학다식하여 일세
   의 通儒라 칭해질 정도였다. 曺南冥·柳眉巖·奇高峯·吳德溪·梁松川 등과 교의가
   깊었고, 1558년(명종 13) 문과 급제한 뒤 황해도사, 장흥부사, 함양군수, 광주목사

사우제향을 둘러싼 문중간의 연대와 분리는 당파적인 성향과 관련된 것으로 지방 당쟁의 모습을 적나라하게 보여 주는 일면으로 주목된다.

한편 이 같은 복잡한 당파 성향의 가문 간 대립구도가 서원과 사우를 중심으로 이루어지던 시기인 1723년에 李世弼(1642～1718)[39]을 기리는 백산사가 또 영광 백학리에 건립되었다. 그의 정치적 성향으로 보아 이 사우 건립의 주도세력은 노론세력과 연결되는 정치성향을 지녔을 것이 분명하고, 건립시기로 보면 1723년은 바로 파평윤씨들의 龍岩祠에 윤황 손자이자 윤선거의 아들 尹拯(1629～1714)이 추배된 시기와 일치한다. 이는 1715년(숙종 41) 노·소론 분쟁으로 윤증 부자가 관직을 삭탈 당했다가 관작이 복구되는 것(1722년, 경종 2)과 연관되는 것이었으므로 노론과 소론 세력의 각축양상을 반영하는 것으로 보여진다. 즉, 영광 지역에서 용계사의 진주강씨와 백산사 건립세력이 노론세력을 대변하는 가문(성씨)이었다면, 윤증의 파평윤씨 가문을 비롯한 송흠의 신평송씨 가문, 그리고 이만영을 위시한 함평이씨 가문은 이 지역의 소론을 대표하는 가문이었던 것이다.

그러나 함평이씨들 역시 1741년(영조 17)에는 南岡祠를 창건하여, 竹陰 李萬榮을 이배하여 갔고, 이와 같은 시기인 1742년(영조 18)에 윤선거의 형 尹舜擧(1596～1668)가 영광 龍溪祠에서 龍岩祠로 移配되어 당파와 관련되어 서원 건립세력들이 이합집산하는 복잡하고 특징적인 모습을 잘 보여주고 있다.

[사례 4] 강진 南康祠(1804)

1804년 강진에 건립된 南康祠의 창건 유서는 우암 송시열(1607～

등을 역임하기도 하였다. 후손들은 이 지역의 대표적인 소론가문이 된다.

39) 李世弼(1642～1718)은 제2차 禮公으로 南人의 탄핵을 받아 영광으로 유배된 인물이며, 柏山祠는 영조 때에 훼철 지시를 받지만 당시 훼철이 보류될 만큼 정치성이 컸던 것으로 보아 중앙 노론세력과의 연대가 강하였음을 유추할 수가 있다.

1689)과 기사환국에서 마련되었다. 송시열은 1689년 숙종의 왕세자 책
봉문제로 남인의 李玄紀, 南致薰, 尹彬, 李益壽 등과 대립하다가 결국 제
주로 유배를 당하게 되는데, 강진의 星子浦에 이르러 제주로 향하려 하
였으나 폭풍을 만나 출항하지 못하고 만덕산 백련사에서 머무르게 된다.
이때 송시열은 이곳 백련사에서 강진까지 따라온 朴光一 등의 문인들과
강진의 유생들에게 마지막 강론을 행하여 이곳은 우암의 '終講之地'로
서 의미를 지니게 되었다. 바로 이 같은 유서가 강진지역에 우암을 제향
하는 南康祠 건립의 단초가 되었던 것이다.

우암 사후 문인들은 백련사에 수 칸의 屋宇를 건립40)하고 제향하여
오다가, 1803년 6월 강진 유학 金鳳采를 비롯한 노론계 강진 유생들이
사우 건립을 상소하고 곧이어 태학과 京宰에 통문을 돌리게 된다.41) 그
리고 사우 건립 과정에 전라관찰사 韓用龜를 비롯한 절도사 李膺運, 大
學有司 魚用九, 해남현감 李惟秀, 영암군수 겸 강진현감 趙運永, 남평현
감 金世淵, 남원부사 朴敦浩 등의 수령들도 적극 협조하여,42) 정읍의 考
岩書院에 봉안되어 있던 우암의 영정을 강진향교로 移安하고, 이듬해
(1804년) 강진읍 평동리(속칭 영댕이)의 사우로 옮겨 봉안하게 된다.

한편 이 사우 건립 과정에 나주유생들도 적극 참여하였는데, 이들은
1804년 남평의 雲興寺에서 모임을 갖고 南康祠의 건립기금을 모금하기
로 하고, 영암군수가 자원하여 成造有司가 되었으며, 이에 전라도 전 지
역의 수령들이 南康祠의 건립에 참여하게 된다. 다음에 보듯 南康祠 건
립 당시 「道內搢紳例扶記」에 참여한 지방관의 자금지원 내역을 보면,

---

40) 『南康院誌』趙鎭翊외 4인, <通文太學> 1803년.

41) 위의 책, 幼學 金鳳采「院宇營建時儒疏」1803년 6월 : 徐邁修외 15명,「京宰簡通」
1803년 8월(全羅觀察使 書).

42) 위의 책,「全羅節度使李膺運答書」(1803),「全羅觀察使韓用龜答書」(1803),「大學
有司魚用九答書」(1803),「海南縣監李惟秀書」(1804),「靈岩郡守兼康津縣監趙運
永答書」(1804),「南平縣監金世淵答書」(1804),「南原府使朴敦浩答書」(1804).

지방관의 적극 참여가 돋보인다. 이는 남강사가 송시열을 제향하는 사우
였고, 그들은 어떤 형태로든 당시 중앙의 노론계와 연계되었기 때문이었
을 것이다. 즉, 南康祠 건립에의 지방관 참여는 곧 노론계의 정치적 위상
과 직결되고 있음을 드러내주고 있는 것이다.

〈표 33〉「道內搢紳例扶記」(1804년)

직책	이름	부조액	직책	이름	부조액
관 찰 사	한용구	50兩	광주목사	김 선	30兩
병 사	이응운	60兩, 고초 1000束	남원부사	박돈호	60兩
우 수 사	오재광	70兩, 고초 700束	장성부사	김기풍	50兩
나주목사	심후지	60兩	담양부사	이동야	50兩
무주부사	이영소	18兩	함평현감	오연상	20兩
여산부사	이원용	8兩, 백지 10束	홍양현감	최시형	15兩
순창군수	조진순	40兩	태인현감	서유령	20兩
영광군수	이기헌	40兩	남평현감	김세연	40兩
영암군수	조운영	100兩	진안현감	김규창	7兩
고부군수	심윤지	50兩	강진舊官	이○○	50兩
임실현감	이희기	18兩	무안현감	이인채	30兩
진도군수	이 전	10兩	낙안순수	김종순	10兩
해남현감	이유수	50兩, 고초 300束	함열현감	윤분현	15兩
금산군수	유한기	50兩	옥과현감	심공권	5兩
용담현령	서유령	20兩	동복현감	이유문	3兩
임피현령	김의연	20兩	홍덕현감	이은석	3兩
무장현감	기학경	30兩	고산현감	이승규	3兩
정읍현감	이박재	20兩	순천영장	이현도	5兩
만경현령	김노암	3兩	나주영장	유홍원	5兩
고창현감	오형철	10兩	전주영장	정호남	5兩
장수현감	최수형	10兩, 백지 10束	제원찰방	모달겸	2兩
광양현감	이기명	5兩	총		2,135兩

<표 33>에 제시된 지방관들의 지원경비 총액은 2,135兩과 고초
2000束, 백지 20束에 이른다. 이 같은 지방관의 적극적 협조는 전라도
전역에 걸쳐서 분포하고 있다는 점에서, 그리고 후술하는 남인계 광산이

씨의 사우인 강진 秀巖祠의 경우 309兩이었던 것과 비교할 때 많은 차
이가 있는 것이었다.

한편 南康祠가 건립된 지 6년 뒤인 1809년 星子浦 앞바다에 「朱子敬
齊箴木板」 20매와 「大禹手篆」 8매가 들어있는 木櫃가 떠밀려왔다고 한
다. 이에 당시 강진현감은 감영에 이를 보고하고, 목판을 감영으로 수송
하게 되었는데, 기이하게도 목판을 실은 人馬가 영당 앞에서 전복되어
더 이상 앞으로 나아가지 못했다고 한다. 이에 이 목판을 南康祠에 보관
하기로 하였고, 1836년 향유들의 발의로 1838년에는 이 사우에 朱子의
영정(함평 紫陽書院에 있던 朱子像)을 이안하여 주자를 주향으로, 우암
을 배향하였다. 결국 목판의 발견은 이 사우의 지위를 보강하는데 이용
되었던 것이고, 우암의 '終講之地'나 「朱子葛筆木板」의 출연은 단순한
우연이라기보다는 이에 관계되는 강진지역 노론계 가문들의 지위보강과
직결되고 있음을 알 수 있다.

강진 지역은 나주와 함께 광해군 때 북인에 의해 남명 조식을 제향하
는 서원 건립이 시도되었던 지역으로, 당시 史評에 "이때에 호남지역에
있던 정인홍의 무리들이 장차 조식을 제향하는 서원을 강진에 세우려고,
한자리에 모여 그 기세가 몹시 대단하여 수령을 凌侮할 정도였다"라
고[43] 할 정도였다. 그런가 하면 강진은 남인가문으로 대표되는 해남윤
씨의 先塋이 있는 곳으로 남인세력이 폭넓게 존재한 곳이기도 하였다.
이 같은 지역에 그와 상반되는 정치세력의 지원을 받으며 南康祠가 건
립된 것은 결코 우연이 아니며, 이에 동원된 세력은 노론의 지방기반 확
대 과정과 직결되어 있다고 볼 수 있는 것이다.

실제로 南康祠의 養士齋 건립이나 別庫契(1842년) 등에 참여하는 30
여 문중의 성격은 당시의 그러한 사정을 잘 말해주고 있다. 南康祠가 건
립된 지 40여 년이 지난 1842년의 「南康別庫契重修案」(壬寅, 1842년 3

---

43) 『광해군일기』 권117, 9년 7월 갑술조.

월)에 참여한 성씨들을 살펴보면,

> 연안이씨(안정동), 안산김씨(산정리외 4리), 해주오씨(덕천리), 청주김씨(영
> 풍리외 6리), 함양박씨(오산리외 2리), 죽산안씨(부춘리), 도강김씨(송천리외 2
> 리), 남양홍씨(행정리), 광산김씨(박산리외 1리), 양산김씨(갈동리외 2리), 창령
> 조씨(관덕리), 평해오씨(덕천리), 순천박씨(생동리), 언양김씨(동동리외 3리),
> 풍양조씨(신안리외 1리), 경주김씨(중산리), 탐진최씨(봉덕리), 장흥마씨(척동
> 리), 부안임씨(용정리), 남평문씨(척동리), 통천최씨(롱암리), 여산송씨(동동리
> 외 3리), 김해배씨(동영리), 장수황씨(구상리), 광주이씨(율변리), 김해김씨(영
> 수리외 3리), 밀양박씨(구수리외 2리), 무안박씨(장동리), 선산김씨(평덕리), 경
> 주정씨(갈동리)

등이다. 물론 자료의 성격상 문중의 나열이어서 각 문중별 인원이나 성향은 자세히 알 수 없으나, 이들은 이 시기 강진 지역의 노론세력과 연대한 가문들이었다. 그런데 시기적으로 약간의 시차가 있기는 하지만, 『여지도서』 강진 성씨조에 보이는 성씨로는 창령조, 죽산안, 함양박, 탐진최씨 등 4개 성씨 뿐이라는 점을 주목하게 된다. 이는 기존 강진의 세족, 혹은 토착 가문세력과는 다른 성향의 인물들이 南康祠에 참여하고 있었음을 말해주고 있으며, 이들은 바로 새롭게 부상한 성씨들(新鄕)이라는 점이고, 이들과 노론세력이 연대한 것이었다고 생각된다.[44]

[사례 5] 강진 秀巖祠(1820)와 花巖祠(1823)

秀巖祠는 앞에 설명한 南康祠와 대립적 성향의 성씨에 의하여 강진 지역에 건립되었던 사우이다. 1820년 건립하여 광산이씨 문중인물 李先齊(1399～1484), 李調元(1433～1510), 李仲虎(1512～1583), 李潑(1544～

---

44) 현재로써 관련 자료를 찾을 수가 없어 분명하게 지적할 수는 없으나, 남강사 건립 시기는 다산 정약용이 강진으로 유배 온(1801년) 직후였고, 수암사와 화암사 건립 시기는 다산이 유배에서 풀려난(1818년) 직후였으므로 다산과의 연계성도 고려의 여지가 없지 않다.

1589), 李洁(1550~1589)을 제향하였다. 주지하듯 광산이씨는 1589년의 기축옥사에서 최대의 피해를 입은 가문으로 옥사 이후 후손들이 각지로 분산되었는데, 강진에는 李調元의 손자 대에 입향하였다. 그는 기축옥의 피화자인 이중호나 이발 형제의 직계는 아니다. 그러나 피화과정에서 가문이 절손되었으므로 이들에 의하여 사우 건립이 추진되었던 것 같다.

이 사우의 건립은 1790년 광주 유생 李稱를 비롯한 77인이 연명으로 태학에 통문을 발하여, 이조원이 연산군의 폭정에 직언을 하였던 충절과 향리로 돌아와 講磨道學한 공과 태학통문을 내세워 사우 건립을 추진하지만 이루지 못하였다.45) 1819년 4월 陶山院長 李載福을 비롯한 30인이 각도 열읍에 통문을 보내 李潑·李洁 형제의 선조인 李先齊, 李調元, 李仲虎 등의 충효와 학덕을 추모하는 사우 건립의 당위성을 제기하고, 또한 같은 해 5월에는 나주 유림 張齊甲·閔裕基·李儒魯 등 51인이 호남통문을 내어 3賢의 사우 건립을 재차 호소하였다. 이 과정은 바로 영남 남인세력의 지원하에서 사우 건립이 추진되고 있음을 보여주는 것으로, 다음에서 보는 것처럼

「各道列邑通文」(1819년, 도산서원 원장 이재복 등 30인),
「湖南通文」(1819년, 나주유림 장재갑 등 51인)
「太學答通」(1820년)
「嶺南通文」(1820년, 星州 檜淵書院 43명)
「太學通文」(1820년)
「公忠全羅慶尙三道通太學文」(1820년, 李河運 외 112인)
全羅道 羅州 眉泉書院 儒生 李敬模 외 45인
慶尙道 尙州 道南書院 院長 趙巖 외 44인
　　　禮安 陶山書院 院長 李泰淳 외 35인
　　　禮川 鼎山書院 儒生 鄭光殷 외 10인
　　　安東 屛山書院 院長柳台佐 외 37인
　　　義城 水溪書院 儒生 金養鉄 외 5인

45)『秀巖院誌』, 光州儒生李稱 등 77인,「태학통문」1790년.

> 星州 檜淵書院 院長 崔桂河 외15인
> 晴川書院 院長郭衍 외 9인
> 善山 洛峰書院 院長 金希尹 외13인
> 義興儒生 洪宅周 외 4인
> 漆谷 泗陽書院 儒生 李以老 외 9인
> 仁同 東洛書院 儒生 李奎運 외 11인
> 龍宮 三江書院 院長 尹穆憲 외 11인
> 「太學答通」(1820년, 太學東齋 韓性謙 외 29인)

등으로 태학과 호남, 영남, 호서지방의 남인들이 적극적으로 연대하여
지원했음을 알 수 있다. 결국 수암사는 전국적인 남인세력 지원 하에
1820년에 건립되는데,[46] 앞선 南康祠가 그랬던 것처럼 남인계 수령과
전임관의 경제적 지원을 받고 있다. 즉, 秀巖祠 건립 시 부의록인 「禮成
時義助錄」에 의하면,

장성부사	권 익 10兩	화순현감	조중일 10兩	정읍현감	여동근 15兩
무안현감	한익상 7兩	승 지	심계석 10兩	병 우 후	한명운 5兩
광주목사	박영재 15兩	영광군수	김유헌 20兩	강진현감	조석구 10兩
이조판서	이명적 5兩	병 사	이행교 25兩	장흥부사	유덕노 10兩
능주목사	이광도 5兩	해남현감	한계원 10兩	우 상	유후상 10兩
현 감	장용육 5兩	병 사	유영노 50兩	함평현감	허 전 5兩
병 사	이현직 20兩	목 사	김진화 5兩	교 리	김회명 10兩
우 후	장유풍 5兩	승 지	정대식 5兩	현 감	한치조 7兩
홍양현감	정관섭 10兩	영암군수	홍택주 10兩		이원배 10兩

등 남인계 관리들이 출연하고 있는데 이때 수합된 금액은 총 309兩(종이
5束, 초 25자루)이었다.[47] 이는 南康祠 건립 시 도내 수령 출연금의 7분

---

46) 이 같은 남인계 서원의 건립 사례로는 앞서 소개한 나주의 미천서원을 수 있으며,
    동원세력의 범위나 지원 과정이 유사한 것도 확인할 수 있다.
47) 한편 수암사는 건립 당시인 1820년 尹道一, 金成礪, 趙潭 등 40인의 예조정소를
    통하여 院底村인 東嶺里 주민들의 烟戸雜役을 면제하고 位土 3結이외에 2結을
    추가로 지급받고 있다.(「呈禮曹文」, 「完文」)

의 1 수준에 머무는 것이었다.

한편 秀嚴祠가 건립된 1820년부터 1823년까지 秀嚴祠를 봉심한 인물을『심원록』을 통하여 성씨별로 살펴보면 모두 30개 성씨, 109명이 봉심하였는데,[48] 이중 해남윤씨가 51명으로 절대다수를 차지하는 것이 주목되며, 이들은 앞서 살펴본 南康祠의 별고계안에 수록된 성씨와 비교하면, 극히 일부인 5개 성씨가 중복(언양김, 남평문, 풍양조, 광주이, 광산김)될 뿐이다. 동일 지역 내에서도 문중간의 당파성향에 따라 연대·분기하고 있는 모습인 것이다. 우리는 이를 통하여 20년의 건립년대 차이는 있으나, 南康祠(1803년)와 秀嚴祠(1820년)가 강진지역에서 성향이 뚜렷하게 구분되는 세력에 의하여 건립 운영되고 있음을 엿볼 수 있다. 즉, 南康祠에는 도내 수령의 지원과 강진 내 노론계 성씨들의 참여가 돋보이는 반면, 수암사는 영남을 비롯한 각처 남인세력의 지원과 해남윤씨를 중심으로 한 남인가문의 참여로 건립되고 운영되었음을 확인하게 된다.

한편 광산이씨의 수암사 건립과 비슷한 시기에 같은 남인세력인 해남윤씨들의 花岩祠가 1823년 강진에 건립되고 있는 것도 주목할 일이다. 화암사는 尹紳, 尹致敬, 尹東喆, 尹履慶, 尹益慶 등 해남윤씨 충절 5위를 배향하기 위하여 건립된 사우로 향촌사회에서 보여지는 당색에 의한 사족 분열과 함께, 충절인에 대한 포장활동이 사우 건립에까지 이어진 사례이다. 앞의 수암사 사례처럼 이 사우도 인근지역 유림들의 포장 요청을 기반으로 강진 내에서 분위기를 조성, 결국 포장과 함께 사우 건립을 이루어 냈다. 이 같은 과정은 다음에서 보는 바와 같은 연속된 通文과

---

48) 『수암원지』「심원록」. 이 자료에 기록된 성씨별 봉심자수를 보면,
   해남윤씨 51명, 언양김씨 7명, 남평문씨 5명, 풍양조씨 4명, 장흥위씨 3명
   선산임씨 3명, 문화유씨 2명, 도양정씨 2명, 전주이씨 2명, 하동정씨 2명
   거창신씨 2명, 압해정씨 1명, 광주이씨 1명, 여주이씨 1명, 흥덕장씨 1명
   광산김씨 1명, 금성정씨 1명, 장흥임씨 1명, 윤양김씨 1명, 해미곽씨 1명
   문성류씨 1명, 양천허씨 1명, 전주이씨 1명, 전주최씨 1명, 불명 1명 등이다.

上書가 다방면에서 올려지고 있었다. 즉, 1811년 6월 보성유림 李儒誠, 任成材 朴良漢 등 20여 명이 강진향교에 보낸 해남윤씨 충절 5위에 대한 포장 요구를 비롯하여

> 1811년 6월 : 寶城儒林 康津鄉校通文(李儒誠 任成材 朴良漢 등 20여 명)
>   8월 : 康津鄉儒上書(金正琪 趙涉 吳鳴國 등 20여 명)
>   10월 : 康津鄉儒上書(林昌鎭 吳章海 金聲礪 등 30여 명)
> 1822년 5월 : 康津鄉儒御史上書(襃獎)
>   5월 : 道儒御史上書(康津 長興 靈岩 海南儒林)
> 1823년 9월 : 全州儒林 康津鄉校通文(襃獎 및 建祠)

등으로 연속해서 上書를 올렸으나 허락받지 못하다가 10여 년이 지난 1822년 5월 강진, 장흥, 영암, 해남 지역의 유림들이 어사에게 상서를 올려 포장을 허락받을 수 있었다(이들 5위 외에 尹東老가 추가되어 6위로 나타남). 그리하여 포장과 동시에 1824년 사우를 건립하였는데 당시의 「尋院錄」(1824年 禮成時)을 보면

> 해남윤씨 61명, 해주오씨 27명, 청주김씨 15명, 언양김씨 12명, 함양박씨 11명, 광산김씨 10명, 장흥위씨 8명, 풍양조씨 8명, 장택고씨 7명, 금성임씨 6명, 탐진최씨 5명, 여산송씨 5명, 원주이씨 5명, 해주최씨 5명, 광산이씨 4명, 안산김씨 4명, 영광김씨 4명, 선산임씨 3명, 남양홍씨 3명, 광주이씨 3명[49]

등으로 이들의 성향은 해남윤씨와 연계되는 남인계의 가문들이었다고 추측된다. 일단 사우를 건립한 이듬해부터 牲幣를 官給 받지 못한 것에

---

49) 이밖에 2명 이하의 성씨들로는 창녕조씨, 수원백씨, 남평문씨, 도강김씨, 김해김씨, 안동김씨(이상 2명), 한산이씨, 영암최씨, 죽산안씨, 선산김씨, 인천이씨, 여흥민씨, 순천박씨, 순천김씨, 한양조씨, 청주한씨, 고령신씨, 전주이씨, 해미곽씨, 양산김씨, 이천서씨, 금성박씨, 광주이씨, 수성최씨, 광산노씨(이상 1명), 미상 6명 등이었다.

대한 상서를 다시 끈질기게 올려 1828년 3월에는 허락받게 되었으나, 다음의 문제는 서원촌의 除役問題였던 듯 1847~1853년까지 수령에게 이 문제에 대한 上書와 稟目을 계속 올리고 있다. 다음은 그 같은 연속 되는 문서의 내용들이다.[50]

```
1823년  9월 : 太學答通(李顯禎 등)
1824년 10월 : 康津鄕儒上書(牲幣庶品問題)
1825년  2월 : 康津鄕儒上書(縣監, 牲幣之請)
        8월 : 康津鄕儒上書(監司, 牲幣之請, 許)
1827년  8월 : 康津鄕儒上書(縣監, 牲幣香祝之禮, 不許)
        8월 : 康津鄕儒上書(縣監, 牲幣之請, 不許)
1828년  3월 : 康津鄕儒上書(禮曹, 本官祭物支給, 許)
       10월 : 除役完文(花坊一里를 書院村 頉給)
1847년  9월 : 本孫上書(縣監, 復戶 3-4結 院生保率 4-50명 院邸除役)
       10월 : 本孫上書(監司, 상동내용, 不許)
       11월 : 康津鄕儒上書(縣監, 復戶 3結拔難區劃事)
1848년  1월 : 康津鄕儒上書(監司, 院下村의 殘村化)
        2월 : 康津鄕儒上書(수령, 上同내용) <本祠守護完文>
1852년  5월 : 本孫上書(契防村 革罷, 復給要請)
1853년  2월 : 本孫上書(上同내용, 不必更訴)
        9월 : 康津鄕儒稟目(牟還四石十斗 依例頉下)
```

화암사가 이 같이 수령과 오랜 줄다리기를 계속하는 것은 서인계 남 강사와 비교할 때 매우 다른 모습이다. 위에 제시한 일련의 문서들을 상 세히 살펴보면, 화암사 건립주체들은 강진 鄕儒의 이름으로 牲幣之請을 현감과 감사, 예조에 계속 올리는데 현감은 불허하고, 감사나 예조(本官 祭物支給 許)는 허락하는 상반된 결과를 얻게 된다. 이는 바로 除役이 향촌사회에서의 상대적 지위와, 지방관의 성향에 관련된 것이었음을 엿

---

50) 이같이 제역문제로 수령과 오랜 줄다리기를 계속한 것은 서인계 남강사와 비교할 때 매우 다른 모습인데, 남강사 건립에 동원되었던 縉紳有司들을 연상하면 이러 한 결과는 쉽게 이해될 수도 있으리라 생각된다.

볼 수 있게 한다. 그리고 1828년 예조의 허락을 받은 이후 1828년 10월
에는 花坊里를 除役村으로 인정받으나, 1847∼8년에도 復戶 3∼4結, 院
生保率 4∼50명의 除役을 계속 요청 「本祠守護完文」을 받아내고 있다.

앞에 소개한 秀巖祠도 건립 당시 예조에 상소하여 院底村인 東嶺里의
烟戶 雜役을 면제받고, 位土 3結 이외에 2結을 추가로 지급받고 있었다.[51]

제3절 鄕戰, 黨爭과 門中書院

전남 지역에서는 17세기 후반 당파 간의 정쟁이 심화되고 '서인·노
론 : 소론·남인'으로 대립구도가 바뀌면서 자파의 지방 기반 마련의 필요
성이 고조되는 시기에, 소론의 학맥과 가문들이 활발한 움직임을 보이고
있었다. 예컨대 영광 장성 지역의 파평윤씨(윤선거)나 신평송씨(송흠), 황
주변씨(변휴), 나주지역의 반남박씨(박필주)와 회진임씨(임영, 임상덕), 광
산의 장택고씨(고경명)와 제주양씨(양응정, 양득중) 등이 그 대표적인 성
씨로서 이들은 동인─남인계 인사들과 교류하면서 서인─노론계 견제세
력으로 존재하였다. 이에 대하여 중앙의 노론 세력은 자파의 이해를 관철
시킬 수 있도록 노론계 성향의 가문을 포섭하여 그들의 서원 건립을 지
원하여 주었고, 소론 세력들도 이 시기에 자신들의 서원을 건립하였다.

이 같은 문중서원(사우)의 성장 과정을 전남 지방의 사례로 살펴보면,
문중의 사회경제적 기반증대라는 조건을 공통적으로 인정할 경우, 1차
적으로는 지방관과의 유대와 그에 의한 지원이 일반적이었다. 물론 지방
관과의 연결(지원)은 본관지에 부임하는 수령처럼 특이한 인연을 가진
경우도 있으나, 대부분은 중앙 관료나 당파와 연결되어 지원을 하는 경
우들이었다. 그리고 이 같은 지방관의 후원은 어떠한 형태로든 중앙 실

---

51) 『秀巖院誌』 呈禮曹文(尹道一, 金成礪, 趙潭 등 40인) 및 完文.

력자와의 연결을 통하여 정치적으로 이루어졌고, 순수한 의미로 특정 서원(사우)를 지원하는 경우는 거의 볼 수가 없다. 이는 청액 활동이나 사액 과정에서도 마찬가지이다. 물론 사액의 경우는 단일 문중세력인 사례는 매우 드물고 몇 개의 문중세력들이 연합, 연대하는 지역연대적인 사례가 많다. 당파의 지방 기반 확보와 관련하여 이루어지는 서원 건립의 형태는 다시 두 형태로 나눌 수 있는데, 첫째는 앞 절에서 살핀 바, 기득권을 지닌 사족세력들이 자신들의 필요에 의하여 정치적인 연대를 모색하는 경우이고, 둘째는 중앙의 정치세력(주로 노론)들이 의도적으로 그들의 기반을 마련하기 위하여 우파세력을 포섭, 부식하는 형태가 그것이다. 물론 이들 두 경로는 엄격하게 구별할 수 있는 것이 아니지만, 후자의 경우 기존 세력보다도 신흥 세력들이 동원되는 현상이 주목된다. 전남 지역의 당파적인 성향을 지니는 17~18세기 노론계와 소론계 서원 사례들은 31개소로 확인된다.[52]

특히 본 절에서는 이 중에서 서원과 당파세력의 관계가 향촌사회 구조 속에서 어떻게 작용하고 있는가 하는 점을 주목하고자 하며, 이는 당파적인 대립이 강하였던 지역의 사례를 통하여 살필 수가 있다. 우선 당파와 관련되는 서원의 건립 사례가 집중되는 지역을 '무안·함평지역' '나주지역', 그리고 '영광·장성지역'으로 나누어서 군현 단위 사회구조 속에서 당파적인 서원의 건립과 관련 문중의 성격, 그리고 이들 서원의 문중화 과정을 전체적으로 살피고자 한다.

1. 務安·咸平地域

조선후기 무안·함평 지역의 서원·사우들을 당파적 성향으로 구분하

---

52) 아울러 당파 관련인의 제향은 제4장 제4절의 사례를 참조.

여 보면 노론계 서원으로 松林書院(1626년, 1706년 兪棨 추배), 箕山祠
(1705년), 紫陽書院(1726년)이 건립되었고, 소론·남인계의 서원으로는
紫山書院(1616년, 치폐 반복), 水山祠(1709년), 淸川祠(1710년), 林象德
祠(1723년)가 건립되었다. 이중에서도 紫山書院(1616년 鄭介淸)과 松林
書院(1626년 金權, 1706년 兪棨)의 건립과 양 세력의 대립은 향전 양상
과 연결되면서 상징적 사례로 지목된다.

무안의 자산서원 치폐 사례는 서원의 운영 주도권과 관련한 지방 당
쟁의 모습을 적나라하게 보여주는 사례로서 기축옥사와 연결하여 金東
洙의 연구가 이루어진 바 있다.53) 그런데 이는 자산서원의 치폐만이 아
니라 대북계열 인물들에 의한 인목대비 폐비 찬성 상소, 함평현감 박정
원의 행적과 箕山祠 건립, 그리고 자산서원 세력을 견제하고 서인세력을
부식하는 전초 거점으로 세워지는 무안의 송림서원 세력까지를 아울러
검토할 필요가 있다.

무안의 송림서원은 1626년 拙灘 金權(1549~1622)의 도학과 학행을
기릴 목적으로 건립된 서원이다. 송림서원이 주목되는 이유는 이후 무안
과 인근지역의 동인－서인 간의 대립, 뒤에는 노론－소론 간의 대립을
주도, 전개하는 지방 당파의 상징적 거점이기 때문이다.

송림서원에 제향된 拙灘 金權은 1617년 광해군의 폐모사건에 반대상
소를 올렸다가 무안으로 유배되어 1622년에 자결했던 인물이다. 그런데
그가 무안에 유배되어 있던 시기는 소위 대북파의 주도 아래 연립정권이
형성된 시기로, 1618년에 무안, 함평, 영광지역의 북인계열 인사들이 인
목대비 폐비에 찬성하는 상소를 준비하고 있었다. 그렇다면 그는 분명
이를 반대하는 후일 서인계 인사들과 긴밀한 관계에 있었다고 볼 수 있
고, 그를 제향한 송림서원도 실은 이들에 의하여 주창되고 중앙의 서인
계 인사들의 지원을 받아 건립되었던 것이다.

---

53) 金東洙, 1977, 「16-17世紀 湖南士林의 存在形態에 대한 一考」『歷史學研究』7.

그런데 이와 거의 동시에 자산서원 건립세력들은 1618년 李埁·李偉·
尹惟謙 등 57인이 鄭仁弘·李爾瞻 등과 같이 1618년(광해군 10) 무안, 함
평, 영광 등 각 군에 통문을 돌려 인목대비 폐비를 찬성하는 상소를 준
비하였고, 당시 나주 지역에서도 경현서원 운영을 주도하고 있던 金佑
成, 辛光業, 朴文煥, 鄭渾, 鄭渼, 辛敬業, 李之皓, 陳如善 등이 폐모 상소
에 가담하고 있었다. 이들의 상소는 중앙 대북세력과 연계된 이 지역 세
력들의 지방여론 조성역할이었다고 파악된다. 이때 함평향교가 疏廳으
로 결정되었는데, 당시 함평현감 朴鼎元(1574~1626)은 이를 미리 알고
강력하게 저지하여 불발로 끝나고 곧이어 인조반정(1623년)으로 서인이
정권을 잡게 되자, 서인계는 자산서원의 훼철을 주장하면서 1626년에
자신들의 거점으로 송림서원을 건립하였던 것이다.

송림서원은 창건 이후 10여 년이 지난 1646년 무안현감으로 부임한
市南 兪棨(1607~1664)에 의하여 면모를 일신하면서, 서인계의 거점으
로 자산서원세력과의 대립에 있어 선봉에 선다.[54] 그가 1차 예송 때 동
인·남인계 윤선도와 윤휴를 유배·좌천시킨 인물이자 서인 노론계의 중
심인물임을 감안할 때 그의 지원과 협조는 당시 이 지역의 서인계 인사
들에게 매우 고무적인 것이었고, 아울러 송림서원이 그들의 중심기구로
자리잡게 하였을 것이다. 1673년과 1681년의 청액 상소로 '松林'이라는
사액을 받게 되는데, 이 시기는 바로 경신환국으로 서인들이 다시 정권
을 잡은 시기였으므로 서인계의 중앙 지원이 막중하였을 것임을 쉽게 추
측할 수가 있다. 이 같은 송림서원의 발전은 상대적으로 동인계의 거점
이었던 자산서원의 훼철 및 탄압과 연계되고 있었음은 물론이다. 이후
송림서원에는 市南 兪棨가 1706년 추배되었다.[55]

---

54) 兪棨 撰「松林書院重修記」(1647년).
55) 그러나 노론과 소론의 분쟁 과정에서 그의 저서 『家禮源流』가 문제시되어 일시
   철향되었다가 1748년 다시 추배되고, 이후 송림서원은 이 지역 노론세력의 거점
   으로서 지위를 확보하게 된다.

송림서원과 대립하였던 紫山書院은 困齋 鄭介淸(1529∼1590)이 1589
년(선조 22) 己丑獄事에 연루되어 유배지에서 病死하자 그의 문인들이
스승의 신원운동을 전개하면서 1616년에 건립한 서원이다.[56] 앞에서 지
적하였듯이 이 시기는 소위 대북파의 주도 아래 연립정권이 형성된 시기
이자 인목대비 폐비 문제로 찬반 두 세력 간의 대립이 첨예했던 시기였
다. 인목대비의 폐비를 찬성했던 자산서원 세력들은 1623년(인조 1) 인
조반정으로 서인이 정권을 잡게 되자 각종 견제와 시비에 휩싸이게 된
다. 이듬해 金長生은 公論에 맞지 않는다는 이유로 자산서원의 훼철을
주장하고,[57] 1657년(효종 8)에는 宋浚吉과 閔鼎重이 자산서원 훼철 논
의를 재개하여 1차 훼철이 이루어진다. 그런데 이때 位板이 불태워지고,
사우 건물 재목들은 송림서원의 마굿간을 짓는데 사용될 정도[58]로 양
세력 간의 첨예한 신경전이 지속된다. 이후 정개청의 신원과 자산서원의
치폐 과정을 요약하면 다음과 같다.

> ▫ 1658년(효종 9) 尹善道가 鄭國憲의 疏가 政院에서 제지당한 것을 비판, 남
>   인과 서인의 격렬한 대립(『燃藜室記述』卷14, 『孝宗實錄』9年 4月條)
> ▫ 1674년(숙종 1) 제2차 예송으로 서인 퇴진. 도내 유학 羅續 등 자산서원 복
>   설 상소
> ▫ 1677년(숙종 3) 許穆 요청으로 舊址에 서원 복설(『書院謄錄』, 同年 5月條)
> ▫ 1678년(숙종 4) 전라도유생 徐國賓 등 청액소 사액(『書院謄錄』同年11月
>   條)
> ▫ 1680년(숙종 6) 전라감사 任奎의 청으로 제2차 훼철(『書院謄錄』동년 12
>   月條, 『肅宗實錄』6年 閏 8月條)
> ▫ 1689년(숙종 10) 전라도 유생 羅斗夏 등의 중건 상소, 재 賜額(『書院謄錄』
>   동년 4月條, 『承政院日記』己巳 4月 13日條, 『肅宗實錄』15年 4月條). 『愚

---

56) 1591년(선조 24), 1597년(선조 30) 前 義禁府都事 羅德明 등의 신원상소, 1603년
   (선조 36) 성균관 유생 崔熹男의 신원상소, 1609년(광해군 1) 羅德潤의 신원상소,
   1616년(광해군 8) 柳光烈·姜鳳賢·羅元吉 등의 신원상소.
57)『沙溪先生全書』卷1, 疏.
58)『孝宗實錄』卷19, 孝宗 8年 9月條.

得錄』核板 추진(羅晩成과 羅斗冬 교정)
- 1690년(숙종 16) 失火事件, 전라감사 李玄紀 중건 반대세력의 방화라고 보고
- 1691년(숙종 17) 중건(『書院謄錄』동년 7月條,『肅宗實錄』16年 6月條). 전라감사 李玄紀 愚得錄 刻材 지원
- 1692년(숙종 18) 鄭武瑞의 疏 사액 재하사,『愚得錄』3卷과 附錄 1册 완성됨(당시 務安縣監 洪萬朝, 尹世泰·高玩 등 무안유생 동원 완성)
- 1694년(숙종 20) 甲戌獄事로 남인 몰락
- 1702년(숙종 28) 李晩成 상소로 3차 훼철. 호남 사림 84人 나주 推善寺에서 훼철 부당 호소, 나주 雙溪寺에서 疏會 훼철부당의 疏狀작성(『書院謄錄』동년 6月條,『肅宗實錄』28年 5月條『己丑錄續』壬午 9月 17日 茂長 幼學 吳鼎勳 等 上疏)
- 1703년(숙종 29)『愚得錄』간행

이 같은 자산서원의 치폐[59]는 무안 및 인근 전라 지역 당파 대립의 각축을 단적으로 보여주는 것이라 하겠다. 그러나 이 보다 본 연구와 관련해 주목할 것은 이후 관련 문중세력의 분기 양상인데, 이후 서인－노론계의 사우 건립이 활발해지고 있다. 1705년 서인계에 의한 함평 기산사의 건립, 1706년 송림서원에 兪棨의 추배, 1710년 무안 청천사 건립, 그리고 1726년 주자와 송시열을 제향하는 함평 자양서원의 건립 등으로 이어진다. 그리고 이 과정에는 차후 각기 여러 문중사우를 건립하는 성씨 세력들이 연계되어 있었다.

이 같은 사실은 무안 淸川祠와 함평 箕山祠의 건립에서 비교적 잘 확인된다. 함평의 箕山祠(箕山遺愛祠)는 원래 광해군의 인목대비 폐출을 지지하는 이 지역 선비들의 상소를 막았던 당시의 함평현감 東湖 朴鼎元(1574~1626)을 제향하는 사우[遺愛祠]로 1705년(숙종 31)에 건립되었다. 기산사의 창건은 박정원이 죽은 지 80년이 되던 1705년(숙종 31)에 그의 충의가 조정에 알려져 대사간으로 증직된 것과 때를 같이 한다.

---

59) 이후 연혁은 1752년(영조 28) 濟洞祠로 개칭 중건, 1762년(영조 38) 11월, 제4차 훼철, 1789년(정조 13) 8월 복설.

박정원은 1616년(광해군 8) 문과에 합격하여 승정원 注書를 역임하였다. 이듬해 그는 모친을 봉양하기 위해 함평현감으로 내려와 있었는데, 1618년(광해군 10) 鄭仁弘·李爾瞻 등 대북파와 연결된 이 지역의 李堉·李偉·尹惟謙 등 57인이 인목대비 폐출을 찬성하는 상소를 올리기 위해, 무안·함평·영광 등 각 군에 통문을 돌려 함평향교에 소청을 마련하자 그는 이 모임을 막아 함평의 유림들이 참여하지 못하게 하였다. 이로서 당시 尹認, 辛光業, 李元興 등의 탄핵을 받고 물러났다. 1623년 인조반정 이후 그의 용단이 널리 알려졌으나 결코 앞에 나섬이 없이 은인자중하여 칭송을 받았다. 곧이어 조정의 공론으로 興陽縣監이 되었고, 이후 이괄의 난이 일어났을 때는 대가를 호종한 공으로 호조정랑에 승배되었다.

사후 80여년이 지난 1705년(숙종 31) 당시 우의정이었던 麓川 李濡의 상소로 대사간에 증직되었고, 또한 그해 정월에는 함평사람들이 발의하여 기산사를 건립하여 그를 배향하게 되었다.[60] 그의 행적은 우암 송시열이 찬한 묘지명과 澤堂 李植이 찬한 묘갈명에 상세히 언급되고 있다.[61] 이러한 박정원의 행적은 당시 호남지역의 사림 분위기를 이해하는 주요한 자료가 된다.

무안의 달성배씨들이 세운 문중사우 淸川祠는 1710년 창건되는데, 이 사우에 제향된 裵蕘(1580~?)은 선조 때 전라교수관 및 훈도을 지내고 기축옥사 때 정개청, 나사침, 나덕명 등의 억울함을 상소한[62] 인물이다. 임란 때 진주성 전투에도 참여하였으며, 1613년 인목대비가 서궁에 유폐되자 이를 반대하다가 무안으로 유배되어[63] 下淸川에 정착, 무안 지

---

60) 함평 기산사에는 이후 함평현감을 역임했던 吳以翼(1618~1666), 李觀徵(1618~1695), 李后定(1631~1689), 李喬岳(1653~1728), 林德躋(1722~1774), 姜時煥(1766~ ?) 등을 추배 제향했다.

61) 『東湖朴先生 咸平書院事蹟』.

62) 『淸川祠院誌』裵蕘, 「己丑疏」.

63) 『淸川祠院誌』「希菴公裵蕘事實」및 「淸川祠設享儒通儒狀」: 嶺南通文, 湖中通文(28명), 太學通文, 鄕中多士鄭光烈鄭昊膺 等(50명), 鄕中多士朴重奎宋振玉等

역 폐비반대 상소의 주역으로 활동하였다.

그런데 이렇게 당파와 관련된 향전의 양상으로 일각을 이루던 淸川祠
는 19세기 초반 전형적인 문중사우의 성격을 갖춘다. 즉, 정조 연간에
시조 裵玄慶에 대한 국가의 포장이 이루어지는 것을 계기로 裵玄慶 裵
均 裵繪 등 달성배씨 3위를 배향하고 1803년(순조 3) 사우를 중수한 뒤
1812년 鄕祠宇로 면모를 일신하였다.

1796년(정조 20) 申崇謙, 庚黔弼, 卜智謙, 裵玄慶 등 고려 개국공신 4인
에 대한 포장이 이루어지면서, 이들이 배향된 太師祠에 사액하였고(「太師
祠賜祭文」) 또 이듬해 禮曺에서 자손들에게 軍役과 雜役을 감면하는 조
처를 내렸다. 이 같은 분위기는 자연히 이들의 후손들을 고무시켰고, 무
안의 후손들은 이를 계기로 향사우로 인정받고자 하였다. 그러나 이는
향론의 불일치로 순조롭지 못하였고, 1810년에는 열읍에 통문을 돌려
이를 호소하였는데 이와 관련된 통문이 성주와 은진에서 있었다.[64] 이
후 1812년 3월 태학에서 여론을 따라 사우 건립을 권유하는 답통을 받
고 향사우로서 인정받을 수 있었다. 한편 그해 5월에는 鄕儒 鄭光烈, 鄭
昊膺 등이 고을 수령에게 상서를 올려 제수의 관급을 청한 적이 있는데
당시 수령 申在植은 관급의 어려움을 들어 때를 기다리라며 이를 거절
하였다. 제수의 관급은 그 후 10여 년이 지나 수령 韓益相이 부임한 이
후에 이루어진다.

이 같은 서인－노론계의 주도력 확대로 미구에 지역적 연고가 전혀
없는 함평에 1726년 주자와 송시열을 제향하는 紫陽書院이 건립되는 배
경이 되었다. 이는 전혀 우연이 아니며, 노론세력은 이 상징적 서원을
이 지역의 거점으로 삼으려 하였던 것이다.

(46명).

64) 1810년 2월 星州幼學通文, 3월 恩津儒生通文.
　　1812년 3월 太學東班西班答通文, 5월 鄕中多士 鄭光烈 鄭昊膺 등 上書.
　　1821년 11월 鄕中多士 朴重奎 宋振玉 등 上書.

2. 羅州地域

나주는 전남 지역 당파 대립의 진원지이자 가장 격렬한 대립을 보여
준 지역이다.[65] 나주 지역에는 서원 운영의 주도권을 놓고 서인계와 동
인계 사림들이 크게 대립했던 景賢書院을 비롯하여, 서인세력의 아성인
月井書院(1659년)과 남인세력의 거점인 眉泉書院(1690년), 소론 朴世采
가 제향되는 潘溪書院(1694년)이 건립되었다. 그런가 하면 노론계 蓬山
書院(1650년), 泉洞書院(1702년), 谿磵祠(1790년) 등 문중 성향이 강한
서원·사우들이 건립되고, 소론계 회진임씨들의 滄溪書院(1710년)과 남
인계 나주나씨들의 錦湖祠(1723년)가 연이어 건립되어 호각의 대립을
보이고 있었다.

나주 사족들의 정치 성향을 분류해 보면, 동·북·남인계는 주로 토성
세력으로 나주나씨를 비롯한 광산이씨, 나주정씨 세력이었고, 서인·노론
계는 주로 이거사족으로 언양김씨, 풍산홍씨, 제주양씨, 서흥김씨 등이
었다. 학맥상으로도 서인계 사족들은 金麟厚, 奇大升, 姜沆, 宋時烈 등의
문인들이 많았으며, 반면 동인계는 崔傅, 柳希春, 鄭介淸의 문인들이 주
류를 이룬다. 정개청은 정치적으로 그다지 뚜렷한 위치에 오르지는 못했
지만, 전라도 내에서는 그를 추종하는 인물들이 많았다. 그의 문인들은
나사침의 아들인 羅德峻·德潤·德顯, 和順의 崔弘宇, 함평의 尹濟, 보성
의 安重默 등 대개 호남의 유력 사족이었다. 특히 나주나씨 일가의 형제
들은 나주지방의 유력사족으로 활발한 활동을 보여주었는데, 나덕준·덕
윤 형제는 유희춘을 師事[66]하고 목사 金誠一을 도와 경현서원을 건립하

---

65) 金東洙,「16-17世紀 湖南士林의 存在形態에 대한 一考」『歷史學硏究』7, 1977.
　　鄭勝謨, 1989,「書院 祠宇 및 鄕校組織과 地域社會體系(下)」『태동고전연구』5.
　　金文澤, 1994,「16〜17世紀 羅州地方의 士族動向과 書院鄕戰」『淸溪史學』11,
　　淸溪史學會.
66)『錦湖遺事』卷2,「三綱門重修記」

여, 정개청을 초대 원장으로 모시기도 했다.

한편 이들과 대립하던 서인계의 연원은 대개 김인후, 기대승, 이항의 학맥으로,[67] 김인후의 문인으로는 梁山海(제주인), 李有慶(경주인)이 있었고, 기대승의 문인으로는 洪千璟(풍산인), 이항의 문인으로는 金千鎰(언양인)이 있었다. 특히 김천일과 홍천경은 16세기 나주 지방에서 서인계를 대표하는 인물이다. 이들 서인계 연원의 인물들은 효종~현종대 서인정권과 직접 연계되면서 세력을 보강하였다.

이들 양 세력의 대립상은 단순히 나주에서의 대립으로 그치지 않고, 이웃한 고을과 호남 지역 전체로까지 파급되어 영향을 미쳤다. 서로 연원을 달리하던 두 세력의 대립은 결국 기축옥사에서 노골적으로 표면화되었고, 그 처리와 문죄 과정에서 정치적인 입장의 차이가 더욱 첨예화하였다. 한편 이렇게 학맥을 위주로 연결되는 사족세력들은 각 시기마다 발생하는 여러 정치적 사건들에 관련되면서 적극적으로 가담했으며, 양편으로 나누어져 정치적 대립을 이어갔다. 예컨대 己丑獄事(1589, 선조 22년)에는 피해자가 11명, 가해자가 13명으로 나타나는데, 그 만큼 이 지방 사족들의 분쟁이 심했음을 알려주고 있고, 광해군 때의 인목대비 폐위사건에는 가담자가 9명이고 반대자가 16명으로 나타나고 있다. 이 사건의 가담자가 대체로 北人이었던 점을 감안한다면, 이 지방 내 북인 세력이 매우 강했음을 알 수 있다.

이 같은 대립의 연장선에서 나주에서는 경현서원의 운영 주도권을 둘러싼 을미옥사가 향촌 지배의 주도권을 차지하려는 향전 양상을 보여주게 되었던 것이다. 이들 두 세력의 대립은 정개청이 나주 훈도 및 경현 서원 원장을 맡으면서 나타났다. 나주의 세족인 나주나씨의 나덕준은 정

---

67) 이 같은 학맥이 아니라도 서인계 사족에게 큰 영향을 미친 인물로 朴淳을 들 수 있다. 그는 선조대 15년간 영의정을 지내, 정치·사회적 비중이 매우 컸다. 그는 花潭 徐敬德에게 사사하였고, 高峯 奇大升과도 교유가 깊었다.(『思菴集』「行狀」)

개청의 제자로 '錦陽齋'라는 서재를 세웠는데[68] 이 서재가 바로 경현서
원의 전신으로 당시 나주지방 사족들의 결집소로 활용되고 있었다. 그리
고 그 주도권을 동인계 사림들이 장악했고, 특히 유몽정·김성일 등 동인
계 목사의 지원으로 활동공간이 쉽게 확보되었다. 그리고 1587년(선조
20)에는 김굉필, 정여창, 조광조, 이언적, 이황 등 5현을 제향하는 경현
서원 건립으로 소기의 목표를 달성한 듯 보인다.[69] 그러나 정개청이 경
현서원의 원장으로 재임할 때 '원한을 품은 자들이 목사에게 알리지도
않고 원장을 천단하는 일을 자행'했다고 하는 것[70]을 보면 양 세력 간의
불목이 없지 않았으며, 결국 이러한 반목이 己丑獄事에서 고변자와 피화
자의 입장에 서게 하는 계기가 되었던 것이다.

기축옥사는 알려진 바와 같이 선조 22년(1589) 10月 황해도 관찰사
韓準, 載寧郡守 朴忠侃 등의 고변으로 시작된 옥사로, 조정 내외에서 큰
파문을 일으켜 鄭汝立 뿐만 아니라 평소 그와 친교가 있었던 다수의 사
림이 화를 입었던 일대 사화였다. 이 기축옥사로 중앙에서는 동인에 비
해 상대적으로 열세에 있던 서인들의 정치적 위상을 제고시켰고, 동인은
정국의 주도권을 상실하였다.

이 같은 기축옥사의 여파가 어느 지역보다 강하게 나타났던 지역이
바로 호남과 나주지역이었음은 주지하는 바이지만, 鄭岩壽 등 50여 인
의 고변으로 李山海, 柳成龍, 金宇宏, 鄭仁弘, 禹性傳 등 중앙의 官人뿐
만 아니라, 나주를 중심으로 한 호남지역에서 이 사건의 연루자들은 정
개청, 羅士忱과 그의 아들 5人, 曺大中 등 창령조씨 8人, 李潑 등 광산이
씨 3人, 尹毅中(해남윤씨) 등 30명에 가까운 동인계 사족이 피화를 당하
게 되었다.

---

68) 『錦湖遺事』, 『錦巖拾遺』 「錦巖拾稿 附錄」.
69) 『錦湖遺事』 卷1, 「丁亥日記抄」 ; 『乙未獄事錄』 「乙未獄事槪要」.
70) 金東洙, 앞의 논문, 68쪽 참조.

기축옥사로 정개청 및 나씨일가를 비롯한 이 일대 동인들이 크게 타격을 받게 되자, 경현서원 내에서 그들의 역할도 크게 위축되었다. 그러나, 양란을 겪은 이후 북인정권이 들어서자 다시 주도권의 상당 부분을 되찾는 것으로 보인다. 임란 후 소실된 서원이 목사 睦長欽의 도움으로 중건(1608년, 광해 원년)되는 것이나, 나사침의 아들인 羅德明이 경현서원의 원장으로 임명되는 것은 그러한 사정을 일부나마 보여주고 있다.[71] 또한 이후 원장들이 姜渭虎, 羅德顯, 金佑成, 羅德顯(再任)으로, 이들이 북인계(金佑成)이거나 동인계의 자손(羅德明, 羅德顯)이었음은 미루어 짐작되는 것이다. 그리고 바로 이들이 원장으로 재임하던 북인정권 하에서 나주 경현서원에 曺植 제향이 시도된 것(1615년, 광해군 7)[72]과도 관련이 있다. 당시 북인계인 전판관 李佑成이 상소를 올렸고,[73] 2년 후에는 유생 朴文煥이 별도로 請享의 상소를 올리자 반대세력인 吳挺男과 羅宜素 등이 그를 儒籍에서 삭출하기도 하였다.[74] 북인들은 자신들이 존숭하는 曺植을 제향하여 그들의 기반을 확대하려 하였고, 반대세력은 이를 저지하는 움직임을 보이고 있었던 것이다.

한편 이 시기 나주지역의 사족동향과 관련해서는 광해군의 인목대비 폐위(1618년, 광해군 10)에 대한 이 지방 사족들의 가담을 빼놓을 수 없다. 당시 나주 출신 金佑成, 辛光業, 朴文煥, 鄭渾, 鄭渼, 辛敬業 등이 폐모상소에 가담하였다.[75] 이들의 상소는 아마도 중앙 세력을 등에 업은 여론의 조성역할이었다고 보여진다.[76]

---

71) 『乙未獄事錄』「朴弘動元情」.
72) 비슷한 시기에 강진에서도 南溟의 제향 문제가 나타나는데, 그 세력이 수령을 凌侮할 정도였다고 한다(『광해군일기』권117, 9년 7월 갑술조). 宋準湜, 2003, 「南冥學派의 書院建立 運動」『南冥學研究』15, 南冥學研究所.
73) 乙未 羅州居前判官金佑成上疏 請以曺植 同祀五賢書院(『光海君日記』卷95, 光海君 7年(1615) 9月 乙未)
74) 『光海君日記』卷117, 光海君 9年(1617) 7月 乙亥.
75) 앞의 함평현감 박정원의 사적 및 『乙未獄事錄』10張「金有道元情」.

　　그러나 인조반정 이후는 지방관이나 중앙 서인계 인사들의 집중적인 지원 하에서 전남 지역에서 서인세력이 크게 부식되었는데, 그럼에도 동인-북인계 인사들의 활동 역시 지역적인 정서와 분위기 속에서 크게 위축되지 않은 채 각축을 계속하고 있었다. 17세기 중반기에 집중적으로 나타나는 전패와 위판의 투실 사건들은 바로 그 같은 불안한 향촌 사정을 부분적이나마 말해주는 것이라고 생각된다. 양란 이후 향촌사회에서 향권을 둘러싼 鄕案과 儒籍의 파치가 자주 나타나는데, 전남 지역에서는 1617년 나주 경현서원 院生 朴文煥의 削籍事件[77] 이후 『學校謄錄』에 보이는 1640~60년대의 사건만도

> 1643년 長城 燒破校案
> 1652년 興陽 聖廟位版偸失
> 1655년 羅州 殿牌偸失
> 1658년 昌平 殿牌偸失
> 1660년 長興 爲作變於殿牌
> 1660년 光陽 同福 殿牌見偸
> 1662년 珍島 殿牌見失
> 1662년 咸平 鄕校位版偸出
> 1663년 防踏鎭 殿牌作變

등으로 9건이나 표집된다. 물론 이들이 모두 대립상을 보여주는 것은 아닐 것이지만, 을미옥사에 관한 조정 논의에서 "경현서원에서 서원 유생들의 논의가 대립하여 서로 배격하였고, 전후 守令들이 각기 色目을 따라 시비를 논하여 風習이 나빠졌기 때문에 다스리기 어려운 곳으로 일

---

76) 이와 비슷한 시기에 같은 나주 출신인 羅茂春(錦城羅氏)은 당시 성균관 學正으로 있었는데, 1613년(광해 5) 李偉卿 등 20人이 大妃의 廢黜疏를 올리자 翰林 嚴惺과 함께 이위경을 탄핵하기도 하였다. 이 사건과 연계된 움직임은 인근의 무안과 함평·영광 지역에서도 일어났고, 그 과정에서 무안 지역의 자산서원과 송림서원 세력은 첨예한 대립을 보이게 된다.
77) 『광해군일기』 권117, 광해 9년 3월.

컬어진다"라는 것처럼 이 중 많은 경우가 그 같은 대립과 연관되어 있었을 것으로 추측되고 있다.

이 같은 경현서원 운영권을 둘러싼 대립이 정치적 사건으로 확대된 것은 '乙未獄事'(1655년, 효종 6)에서였다.[78] 이 향전의 내용에 대해서는 이 지방에서 한 권의 책으로 엮어져 전해오고 있다.[79] 이 사건은 광해군의 폐위 이후 서인계 인사들에 의한 경현서원 운영 주도와 이에 대한 비서인계 세력의 반발로 야기된 것이었다.

을미옥사가 일어나기 3년 전(1651년) 서인계 주도로 安邦俊(당시 79세)이 원장에 임명되었다. 그러나 그는 재임 3년 동안 단 한번도 서원에 오지 않았다고 한다. 안방준이 죽자 비서인계 측에서는 서인계의 원장 임용에 하자가 있었음을 들어 서원 운영권을 장악하는 동시에 다음 원장의 임명을 그들의 권한 아래 두려고 하였다. 그리하여 새 경현서원 원장에 추대된 인물은 나주출신이자 경주부사를 지냈던 羅緯素이었다. 이때 비서인계 측에서는 羅緯素 등 나주나씨 일가가 주축이 되고, 金宗亮, 나주정씨 鄭邦瑞, 鄭翼瑞[80] 등 광해군대 북인정권에 적극적으로 가담했던 인물들의 子姪들이 가담하고 있었다.

반면 金有道와 廉晋擧를 중심으로 하는 서인계 세력은 이에 반발하여 金宗亮이 인목대비 폐위사건에 가담했던 金佑成의 조카라는 점을 들어 축출하려 하고, 비서인계는 金有道가 함부로 향론을 주도하여 전 목사 및 현 현감을 모함한 인물이었고, 金顧言·審言 형제 또한 역적 이괄의 난에

---

78) 『孝宗實錄』卷15, 孝宗 6年 12月 己巳條. 이하 乙未獄事에 대하여는 金文澤, 1994, 「16∼17世紀 羅州地方의 士族動向과 書院鄕戰」『淸溪史學』11, 淸溪史學會에서 상세한 논의가 이루어졌다.

79) 이 자료는 바로 『乙未獄事錄』(羅州 錦湖祠 所藏)이다. 이 책은 獄事에 관련된 인물들이 刑曹로 압송된 후, 이들이 刑曹에 제출한 原情들과 당시 刑曹가 올린 啓辭, 그리고 이 지방 사족 간의 通文 등을 나중에 나주나씨 後孫 省菴이란 분이 한데 모아 필사한 것이다.

80) 羅州鄭氏들은 후에 南人으로서 眉泉書院의 건립과 운영에 가담하게 된다.

가담한 金德興의 조카임을 들어 비난하였다. 이같은 비서인계와 서인계의 입장 차이는 사실상 경현서원 내, 혹은 더 나아가 地方鄕權을 장악하기 위한 세력다툼에서 비롯된 것이지만, 사건의 원류를 따진다면 선조대부터 있어온 양 세력 간의 갈등에서 시작된 것이기도 하였다.

이 乙未獄事로 양 세력은 모두 큰 피해를 입고 4년 뒤인 1659년 서인계 사족들은 月井書院을 건립하였고, 약 30년이 지난 뒤인 1692년(숙종 18) 비서인계와 남인계 사족들은 眉泉書院을 건립하여 자파의 거점으로 활용하였다. 이로서 기존에 나주 지방 사족세력의 중심지였던 경현서원은 이들 두 서원의 건립 이후 상대적으로 비중이 낮아졌고, 이같은 심각한 정파 간의 대립구도는 17세기 이후가 되면 월정서원과 미천서원의 대립양상으로 전환되었던 것이다.

월정서원과 미천서원은 향촌세력의 정치적인 분열과정에서 그 중심체로서 기능을 담당한 대표적 서원이다. 미천서원은 건립에서부터 운영과 집단세력 형성에 이르기까지 나주 지역은 물론이고 전라 지역의 노론·남인 세력들이 대거 참여하여, 그들이 존숭하는 朴淳(월정서원)과 許穆(미천서원)을 제향하면서 정치적인 성향을 강하게 드러냈던 서원이다. 따라서 이들 두 서원은 엄밀한 의미에서 문중서원은 아니지만 관련되는 문중세력들은 서원을 둘러싼 향촌 주도권 장악의 일환으로 서원을 중심으로 연대하고 있었다. 대체로 이와 비슷한 성격의 서원들은 제향인이나 문중인물들의 당파적인 성향을 전제하면서 향촌사회에서 자파의 지위를 유지하는 동시에 중앙 정계의 지원을 받아 당파의 지방기반 마련에 적극적 모습을 보여준다. 비슷한 사례로는 강진의 남강사와 장흥의 연곡서원, 영암의 죽정서원이 지목된다.

1659년(효종 10)에 건립된 월정서원은 思庵 朴淳을 제향하는 서원으로 1669년(현종 10) 사액을 받을 때까지는 朴淳書院이라 불리워졌다가 柳樊 등의 상소로 '月井'이라 사액의 허락을 받았다.[81] 이 같은 월정서

원은 효종대 서인정권하에서 박순을 제향하기 위해 건립되어, 나주지방
에서 서인세력의 결집처 내지는 그들의 결속을 강화하는 기반으로 기능
하면서, 같은 나주지역에서 대립되던 남인세력의 미천서원과 양대 계열
의 인맥, 학맥을 형성하였다. 이후 월정서원은 서인－노론계 세력의 거
점으로 계속 지위를 유지하면서 1789년(정조 13)에는 이 지역 유생 38인
의 상소로 서인계의 대표적 인물인 金繼輝, 沈義謙, 鄭澈, 洪千璟 등이
추배되어 모두 5위를 모시게 되었다. 당시 월정서원은 이러한 시대 분위
기 속에서 건립되고 사액 받았다 할 수 있다.

월정서원과 대립하던 미천서원은 남인의 영수인 許穆을 제향하는 서원
으로 1690년(숙종 16)에 유학 鄭世華를 疏頭로 한 650인이 연명상소를 올
려 건립이 허가되었다. 미천서원 건립상소에 참여한 650인을 분석해 보면
총 22개 지역의 사족들이 참가하고 있는데, 지역별 인원수는

　　　羅州(209), 靈光(79), 光州(52), 和順(44), 扶安(44), 綾州(36), 南平(34), 潭
　　陽(24), 高敞(24), 同福(21), 玉果(15), 海南(15), 咸平(11), 長興(11), 順天(7),
　　昌平(6), 務安(2), 光陽(2), 求禮(2), 靈巖(1), 寶城(1), 興德(1)

등으로 나타난다. 참가자들의 지역별 분포를 살펴보면 기축옥사 당시 피
화자들이었던 동인계 사족들이 거주하고 있던 지역[82]인 나주, 남평, 무
안(羅州圈)과 화순, 능주, 동복(和順圈), 그리고 영광 지역의 유림들이 많
이 가담하고 있음을 알 수 있다.[83]

그후 1692년(숙종 18) 허목에게 '文正'이란 시호가 내려짐을 계기로
이듬해 사액되었다.[84] 그러나 정쟁 속에서 실제 사액은 1723년(경종 3)

---

81) 『書院謄錄』, 卷1, 顯宗 9年(1668), 戊申 9月 初3日.

82) 金東洙, 1977, 「16-17世紀 湖南士林의 存在形態에 대한 一考」『歷史學硏究』7,
　　63쪽.

83) 『眉泉書院實記』卷1, 「書院疏錄」; 『書院謄錄』卷3, 肅宗 16年(1690), 庚午 4月
　　4日.

에야 이루어졌고 곧바로 남인이 실각한 1724년(경종 4, 영조 즉위) 훼철되기에 이른다.[85] 그후 1771년(영조 47) 洪名漢이 院貳(부원장)를 지낼 때 다시 사우를 중수하고, 1799년(정조 13)에는 13대 원장을 지낸 樊岩 蔡濟恭을 추배함으로써 전라도 지역의 남인세력 거점으로서 위상을 강화한다.

월정서원과 미천서원은 이같이 당쟁의 지방거점으로서의 지위와 성격이 강했기 때문에 조직 및 운영에서도 그러한 특징이 잘 나타나고 있다. 월정서원의 원장은 閔維重, 宋時烈, 李敏敍, 兪拓基, 李縡, 金元行, 李敏輔, 宋煥箕, 韓用龜 등이었고, 院貳(부원장)로는 南九萬, 閔鎭遠, 徐孝修, 李書九 등 대부분 중앙정계에서 활약했던 서인·노론계 인사들이었다.[86] 한편 미천서원 역시 원장에 1778년(정조 2) 蔡濟恭이 부임하면서 대대적인 중수가 이루어졌으며, 임원들도 나주나 전라도뿐만 아니라 영남 인물들도 임명되었고 영남으로부터 錢 二百緡(兩)이 지원되어 田畓을 매득하기도 하였다.[87] 또한 당쟁에 직결된 서원이었던 탓에 정치적인 변화에 매우 첨예한 반응과 견제를 받기도 하였다. 대체로 서인-노론계의 집권이 길고 지속적이었기 때문에, 남인세력이 결집되어 있던 미

---

84) 『眉泉書院實記』 卷1, 「蒙允實記」; 『書院謄錄』 卷3, 肅宗 19年(1693) 癸酉 9月 24日. 生員 鄭萬載 등 請額疏
85) 『眉泉書院實記』 卷1, 「事蹟小記」
86) 이와 함께 서원 대소사에 별도로 有司가 임명되고 있는데, 이를 지원할 정계의 인물들이 임명되었다. 예컨대 1659년(효종 10) 서원 건립 시에는 전 좌랑 林瑋를 비롯한 7명의 營建有司가 임명되었고, 1787년(정조 11)의 서원중수 때는 판서 沈煥之를 비롯한 12명의 중수유사가 임명되었으며, 1802년(순조 2)에는 군수 金箕象을 비롯한 5명의 중수유사가 임명되고 있다.
87) …戊戌年 講宇之役設施 而請助于嶠南則 蘇湖李參議象靖大山丈爲都有司 而李正言顯靖·金順天夢華爲左右別有司 收送助錢二百緡 其所向賢勤念 令人欽艷 故用財以盡則可惜其功之無痕 有四五士人許述·李陽升·金律·李亨中·李行懋 發論永傳之計 … 仍請許述照管其錢而多般拮据 買得沓與田 餘數則存本取息 以補後日 買土之價耳 … (『眉泉書院實記』 卷1, 「養儒齋別設小記」).

천서원은 여러 형태의 속박을 면하기 어려웠다. 미천서원의 치폐 과정은 바로 그러한 모습을 잘 보여준다.

주지하듯이 전국적인 남설현상에 대하여 건립 억제정책이 법제적으로 마련되는 것은 숙종 39년(1703)의 癸巳受敎와 이듬해의 甲午受敎[88]에서였다. 그리하여 숙종 40년 이후에는 이 두 정책에 의거해서 전국적으로 대대적인 훼철이 시작되었는데, 특히 송시열 및 허목을 제향하는 서원이 주 대상이었다. 이에 따라 허목서원의 첩설처 훼철이 시행되었으며, 미천서원은 사액된 지 1년 뒤에 훼철되고 말았다. 그런데 이 같은 미천서원의 훼철은 정치적인 복선이 개재된 것으로 피해측인 남인세력의 강한 반발을 사게 된다. 즉, 미천서원은 훼철을 주장한 李眞儒의 상소에서 지목하는 '癸巳以後 疊設處'에 해당되지 않는 것으로 사실상 훼철 대상이 아니었다. 그럼에도 관찰사 金祖澤이 이를 임의적으로 적용하여 훼철 대상으로 보고하였던 것이다. 이는 당대 왕이 1년 전에 사액한 서원을 정권이 바뀌지 않은 상황에서 훼철한 유일한 사례가 될 것이다.

이 같은 나주 지역의 당파적인 대립에 가장 적극적이었던 성씨가 바로 나주정씨와 나주나씨였다. 나주정씨는 고려시대 인물인 鄭諧를 시조로 고려후기 鄭可臣이 고종조에 등과한 뒤 원 지배하에 중앙정계로 진출한 가문이다.[89] 이 가문은 서흥김씨, 풍산홍씨, 하동정씨 등 이거사족을 인척으로 연결하여 나주를 대표하는 성씨로 성장하였다. 이들은 나주 金安洞을 기반으로 삼고 있었는데, 나주정씨 중 당파적인 성향의 활동에 적극 가담하는 인물들은 대체로 鄭諶과 鄭詳의 계열이다. 이를 계보와

---

88) 『肅宗實錄』 卷54, 肅宗 39年(癸巳) 7月 丙寅條 및 『書院謄錄』 6册, 英祖 17年(辛酉) 4月 4日條. 『肅宗實錄』 卷55, 肅宗 40年(甲午) 7月 庚戌條.

89) 『高麗史』 卷105, 列傳 鄭可臣傳. 특히 그는 왕세자를 모시고 元나라에 다녀왔는데, 元나라로부터 귀국할 때, 錦鞍白馬를 타고 錦衣還鄕했다고 전해지며, 그 사실로 인해 동네의 이름이 錦鞍洞(현재는 金安洞)이라 칭해졌다고 한다(『雪齋書院誌』 「書院移建上樑文」).

함께 살펴보면 <표 35>와 같다.

〈표 35〉 나주정씨 계보와 정치활동 양상[90]

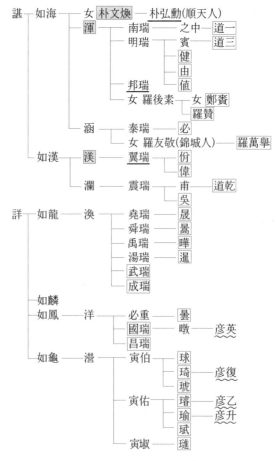

系譜: 건립소 참여   系譜: 미천서원 임원
系譜: 을미옥사 가담   系譜: 모후 폐위소 가담

---

90) <표 35>는 金文澤, 1994, 「16~17世紀 羅州地方의 士族動向과 書院鄕戰」 『淸
溪史學』 11, 淸溪史學會에서 인용.

계보도에서 볼 수 있듯이, 나중정씨 가문에서는 인목대비 폐위소에
鄭渾, 鄭渼, 朴文煥(如海의 壻) 등이, 乙未獄事에는 邦瑞, 翼瑞, 朴弘勳
(如海의 外孫) 등이 가담하였고, 미천서원의 건립소에 29명(26명 본손,
3명 외손)이나 참여하고 또한 미천서원의 임원진에 그의 자제들이 충원
되고 있다. 결국 나주정씨는 광해군대에는 북인계로, 효종대는 비서인계
로 존재하였다가, 17세기말에 들어와서는 남인계로서 가장 적극적인 활
동양상을 보여 주고 있는 것이다.

이러한 향촌활동 참여로 나주지역의 향론형성에 깊이 관여한 나주정
씨가문은 미천서원이 건립된 1693년 鄭可臣을 제향하는 설재서원을 건
립한다.[91] 설재서원의 건립은 나주 지역의 남인세력이 연대하여 이루어
진 것이었고, 이 서원의 발전 과정에서 미천서원과 연결된 호남이나 중
앙 남인세력들의 지원이 컸다. 예컨대 1712년 경중 유생 33인이 도내에
통문을 보내고 원장에 藥峰 沈壇이 추대되는 움직임이 바로 그 같은 모습
이며, 1723년에는 이 서원에 申橿과 鄭譏을 추배하여 지위를 보강하게 된
다. 그런데 이같은 움직임은 나주정씨에 연결되어 나주의 유력 사족으로
성장하였던 이거사족 가문인 풍산홍씨나 서흥김씨들이 서인-노론계로
좌정하는 것과 매우 대조적이다.

한편 나주나씨 역시 이 지역의 대표적인 사족가문으로 이 시기에 가
장 활발하게 향촌활동에 참여하였다.[92] 이 가문은 逸孫이 기묘사화 때
태학생 200여 인과 조광조의 신원상소를 올렸다가 杖逐 당한 후 동향인
11인과 함께 고향에 내려와 '錦江十一人契'를 결성하고[93] 은거하였다.

91) 설재서원의 건립 연대는 『書院可攷』에는 1688년으로 기록되어 있으나, 『雪齋書
院誌』와 『典故大方』은 1693년으로 기록하고 있다. 이때 鄭軾(1407~1467)도 제
향된다.
92) 典書公派 자손들은 關의 西北에 퍼지고, 侍郞公派의 자손들은 경기도에 이주했으
며, 錦陽君派의 자손들은 전라북도에 퍼졌고, 延安君派의 자손들은 충청도로 이
주했다고 한다.(『羅州羅氏大同譜』卷1, 系乘編, 1쪽)
93) 「錦江契規約案(錦江祠 소장). 관련되는 가문으로는 나주나씨, 하동정씨, 나주임씨,

이들의 연대감은 후손들에게 이어져 이 11인의 학덕과 인연을 이어가면
서 錦江祠를 건립, 제향하면서 나주 지역에서 이들 연대한 가문의 위상
을 높혀 갔다.[94] 나주나씨 가문에서는 逸孫의 손자인 羅士忱이 學行으
로 金千鎰과 함께 遺逸로 천거되었고, 그의 아들 德峻·德潤은 鄭介淸의
문인으로 목사 金誠一과 함께 경현서원을 건립하는 등 주로 동인계의
성향을 강하게 지니고 있었다.

그러나 기축옥사와 관련하여 나주나씨 문중은 16세기 말에 당파가 갈
려 羅逸孫의 두 형제인 昶(縣監, 持平公)의 후손들은 서인계로, 旺(縣監,
正言公, 사침의 父)의 후손들은 동·남인계로 계열화한다. 당쟁의 여파가
향촌사회에 깊게 투영되던 17세기 동안 이들 두 계열은 월정서원과 미
천서원에의 참여, 을미옥사 등에서 서로 다른 노선을 견지하였고, 급기
야 나사침의 가계에서는 1723년(경종 3)에 錦湖祠를 세워 나사침을 봉안
하고, 나해봉의 가계는 1790년(정조 14) 谿磵祠를 세워 서인계인 張維와
함께 羅海鳳을 제향하여 한 지역에 두 개의 사우를 갖는 가문이 되었다.

3. 長城·靈光地域

장성 지방에서 서원에 대한 관심은 1587년(선조 20) 慕岩書院의 건립
과 1590년(선조 23) 筆岩書院의 건립으로 나타난다. 이들 서원은 16세기
사족지배체제의 성립과 함께 서원이 그들의 세력 결집체 역할을 수행하
기 시작하면서 鄕中公論에 의해서 건립되었다. 그러나 17~18세기에 이
르러 서원조직은 16세기 서원 건립기와는 다른 사회양상의 전개와 함께
변화를 맞았다. 즉, 사족들이 서원조직을 통해 정치세력과 연계하여 자

당악김씨, 김해김씨, 광산김씨, 여양진씨 등이 있으며, 대표적인 인물은 나일손과
임붕, 김개, 박순 등이었다.
94) 『羅州羅氏史要』「錦江祠」, 76쪽.

신들의 위치를 더욱 공고히 하려는 경향이 나타난다.

특히 영광·장성지역은 소론계 인사들의 활동이 두드러진 곳으로 파평윤씨와 신평송씨, 황주변씨, 함평이씨 등이 노론계 진주강씨와 이에 연결된 토성세력들과 첨예하게 대립하던 곳이었다. 이 같은 당쟁의 진행 과정에서 필암서원은 노론계의 거점으로 취택되었으며, 이와 관련된 대립상들이 서원 건립과 운영을 둘러싼 관련 가문 간의 갈등으로 나타나고 있었다.[95]

이 같은 노론과 소론 간의 대립상은 장성의 필암서원, 栢山祠(1722년, 李世弼), 龍溪祠(1635, 姜沆)로 대표되는 노론계와 鳳岩書院(1677, 邊以中, 邊慶胤, 邊烋), 龍岩祠(1694, 尹煌, 尹宣擧, 尹拯), 壽岡祠(1702년, 宋欽, 李萬永, 李長榮), 南崗祠(1741, 李岸, 李萬榮, 李長榮)로 연결되는 소론계의 대립 과정으로 살필 수가 있다. 필암서원은 중앙 서인세력의 비호하에 성장·발전할 수 있었던 경우로 사액서원인 동시에 김인후라는 배향인이 갖는 의미 때문에 사회사적인 지위가 남다른 서원이다. 김인후는 『澤里志』에서 이중환이 호남 지방에서는 하서와 연계된 인맥만이 겨우 명맥을 이어가고 있는 양상을 상징적으로 지적할 정도로 호남학맥 형성에 바탕이 되었으며, 그를 상징적인 인물로 하는 울산김씨의 장성지방에서의 세력유지에 지주가 되었다.

필암서원은 그의 사후 30년이 지난 1590년 문인 卞成溫·奇孝諫·邊以中 등이 발의하여 府의 서쪽 10리 되는 岐山 아래(현 장성읍 기산리)에 세워졌다.[96] 그는 1545년(인종 1) 낙향한 이후 1548년 거처를 淳昌으로 옮겨 거기에 訓蒙齋라는 서당을 지어 훈학하면서 문인들을 양성하였는데, 여기에서 松江 鄭澈(1536~1593)을 비롯하여 趙希文·梁子澂·奇孝

---

95) 전형택, 1997, 「朝鮮後期 筆巖書院의 經濟基盤과 財政」『全南史學』11, 全南史學會 ; 尹熙勉, 2001, 「전라도 장성 筆巖書院의 정치사회적 기능」『全南史學』17, 全南史學會.
96) 『筆岩書院誌』卷1, 沿革條.

諫·卞成溫·徐台壽·梁山海·朴元恂 등 이 지방 사림세력의 중추가 되는
서인계 성향의 인물이 다수 배출되었다.97) 바로 이들에 의하여 그를 제
향하는 서원과 사우들이 유적지이자 문인들이 활동하던 옥과와 순창에
세워지고,98) 그 연장선에서 장성에도 필암서원이 건립되어 장성 지방에
서 그의 학인들이 연대의식을 가지게 하는 계기를 만들었다.

원래 김인후 자신은 당파와 무관한 인물이었지만, 임란을 경과하면서
창의인물들을 주축으로 하는 새로운 향촌지배구조가 서서히 생겨나고,
여기에 더하여 정치적인 당파와 연결되는 움직임이 장성에서도 나타나
게 되면서 당파의 영향을 받게 된다. 김인후의 문인이자 서인계의 핵심
인물이었던 鄭澈을 비롯하여 그의 문인들은 대부분 서인측에 편향적인
성향을 지니고 있었다. 따라서 이들 서인계 인사들이 추존하는 김인후를
제향한 필암서원 역시 서인계의 세력 결집처가 될 수밖에 없었다. 이 서
원은 1658년(효종 9) 河西의 문인 오희길의 조카인 吳以翼(吳希道의 子)
을 疏頭로 한 전라도 유생들이 사액을 청하여 이듬해인 1659년 筆岩이
라 사액 받았다.99) 이 청액과 사액 시기는 바로 서·남인이 첨예하게 대
립하고 있던 시기였고, 그만큼 필암서원은 중앙 서인계와의 긴밀한 유대
와 비호 속에 발전할 수 있었다. 그러한 모습은 필암서원의 조직에서도
잘 나타나고 있다.

---

97) 윤영선 편, 1985, 『朝鮮儒賢淵源圖』, 태학사 영인, 27~28쪽 ; 이해준, 1993, 「기
    묘사화와 16세기 전반의 호남학맥」『전통과 현실』4.
98) 河西를 배향한 서원으로는 1564년(명종 19) 옥과에 세워지는 詠歸亭祠(詠歸亭祠
    는 옥과현감을 지냈던 인연으로 옥과 유림 중 河西의 문인이었던 許繼(1597년 追
    享)·許紹(1846년 追享) 형제의 노력이 컸다. 『麥湖逸稿』, 成均進士道峯許公行狀)
    과 1569년(선조 3) 순창에 세워지는 華山祠(華山祠는 金麟厚 외에도 申末舟·金
    淨·高敬命·金千鎰 등 순창 지방에 학행·덕행·충절인을 배향한 鄕祠宇로 김인후
    가 여기에 訓蒙齋를 짓고 문인을 배출한 인연으로 사우가 건립된다) 등이 있다.
99) 『孝宗實錄』卷21, 10年 閏 3月 戊子條. 그러나 宣額은 3년 후인 1662년(현종 3)
    에 이루어졌다. (『筆岩書院誌』卷首, 宣額時 賜祭文.)

즉, 필암서원의 중앙정계와의 긴밀성은 필암서원의 院任들을 통해서
도 잘 드러나는데, 역대 원장이었던 宋浚吉(1670~1672)·兪拓基(1753~
1768)·金元行(1771~1775)·金履安(1786~1787)·金鍾秀(1789~1793)·
沈煥之(1802년)·洪直弼(1845~1852) 등100)이 모두 당대의 명문들이며
또 당색으로는 서인 그 중에서도 노·소론 분당 이후에는 노론계에 속하
는 인물들이었다. 이같은 중앙의 명망있는 관료의 원장임명은 서인계 서
원의 한 특징으로, 이들 원장은 명분상의 직책이었지만 사림의 공론이
중시되는 당시 정치 풍토하에서 지방사족들을 自派 黨勢로 부식, 포섭하
는 방식으로 이용되고 있었던 것이다.101) 1672년(현종 13)의 필암서원
이건과정에서도 그러한 모습이 보인다. 당시의 주역은 김인후의 外玄孫
인 李實之(광산인)를 비롯한 朴升華(밀양인), 奇挺然(행주인) 등이었는데,
書院 掌議였던 이실지는 원장 송준길에게 서한을 보내 이건을 상의하였
다. 여기에 답하여 송준길은 이건 문제를 부사와 상의할 것을 지시하고
있다.102) 당시 부사 金世鼎(1620~1686)은 서인계 성향의 인물로 서원
이건에 매우 협조적이었고, 뒤이어 부임한 宋時熹(1613~1689)는 바로
우암 송시열의 아우로서 이건 役事에 전격적인 지원을 아끼지 않았다.
이 같은 당파 혹은 지방관과의 연대모습의 일단은 1686년의 『河西集』
간행 과정에서도 확인된다.103)

---

100) 『筆岩書院誌』「院長先生案」, 「執綱案」.
101) 필암서원은 이들 원장 외에도 院貳(1人)·搢紳掌議(1人)·儒林掌議(2人)·色掌(2人)
　　　등의 임원 구성 중 院貳는 관찰사가, 搢紳掌議는 장성이나 광주·담양·부안 등
　　　인근 지방의 府使·郡守 등이 맡아 官權과의 관계를 일정하게 유지하였다.
102) 『위의 책』卷3, 同春宋先生答李南溪實之等書(1671년 9월 29일, 1672년 2월 8일).
103) 문집 간행의 주역은 김인후의 현손인 金器夏였는데, 그는 尤庵 宋時烈과 文谷
　　　金壽恒(1629~1689)의 문인으로 朴世采, 金昌協, 金昌翕 등과 협조하여 1686년
　　　(숙종 12)에 문집을 重刊하였다. 1682년(숙종 8) 金壽恒은 金器夏에게 보낸 편지
　　　(『覺齋遺稿』附錄. 金壽恒書簡)에서 잦은 전라감사와 장성부사의 교체로 文集
　　　刊行이 지체되고 있음을 걱정하면서, 특히 새로 부임한 남인계 장성부사 朴鎭圭
　　　의 素昧함을 지적하고 있다. 官의 힘을 빌어 일을 진행시키는 것이 당파 간의

비슷한 시기 장성에 건립된 慕岩書院은 고려 고종조의 인물인 徐稜을
제향하는 사우로 思庵 朴淳(1537~1582)과 玉峯 白光勳(1537~1582)이
참여한 徐稜孝行碑의 건립에서 비롯되어 1587년 외손인 霞谷 鄭雲龍을
비롯한 후손 徐台壽 등 內外 후손의 건립 노력과 장성현감 李啓의 협조
로 건립이 이루어진 서원이다. 그러나 이 서원의 청액활동을 보면 필암
서원의 그것과는 자못 다르다. 모암서원의 청액상소는 1685년(숙종 11),
1688년(숙종 14), 1696년, 1697년 등 10여 년 사이에 네번이나 연이어
청액활동을 벌였으나 모두 실패하였다.104) 이와 같은 계속된 청액소에
도 불구하고 사액이 내리지 않은 것은 여러 이유에도 불구하고105) 모암
서원의 중앙 정치세력과의 연계 부족이나, 장성에서 모암서원 세력이 지
니는 위상과 연관되어 있다고 보아야 할 것이다. 그런 한계를 느낀 탓인
지 청액을 전후하여 추배를 통한 세력 보강을 기도하고 있음을 볼 수
있다. 추배된 인물은 1667년(현종 8) 趙英規·挺老 부자를 비롯하여 1698
년에는 崔鶴齡·鄭雲龍, 1758년에는 金友伋 등 장성출신 忠孝行宜 실천
인물들이다.

17세기 후반 모암서원의 성격은 齋任으로 활약이 컸던 邊然(1640~
1699)를 통해서 살펴볼 수 있다. 그는 임란 순절인인 趙英規와 그의 아
들 廷老를 모암서원에 추배하려는 노력과 함께 1669년(현종 10)에는 이
들 부자와 趙應斗의 妻 문화유씨의 忠孝烈碑 건립을 同春堂 宋浚吉에게
부탁하여 송준길의 계문으로 허락받을 수 있었다. 또 1694년에는 徐稜
碑의 비각을 건립하고,106) 모암서원의 1차 청액시에는 청액소를 썼다.

대립 속에서 이루어지고 있었던 이러한 예처럼, 당시 사족들의 향촌 내 그들 세
력 기반의 유지 목적과 중앙정치세력의 자파세력 부식 목적이 서로 연결되어 있
음을 볼 수 있다.
104) 『節孝公實記』 附錄 「慕岩書院請額疏」(1685년, 1696년 邊然 疏).
　　『書院謄錄』 「慕岩書院請額疏」(1688年 1月 5日條, 1697年 3月 17日條).
105) 『書院謄錄』 1688年 1月 5日, 朴致和 疏.
106) 『節孝公實記』 附錄 「碑閣重建記」(1694년, 邊然 記).

그런데 이 같은 그의 향촌활동에도 불구하고 이 시기 필암서원의 『執綱案』이나 『奉審錄』과 같은 자료에는 황주변씨가의 활동이 전혀 보이지 않고 있다는 점이 주목된다. 특히 이 시기 邊烋의 이러한 활동력은 朴世采·尹拯 등 소론계와의 교유와 함께 점차 노·소론의 당색에 따른 활동으로까지 연결되었기 때문이다.

한편 이와 연계되면서 영광·장성지역에서 노론과 소론 간의 세력 대립과 분기 상황을 단적으로 보여주는 사례가 영광 용계사와 용암사이다. (이에 대하여는 앞절의 상세한 논의를 참조). 이 사례는 향촌사회에서 각 문중의 이해가 시기별로 첨예하게 대립하고 작용하는 과정을 적나라하게 보여주는 경우로 龍溪祠(강항, 윤황 부자) → 龍岩祠(윤황 부자, 송흠) → 壽岡祠(송흠)으로 연결되는 복잡한 사우의 분립 과정이 당파 및 가문의 성향과 관련되어 있다.

結　論

본 연구는 기존의 서원연구에서 소홀히 취급되어 왔던, 조선후기 문중적인 기반을 바탕으로 건립되고 운영되었던 '門中書院'을 중심과제로 삼고 있다. 물론 서원과 사우에 대하여는 그동안 비교적 많은 연구가 진행되어 왔지만 지금까지의 서원연구들은 교육사적인 기원과 발전문제, 중앙의 당쟁과 관련된 정치적인 문제, 서원의 남설과 그에 대한 정책적인 대응의 문제 등에 집중되었다고 하여도 과언이 아니다.

그러나 한편으로는 이에 못지않게 조선후기의 서원조직이 구체적으로 기능하였던 '향촌사회 내에서의 상대적인 위상과 성격문제'가 조선후기의 사회구조를 규명하는 과정에서는 더욱 중시될 부분이라고 생각된다.

즉, 서원·사우는 기본적으로 향촌사회에서의 지위 확보나 영향력을 기대하면서 존속한 조직이었기 때문에, 실제적으로 그것들이 향촌사회에서 어떻게 가능했었는가의 문제를 서원 기능의 변천과 관련시켜 살피는 작업이 필요한 것이다. 기존 연구에서 흔히 보여졌던 것처럼 書院과 祠宇조직들을 너무 중앙의 정치세력과 연결시켜 보려는 경향이나, 아니면 이념·교화적인 측면만으로 고정시켜 두면 '서원의 사회사적 의미'는 매우 제한될 수밖에 없다. 향촌 주도권 문제나 門中의 권위, 나아가 상대 세력과의 비교 문제, 혹은 그들의 하층민 통제수단 등의 폭넓은 의미가 내포되어 있다고 생각되기 때문이다. 좀더 부연하면 어째서 17세기 후반 이후 서원·사우의 건립이 급격하게 증가되는가, 그리고 어떠한 배경 아래서 18세기 후반 이후에는 건립의 주체가 문중으로 이행되는가를 밝힘으로서 결국 조선후기 향촌사회구조의 질적 재편 내지는 변화 과정을 규명할 수 있는 것이다.

한편 이제까지의 서원연구는 그 대상과 시기가 주로 숙종대의 남설기와 영조대의 서원 통제시기까지에만 머물러, 사실상 18세기 후반~19세기의 서원 논의는 거의 이루어지지 않은 상태였다. 본고에서는 바로 이러한 연구의 공백을 메우기 위해 남설에 대한 정부의 통제 이후 향촌사회에서 지속적으로 건립되고 운영되었던 영조~정조대 이후(18세기 후반 이후)의 '門中書院'을 분석한 것이다.

조선후기에 문중 중심의 서원과 사우조직이 발달하는 것은 이 시기에 이르러 각 문중의 세력기반이 증대되어 있었을 뿐만 아니라 중앙 벌열정치구도의 지방연계 필요성 증대, 그리고 향촌사회구조상 사족들이 차지하는 지위가 변화되는 것과 관련된다. 특히 군현 단위 향촌사회 구조 속에서 18세기 후반 이후 門中書院이 대두하는 배경은 크게 세 가지 측면에서 이해가 가능하다. 첫째는 문중의 자체결속 강화, 둘째는 향촌사회 구조 변화와 이를 조장하고 지원한 당파의 지방거점 마련 기도, 그리고 셋째는 문중 중심의 사회사적 현상 팽배가 바로 그것이다. 이를 좀더 구체적으로 본다면, 사족이 향촌사회에서 그들의 이해를 관철할 수 있는 지배 장치를 더 이상 마련할 수 없었다는 점을 지적할 수 있다. 즉, 18세기 후반 이후 사족의 향권 상실, 또는 향론의 불일치는 결국 사족의 공동이해를 창출할 수 없게 하였다. 여기에 더하여 18세기 후반은 농업과 상업의 발전에 따른 신흥세력의 성장과 도전이 활발해지는 시기이기도 하였다. 과거와 같은 향촌 지배력이 상실된 상태에서 사족들은 이들에 대한 통제와 대응의 방도를 마련하지 않는 한 이들의 직접적인 도전을 받아야만 하였다. 이에 사족들은 향중공론에 의한 공동의 이해보다, 개별가문 단위 혹은 사적인 형태로 기득권을 유지·확보할 필요가 있었다. 그리고 이를 가장 적절하게 달성할 장치로써 혈연적인 결집형태인 동족마을과 '門中書院'을 필요로 하게 된 것이다.

한편 사족의 지배력 약화와 기득권 보장이 불가능한 상태에서 문중서원 건립을 통해 자신들의 顯祖를 내세우는 家門 威勢는 최소한의 보호

막과 하민통제의 수단이 될 수 있었다. 이 시기의 門中書院은 이 모든 문제에 대응하면서 자신들의 종래 지위를 유지, 혹은 강화하는 수단으로써 경쟁적으로 건립되었고, 그에 상응하는 기능과 역할을 담당하는 주체로 부각되었다.

여기에 더하여 중앙의 정치세력과 관련된 문제로 지방에서 당파 기반 확보책과 연결되어 이루어지는 서원의 건립이다. 이러한 경향의 서원 건립 형태는 두 가지 형태로 나눌 수 있는데, 하나는 향촌에서 기득권을 지닌 사족세력들이 자신들의 필요에 의하여 정치적인 연대를 모색하는 경우이고, 다른 하나는 중앙의 정치세력(주로 노론)들이 의도적으로 그들의 기반을 마련하기 위하여 향촌의 신흥세력을 우파세력으로 포섭하는 경우이다. 이 같은 중앙의 정치세력과 향촌세력들의 결집과 대립은 특히 예론으로 당파 간의 정쟁이 심화되는 17세기 후반에 이르러 더욱 고조되었다. 이 시기 '서인·노론 : 소론·남인'이라는 대립구도의 변화 속에서 이들 당파세력들은 자파의 지방 기반 마련 필요성에 의해서 서원을 건립, 자신들의 정치적인 입장을 표출하였다. 즉 문중세력의 형성과 그들의 집적된 힘이 사회적인 실체로 구현될 조건이 마련된 시기와 재지 사족들의 향촌 운영체제인 향안질서의 와해, 당파의 지방거점으로써 서원의 난립은 같은 시기에 나타나고 있었고, 결국 이 같은 배경에서 18세기 후반의 서원 건립은 내용상 문중 중심적인 이해를 반영하는 '門中書院'의 형태로 일반화하였던 것이다.

조선후기 서원 건립의 전반적 추이 속에서 관찬 기록류에 나타나는 100개소와 관찬기록에는 나타나지 않지만 실제로 향촌사회에서 기능하였던 것으로 확인되는 105개소를 추가로 조사, 총 205개소를 분석하여 門中書院의 건립 추이를 살펴보았다. 우선 이 205개소라는 서원·사우의 수는 기존의 서원연구에서 통계처리되던 전남·전북을 망라한 전라도 총

수 185개소를 상회하는 것이고, 특히 정조대 이후의 건립 사례들은 관찬 서원기록에서 거의 누락되었던 예들이다. 따라서 본고는 전남 지역에 국한된 사례연구이기는 하지만, 18세기 후반 이후 19세기 향촌사회에서 건립되고 운영된 전체 서원·사우들의 실체를 확인한 최초의 연구이기도 하다. 그리고 바로 18세기 후반 이후의 이 사례들에서 '門中書院'의 실체를 규명하고자 하였던 것이다.

이들 205개소의 자료를 분석하여 확인한 결과 전체적인 전남 지역 서원 건립 추이는 전국 추이와 비슷한 양상을 보이지만, 서원과 사우의 대비에서 사우의 비중이 다른 지역에 비하여 많다는 점, 그리고 도학연원의 인물보다 충절인물의 제향 사례가 초기 서원 건립의 주류를 이룬다는 점이 특징적으로 확인되었다.

관찬의 서원기록에 나타나는 100개소의 분석 결과를 보면, 건립주체는 숙종대를 분기점으로 하여 그 이전에는 문인과 향유의 연합적인 건립이 일반적이었으나, 이후의 시기는 후손의 간여가 지배적 현상으로 나타난다. 이는 17세기 중엽 이전의 서원 건립은 門中的인 성향이 거의 배제된 채 鄕中公論이나 사족적·학문적 분위기를 바탕하고 있으며, 향촌사족들의 공인과 연대 과정이 선행되어야 하였음을 반영한다. 그리하여 설령 이 시기에는 특정 문중세력이 서원 건립에 관여하였다 하더라도 직접 그 주체로 부각될 수 없었으나, 숙종대 이후 서원남설기로 접어들수록 후손의 참여가 증가하면서 문중인물의 제향이 노골화된다. 서원의 건립 유서도 숙종대 이전에는 사림활동의 측면에서 강학소나 서재, 혹은 교화 활동의 사적이 많지만, 숙종대 이후로 가면서는 동족마을의 형성과 관련하여 입향지나 태생지에 건립되었던 영당이나 사당을 서원으로 만들고 있다.

서원에 제향된 인물의 성격은 관념상 서원 건립의 1차적인 조건이며 해당 서원의 성격을 단적으로 대변한다. 여기에서는 당파적 성향의 인물

과 문중적 성향의 인물 제향이 주목된다. 17세기 전반까지만 해도 향촌
사회에서는 당색과 크게 관련없이 公論으로 인정받고 추앙받는 인물을
제향하였으나 17세기 중엽 이후 당쟁이 격화되면서는 각각의 당파연원
인물을 제향하여 서원이 당파활동의 중심지로 변화하였다. 한편 건립 시
기 제향인 중 문중 선조가 차지하는 비율은 숙종대 이전에는 10%도 안
되나 숙종대 이후는 전체 제향인의 2/3에 달한다. 또 이들의 성격도 전
체적으로는 도학이나 정치적인 인물의 제향이 가장 많으나, 전남 지역의
경우 다른 지역과는 다르게 충절인물의 제향 비중도 매우 높다. 그런가
하면 고려시대나 조선전기의 전대 인물이 많은 것이 주목되는데, 이들은
바로 문중의 始祖나 入鄕祖(系派祖), 家門顯祖에 대한 후손들의 추앙에
서 비롯된 것이었다. 한편 제향인의 태생지나 입향지, 본관지의 점유율
이 40%를 상회하고 있어 결국 18세기 후반 이후의 문중화 추이는 본관
지나 입향지를 중심으로 하는 동족마을의 형성과 족적인 결속양상의 반
영이라는 사실을 확인하게 된다.

한편 이러한 문중서원의 성격은 관찬기록에 보이지 않는 105개소의
私建 사례를 통하여 보다 분명해진다. 이들 105개소의 私建事例들은 문
중기반의 형성, 성숙과 직결된 건립 사례들이었다. 즉, 私建 105개소 중
단일문중의 제향인을 갖는 경우는 전체의 70%에 달하는 74개소이며, 이
중 18세기 이후가 64개소나 된다. 이 같은 사실은 이 시기의 사건사례들
이 문중이해와 직결되어 있었을 것임을 단적으로 제시해 준다.

내용적으로도 숙종대 이후에는 강학소나 서재 같은 도학적 유서보다
도 문중적인 기반으로 볼 수 있는 사당이나 영당, 혹은 태생지나 입향지
같은 동족마을의 기반이 지배적이었다. 한편 전남지역 문중서원의 사례
에서는 충절인물의 제향 비중이 크고 그들이 대개는 문중인물이라는 점
이 주목된다. 즉 충절가문으로 지목되는 경우는 거의 예외 없이 사우를
건립하고 있었고 충절인의 제향경향은, 선조대 이후 조선후기 전 기간

동안 충절인이 평균 37% 정도를 차지하고 있으며, 정조대의 경우는 전체 제향인의 53%에 이른다. 한편 당파와 관련된 제향인은 1660년 1차 예송 이후 몇몇 서원을 제외하고 모두가 서인-노론계 인물일변도이다. 제향인은 대부분이 유배인이거나 지방관인데, 실제로 그들의 영향력에 의한 것이라기보다는 관련된 문인이나 가문이 향촌사회에서의 지위 보강의 수단으로 이들이 이용되고, 또한 당파세력들은 이들 서원세력을 자파의 지방기반으로 활용하는 상호보완적인 관계를 유지하고 있었다.

또한 건립 당시 제향인의 활동시기와 제향시기의 차를 시기별로 상관시켜 보면, 시대가 앞서는 서원일수록 제향시기와 활동시기의 차이가 적고, 시대가 뒤로 내려올수록 그 차이가 많아지고 있음을 알 수 있다. 특히 300년 이상의 시차가 나는 인물의 경우 18세기 후반과 19세기에 집중되어 있는데, 이들은 거의가 조선전기 이전에 활동했던 인물이었다. 이들은 각 성씨의 始祖(遠祖)나 入鄕祖, 派祖(中始祖), 나아가서는 문중에서 배출한 三綱人物들이었다. 한편 충절인물의 비중도 괄목할만한 현상인데 이같은 충절인의 선양은 문중 기반이 크게 변화하던 17세기 중엽, 다시 말하면 숙종대를 전후하여 활발하게 전개되었고, 특히 전라도에서는 정조대에 이루어진 『충무공전서』의 편찬과 『호남절의록』(1797년) 편찬과 같은 일련의 과정을 통하여 추증과 정려의 포장이 진행됨으로서 자연스럽게 국가나 향중의 공론을 유도할 수 있었기 때문이었다. 이같은 성향은 전남 지역 서원의 제향인물과 그 주체가 지닌 특징적인 모습의 하나로 지적하여 둘 필요가 있다.

끝으로 문중서원의 사회사적 성격은 문중조직과 활동기능, 정치세력과의 연대를 통하여 이루어지는 당파적 성격, 향촌사회 구조 속에서 나타나는 사족 간 연대와 분기를 가속화시킨 것으로 파악된다. 우선 문중서원이 문중의 자체결속과 모든 문중활동의 중심체로써 기능하고 있었

다는 점이 주목된다. 조선후기에 문중중심의 서원과 사우조직이 발달하
는 것은 이 시기 향촌 지배권이 사족들로부터 이탈되어 갔던 상황을 배
경으로 한다. 기존의 鄕案體制 아래서 鄕中의 公論을 토대로 향촌 지배
권을 가질 수 있었던 사족들은 이같은 위기에 직면하여 새로운 형태의
자기 결속력을 강구하여야 했고, 그 방법 중의 하나가 바로 서원의 건립
이었다. 서원의 건립과 이를 통한 연대감은 조선후기 봉건지배세력인 양
반사족들이 사회변화에 직면하여 자신들의 지위 유지와 기반 강화를 위
해 선택했던 여러 형태의 대응방식 중 대표적인 모습의 하나였던 것이다.

　'門中書院'의 건립은 私的인 門中組織이 公的인 書院組織으로 변환
된 것이었다. '문중서원'은 문중세력이 사회구조 속에서 공적으로 연결
되는 매개였고, 그런 점에서 다른 어느 문중기구보다도 대표성을 갖게
마련이었다. 특히 전남 지역의 경우는 대부분의 유력 가문들이 '문중서
원'을 건립하여 이를 통한 문중활동을 전개하면서 영남지방에서 보는 재
실이나 서당 같은 문중기구의 기능이 축소되거나 빈약한 특징을 보여준
다. '문중서원'은 이 같은 문중 내적인 결속과 대표성을 토대로 외적으
로 문중의 사회적인 지위를 보장받기 위한 노력을 동시에 강구하였다.
특히 중앙정치세력과 연대하는 동시에 향촌사회의 유사한 가문세력들과
연대를 시도하였다. 그들이 선택하는 정치세력들 역시 지방적인 배경을
공고하게 구축하고자 하였으므로 양자 간에는 목적이 일정하게 합치되
었다. 특히 老論세력에 의해 정권이 독단되면서 이러한 경향은 보다 적
극적으로 나타났다. 그리하여 이 같은 연대는 서원·사우를 자파 재지세
력의 거점으로 이용하려는 벌열층의 주도적인 노력으로 진전되기도 하
였고, 향촌사회 내에서의 지위 상승을 기도하던 문중세력들의 자발적인
연대 시도로 활발해 지기도 하였다. 그리고 이 과정에서 기존의 향촌세
력 사이, 혹은 기존세력과 신흥세력 사이의 갈등이 향전으로 나타나기도
하였고 이해관계에 따라 이합집산을 하면서 분기현상이 증폭되기도 하

였다. 그런데 이러한 분기의 양상은 향권이나 향촌사회의 균형적인 구도
가 아니라 문중세력의 입지와 지위 강화라는 사적 이해의 관철에 목적이
있었다. 이와 연대되는 세력들 역시 이런 필요에 의해 동원되었던 것이
므로 그에 상응하는 여러 형태의 이해와 대가를 요구하게 마련이었고,
그 연대의 양상도 매우 다양하였다. 또 이 같은 경향은 지역에 따라 구
향세력의 기득권 유지와 확보를 위한 당파적 연대나, 정치적 기반이 상
대적으로 약했던 新鄕勢力이 지방관이나 중앙의 당파세력을 동원하여
세력 기반을 보강하는 형태, 또는 유사한 성격의 가문들이 연대하여 각
자의 사회적 지위를 확보하고자 상호 경쟁하는 모습 등으로 다양하게 나
타나고 있었다. 이러한 내용들이 바로 본고에서 밝히려고 하는 '문중서
원'을 통한 해당 세력들의 연대와 분기의 과정에서 잘 나타나고 있었다.

　이상에서 간추려 본 것처럼 조선후기, 특히 18세기 후반 이후 일반화
되는 '문중서원'들은 16~17세기의 사족지배체제(향안체제)가 서서히
이완되고 벌열정치의 영향력이 지방으로 확산되는 17세기 후반 이후에
서서히 나타나기 시작하여, 유명무실하여진 사족지배체제를 부분적으로
대신하는 형태로 사족가문의 문중 기반 위에서 건립되었다. 그러나 이런
목적과 현실 대응의 자구노력은 내용상 각 가문의 지위와 기반 보강의
목적을 우선한 것이었고, '문중서원'의 활발한 건립은 곧 문중세력 간의
분리이자 사족의 분기양상으로 이어져 기대하였던 종래의 향안질서나
사족 지배력의 복구는 기대할 수 없게 되었다. 18세기 후반 이후 19세기
전반에 건립된 '門中書院'의 사례에서 70~80%의 서원들이 단일 성씨
로 운영되고 있음은 그 같은 모습을 적나라하게 보여준다. 결국 이 같은
사족의 소극적이고 가문 중심적인 인식은 세도정국과 삼정문란으로 대
변되는 봉건 말기의 조선사회와, 그들이 기반하는 향촌사회에서 사족이
지배세력으로 기능할 수 없도록 만들었던 것이다.

참 고 문 헌

1. 書院 祠宇誌

▫ 官撰 書院資料

『書院謄錄』
『學校謄錄』
『俎豆錄』
『書院可攷』
『列邑院宇事蹟』
『增補文獻備考』
『典故大方』
『東國院宇錄』

▫ 全南地域書院誌

畝長書院誌(영광 1616년 창건, 전주이씨)
武靈書院誌(영광 1808년 창건, 영광김씨)
甫村書院誌(영광 1782년 창건, 경주이씨)
長山祠誌(영광 1759년 창건, 영광정씨)
桂松書院(道內祠)誌(영광 영광정씨)
南岡祠誌(영광 1741년 창건, 함평이씨)
筆巖書院誌(장성 1590년 창건, 사액)
佳山祠(白山祠)誌(장성 1770년 창건, 경주이씨)
大峙書院記(담양 1766년 창건, 영천이씨)
德林祠誌(광산 1798년 창건, 문화류씨)
花巖祠誌(광산 1807년 창건, 상산김씨)
景賢書院誌(나주 1584년 창건, 사액)
雪齋書院誌(나주 1688년 창건, 나주정씨)

眉泉書院誌(나주 1690년 창건 사액)

松齋祠誌(나주 1702년 창건, 나주나씨)

榮江祠誌(나주 1712년 창건, 경주이씨)

谿間祠誌(나주 1790년 창건)

居平祠誌(나주 1789년 창건, 함평노씨)

寶山祠誌(나주 1798년 창건)

長淵書院誌(나주 1746년 창건, 남평문씨)

海望祠誌(화순 1508년 설단, 하동정씨)

轢亭祠記(화순 1785년 창건, 창령조씨)

淸川祠誌(무안 1710년 창건, 달성배씨)

東巖廟誌(무안 1777년 설단, 莊祖)

慕忠祠誌(무안 1829년 창건, 광주김씨)

南康院誌(강진 1803년 창건)

秀巖院誌(강진 1820년 창건, 광산이씨)

花巖祠誌(강진 1823년 창건, 해남윤씨)

上谷祠記(강진 1858년 창건, 남평문씨)

忠愍祠誌(여수 1601년 창건)

五忠祠誌(여수 1847년 창건, 창원정씨)

竹亭書院誌(영암 1681년 창건, 함양박씨)

鹿洞書院誌(영암 1713년 창건, 사액 전주최씨)

松陽祠誌(영암 1796년 창건, 거창신씨)

雲湖祠誌(영암 1817년 창건, 김해김씨)

茅山祠誌(영암 1822년 창건, 하동정씨)

忠孝祠誌(구례 1795년 창건, 개성왕씨)

詠歸書院誌(곡성 1564년 창건, 태인허씨)

酉山祠(三賢祠)史蹟(보성 1786년 창건, 함양박씨)

淵谷書院誌(장흥 1698년 창건, 사액)

江城書院誌(장흥 1702년 창건, 사액, 남평문씨)

竹川院誌(장흥 1688년 창건, 장흥위씨)

楊江祠誌(장흥 1700년 창건, 김해김씨)

虎溪祠記(장흥 1842년 창건, 김해김씨)

四賢祠誌(장흥 1846년 창건, 김해김씨)

鳳陽祠誌(고흥, 1768년 창건, 전주이씨)

雲谷祠誌(고흥 1785년 창건, 고흥유씨)

濟洞書院誌(고흥 1796년 창건, 여산송씨)
雁洞祠誌(고흥 1785년 창건, 1927년 분건, 영광정씨)
武烈祠誌(고흥 1829년 창건, 여양진씨)

2. 參考論著

▫ 單行本

近代史硏究會, 1987, 『한국중세사회 해체기의 제문제』 上·下, 한울.
木浦大學博物館, 1988-9, 『全南의 書院과 祠宇』 1·2.

高錫珪, 1998, 『19세기 조선의 향촌사회연구』, 서울대 출판부.
高承濟, 1977, 『韓國村落社會史硏究』, 一志社.
高英津, 1995, 『조선시대 예학사상사』, 한길사.
金俊亨, 2000, 『조선후기 단성 사족층연구』, 아세아문화사.
金宅圭, 1979, 『氏族部落의 構造 硏究』 一潮閣.
金炫榮, 1999, 『조선시대의 양반과 향촌사회』, 집문당.
박병호 외 1999, 『호남지방 고문서 기초연구』, 한국정신문화연구원.
白承錘, 1996, 『한국사회사연구』, 일조각.
宋俊浩, 1989, 『朝鮮社會史硏究－朝鮮社會의 性格 및 그 變遷에 관한 硏究－』, 一潮閣.
오영교, 2005, 『조선후기 사회사연구』, 혜안.
오영교, 2001, 『조선후기 향촌지배정책연구』, 혜안.
李樹健, 1989, 『朝鮮時代 地方行政史』 民音社.
李樹煥, 2001, 『조선후기서원연구』, 일조각.
李銀順, 1988, 『朝鮮後期 黨爭史硏究』, 一潮閣.
李泰鎭, 1986, 『韓國社會史硏究－農業技術發達과 社會變動－』, 지식산업사.
李泰鎭, 1989, 『朝鮮儒敎社會史論』, 知識産業社.
李海濬 외, 1993, 『조선시기 사회사연구법』, 한국정신문화연구원
李海濬, 1995, 『조선시기 촌락사회사』, 민족문화사.
鄭萬祚, 1997, 『조선시대 서원연구』, 집문당.
丁淳睦, 1979, 『韓國書院敎育制度硏究』, 민족문화총서 3, 영남대출판부.
鄭震英, 1998, 『조선시대 향촌사회사』, 한길사.
趙湲來, 2001, 『임진왜란과 호남지방의 의병항쟁』, 아세아문화사.

善生永助, 1933,『朝鮮の聚落』.

□ 論　文

姜祥澤, 1994,「朝鮮 中·後期 書院 發達에 관한 研究」『國史館論叢』59, 國史編纂委員會.
＿＿＿, 1994,『조선후기 영남지역의 서원연구』, 부산대 박사학위논문.
姜周鎭, 1980,「書院과 그 社會的 機能」『韓國史論』8, 국사편찬위원회.
高錫珪, 1987,「朝鮮 書院.祠宇에 대한 研究의 推移와 그 性格」『外大史學』창간호.
＿＿＿, 1989,「19세기 전반 향촌사회세력간 대립의 추이」『국사관논총』8, 국사편찬위.
고수연, 2000,「18世紀初 湖西地域 書院의 黨派的 性格」『湖西史學』29, 湖西史學會.
高英津, 1989,「15·16세기 朱子家禮의 施行과 그 意義」『韓國史論』21.
高英津, 1992,『朝鮮中期 禮說과 禮書』, 서울대 박사학위논문.
김경란, 1997,「18~19세기 書院의 良丁募入形態 변화와 政府의 對策」『韓國史學報』2.
김경숙, 2000,「조선후기 친족질서와 宗山分爭」『조선시대사학보』14.
金京玉, 1991,「朝鮮後期 靈巖士族과 書院－全州崔氏家門의 成長과 鹿洞書院의 建立事例－」『湖南文化研究』20, 全南大 湖南文化研究所.
金東洙, 1977,「16~17世紀 湖南士林의 存在形態에 대한 一考－특히 鄭介淸의 門人集團과 紫山書院의 置廢事件을 중심으로 하여－」『歷史學研究』7.
金文澤, 1994,「16~17世紀 羅州地方의 士族動向과 書院鄕戰」『淸溪史學』11, 淸溪史學會.
＿＿＿, 1998,「17~18世紀 永川地域의 士族動向과 臨皋書院」『朝鮮時代의 社會와 文化』, 朝鮮社會研究會.
金容晚, 1983,「朝鮮時代 均分相續制에 관한 一研究」『大丘史學』23.
＿＿＿, 1985,「朝鮮時代 在地士族의 財產所有形態－주로 16,7C 良洞孫氏家門의 경우를 중심으로－」『大丘史學』27.
金仁杰, 1983,「朝鮮後期 鄕案의 성격변화와 在地士族」『金哲埈博士華甲紀念史學論叢』.
＿＿＿, 1984,「朝鮮後期 鄕村社會統制策의 위기－洞契의 성격변화를 중심으로－」『震檀學報』58.

金仁杰, 1988,「朝鮮後期 鄕村社會 權力構造 변동에 대한 시론」『韓國史論』19.

김학수, 2005, 17세기 초반 永川儒林의 學脈과 張顯光의 臨皐書院 祭享論爭」『朝
　　　鮮時代史學報』35, 朝鮮時代史學會.

柳洪烈, 1936,「朝鮮祠廟發生에 對한 一考察」『震檀學報』5.

閔丙河, 1980,「書院의 農莊」『韓國史論』8.

_____, 1968,「朝鮮書院의 經濟構造」『大東文化研究』5.

_____, 1970,「朝鮮時代 書院政策考」『大東文化研究』15.

朴　珠, 1980,「朝鮮 肅宗朝의 祠宇濫設에 대한 考察」『韓國史論』6, 서울大

_____, 1983,「朝鮮初期 旌表者에 대한 一考察」『史學研究』37.

朴賢淳, 1999,「16세기 사대부가의 친족질서」『한국사연구』107.

薛錫圭, 1992,「肅宗朝 院宇動向과 朋黨의 社會的 基盤」『國史館論叢』34.

손병규, 2000,「조선후기 경주옥산서원의 노비경영」『泰東古典研究』17.

_____, 2005,「조선후기 慶州 玉山書院의 院屬 파악과 운영」『朝鮮時代史學報』
　　　35, 朝鮮時代史學會.

송인협, 1999,「17~18세기 沃川地方 在地士族의 動向」『忠南史學』11, 忠南史
　　　學會.

_____, 2001,「조선시대 書院에 대한 인식 변화」『忠南史學』13, 忠南史學會.

_____, 1997,「숭현서원에 대한 연구」『대전문화』6, 대전시사편찬위.

宋正炫, 1982,「筆巖書院研究」『歷史學研究』10.

宋準湜, 2003,「南冥學派의 書院建立 運動」『南冥學研究』15, 南冥學研究所.

宋俊浩, 1986,「全羅道 茂長의 咸陽吳氏와 羅州의 羅州羅氏」『全羅道 茂長의
　　　咸陽吳氏와 그들의 文書』(1), 전북대박물관.

오영교, 2005,「조선후기 동족마을 연구」『조선후기 사회사연구』, 혜안.

尹熙勉, 1983,「朝鮮後期 書院의 經濟基盤」『東亞研究』2.

_____, 1999,「고종대 書院 철폐와 양반 유림의 대응」『한국근현대사연구』10,
　　　한국근현대사연구회.

_____, 2001,「전라도 장성 筆巖書院의 정치사회적 기능」『全南史學』17, 全南
　　　史學會.

_____, 2004,「조선시대 서원 정책과 서원의 설립 실태」『歷史學報』181, 歷史
　　　學會.

李樹健, 1986,「17,18세기 安東地方 儒林의 政治社會的 機能」『大丘史學』30.

_____, 1991,「朝鮮前期의 社會變動과 相續制度」『歷史學報』129.

李樹煥, 1982,「嶺南地方 書院의 經濟的 基盤」『民族文化論叢』2·3合輯.

_____, 1984,「嶺南地方 書院의 經濟的 基盤(2)」『大邱史學』26.

李樹煥, 1985,「書院의 政治·社會史的 考察」『嶠南史學』 창간호.

＿＿＿, 1986,「朝鮮時代 書院의 內部構造」『嶠南史學』 2.

＿＿＿, 1990,「朝鮮時代 書院의 人的構成과 經濟的 基盤」, 영남대 박사학위논문.

＿＿＿, 1994,「대원군의 원사 훼철과 영남유소」『교남사학』 6.

＿＿＿, 1995,「蔚山 鷗江書院의 設立과 賜額過程」『大丘史學』 49, 大丘史學會.

＿＿＿, 2000,「朝鮮時代 書院의 經濟的 基盤」『韓國中世史論叢』, 동간행위원회.

＿＿＿, 2000,「道東書院의 人的構成과 經濟的 基盤」『史學研究』 60, 韓國史學會.

＿＿＿, 2001,「寧海 仁山書院의 設立과 毀撤」『大丘史學』 63, 大丘史學會.

李政祐, 1999,「17~18세기 在地 老·少論의 분쟁과 書院建立의 성격」『震檀學報』 88, 震檀學會.

＿＿＿, 1999,「17~18세기 초 淸州地方 士族動向과 書院鄕戰」『朝鮮時代史學報』 11, 朝鮮時代史學會.

＿＿＿, 2000,「17~18세기 忠州지방 書院과 士族의 黨派的 性格」『韓國史研究』 109, 韓國史研究會.

李泰鎭, 1979,「16세기 士林의 歷史的 性格」『大東文化研究』 13, 成均館大學校 大東文化研究所.

＿＿＿, 1992,「朝鮮後期 兩班社會의 變化」『韓國社會發展史論』－翰林科學院叢書－ 8.

李海濬, 1985,「朝鮮後期 長興傍村의 村落文書」『邊太燮博士華甲紀念史學論叢』, 同 刊行委員會.

＿＿＿, 1988,「朝鮮後期 靈岩地方 洞契의 成立背景과 性格」『全南史學』 2.

＿＿＿, 1991,「朝鮮後期 書院研究와 鄕村社會史」『韓國史論』 12 국사편찬위원회.

＿＿＿, 1992,「朝鮮後期 門中書院 發達의 推移」『許善道先生停年紀念 韓國史學論叢』, 一潮閣.

＿＿＿, 1993,「문중활동의 사회사적 배경」『동양학』 23, 동양학연구소.

＿＿＿, 1993,「조선후기 촌락구조 변화의 배경」『한국문화』 14, 서울대 한국문화연구소.

＿＿＿, 1994,「17-18세기 서원의 당파적 성격」『창해 박병국교수정년기념사학논총』.

＿＿＿, 1998,「순창 성황제의 변천과 주도세력」『역사민속학』 7.

＿＿＿, 2000,「朝鮮後期 門中書院의 槪念과 性格 問題」『韓國中世史論叢』同 論叢刊行委員會.

＿＿＿, 2000,「17세기 중엽 파평윤씨 노종파의 종약과 종학」『충북사학』 11,

충북대사학과.

李海濬, 2002,「조선후기 호서지역 사족동향과 서원」『한국서원과 학맥연구』, 경기대·소성학술원.

_____, 2003,「조선후기 '문중화' 경향과 친족조직의 변질」『역사와 현실』 48, 한국역사연구회.

_____, 2006,「한국 서원과 향촌사회」『한국학논총』 29, 국민대 한국학연구소.

李勛相, 1984,「彰忠祠의 建立과 居昌愼氏吏族」『동아연구』 4.

張哲秀, 1990,「祠堂의 歷史와 位置에 관한 硏究」, 문화재연구소.

全用宇, 1994,『湖西士林의 形成에 대한 硏究』, 충남대 박사학위논문.

_____, 1999,「화양서원과 만동묘에 대한 일 연구」『호서사학』 18.

전형택, 1997,「朝鮮後期 筆巖書院의 經濟基盤과 財政」『全南史學』 11, 全南史學會.

鄭萬祚, 1975,「17-18世紀의 書院 祠宇에 대한 試論」『韓國史論』 2, 서울대.

_____, 1980,「朝鮮書院의 成立過程」『韓國史論』 8, 국사편찬위원회.

_____, 1982,「英祖 14年의 安東 金尙憲書院建立 是非」『韓國學硏究』 1.

_____, 1984,「朝鮮後期의 對書院政策과 英祖 17년의 祠院毁撤」『韓國學論叢』 9.

_____, 1989,「朝鮮朝 書院의 政治·社會的 役割」『韓國史學』 10, 한국정신문화연구원.

_____, 1997,「최근의 서원연구동향에 대한 검토」『조선시대 서원연구』, 집문당.

정무곤, 2006,「조선시대 가훈의 성립과정 연구」『장서각』 15.

鄭淳睦, 1980,「書院의 敎育文化的 性格」『韓國史論』 8, 국사편찬위원회.

丁淳佑, 1996.,「朝鮮後期 '營建日記'에 나타난 學校의 性格」『정신문화연구』 65, 한국정신문화연구원.

鄭淳佑, 1985,『18세기 書堂研究』, 한국정신문화연구원 박사학위논문.

鄭勝謨, 1984,「同族地緣共同體와 朝鮮 傳統社會構造」『泰東古典研究』 創刊號, 泰東古典研究所.

_____, 1987,「書院·祠宇 및 鄕校組織과 地域社會體系」(상),『泰東古典研究』 3, 泰東古典研究所.

_____, 1989,「書院.祠宇 및 鄕校組織과 地域社會體系」(하),『泰東古典研究』 5, 泰東古典研究所.

_____, 2006,『조선후기 지역사회구조 연구』, 한국학중앙연구원 박사학위논문.

_____, 2006「조선후기 문중형성과 문중계 운영방식」『역사민속학』 23.

鄭震英, 1989,「禮安 易東書院 研究」『安東文化研究』 3.

鄭震英, 1993,『朝鮮後期 在地士族의 村落支配와 그 解體過程』, 영남대 박사학
　　위논문.

趙湲來, 1991,「壬亂 湖南義兵에 관한 研究」, 국민대 박사학위논문.

趙峻皓, 1996,「17-18世紀 英陽地方 漢陽趙氏의 門中 研究」, 國民大 大學院 국
　　사학과.

＿＿＿, 1999,「朝鮮後期 石室書院의 位相과 學風」『朝鮮時代史學報』11, 朝鮮
　　時代史學會.

＿＿＿, 2002,「宋時烈의 道峯書院 入享論爭과 그 政治的 性格」『朝鮮時代史學
　　報』23, 朝鮮時代史學會.

朱雄英, 1989,「家廟의 成立背景과 그 機能」『歷史教育論集』7.

池斗煥, 1982,「朝鮮初期 朱子家禮의 理解過程」『韓國史論』8, 서울대 국사학
　　과.

＿＿＿, 1984,「朝鮮前期의 宗法制度 理解過程」『泰東古典研究』1.

崔槿默, 1987,「尤庵 宋時烈의 文廟 및 院·宇 從祀에 관한 研究」, 전북대 박사
　　학위논문.

＿＿＿, 2005,「동춘 송준길의 문묘종사와 서원향사」『충청학연구』6.

崔完基, 1975,「朝鮮書院一考－成立과 發達을 中心으로－」『歷史教育』18.

＿＿＿, 1980,「朝鮮朝 書院成立의 諸問題」『韓國史論』8, 국사편찬위원회.

崔元奎, 1988,「朝鮮後期 書院田의 구조와 경영」『孫寶基博士停年紀念 韓國史
　　學論叢』.

崔在錫, 1972,「朝鮮時代 相續制에 관한 研究」『歷史學報』53·54.

＿＿＿, 1979,「朝鮮時代 族譜와 同族組織」『歷史學報』81.

＿＿＿, 1983,「朝鮮時代 門中의 形成」『韓國學報』32.

＿＿＿, 1993,「朝鮮中期 家族·親族制의 再構造化」『한국의 사회와 문화』21.

부 록

I. 書院 · 祠宇 調査와 古文書 資料

1. 서원·사우 자료와 향촌사회사

서원·사우는 사족들의 집합소이자 향권의 주된 진원지로서 조선후기 향촌사회 구조와 성격을 이해하는데 있어서 매우 비중 있는, 그래서 향촌사회를 연구함에 있어 상대적 중요성이 매우 큰 資料源이다.

서원·사우 자료는 단순히 해당 서원의 문제로 그치지 않고 향촌사회 지배구조와 성격, 관련 성씨세력의 변천사, 서원 운영과 관련된 사회경제사 등의 자료까지 망라하고 있기 때문이다. 서원·사우는 단순하게 보면 사족들의 권위기구로 특징화되어 있지만, 이곳에 소장된 관련자료들을 어떠한 시각에서 보느냐에 따라 이들 자료가 향촌사회 구조 이해에 활용될 가능성은 무궁무진하다.

대체로 서원 조사는 문화유적(건축, 유교유적) 조사의 대상으로 이루어져 왔다. 그리하여 개괄적인 연혁과 제향인물 행적 소개, 관련 유물·유품 소개, 건축규모와 특징을 설명하는 것이 보통이었다. 자료도 후손들에 의한 배향인물 자료들에만 집중된 실정인데, 이들 서원·사우에 소장된 자료들을 유형별로 좀더 세분하고 자료 분석의 시각을 가진다면 폭넓은 사회사 자료를 포함하고 있다는 사실을 알게 될 것이다. 우선 서원 자체만 가지고 이야기하더라도 유적 현황 조사뿐만 아니라, 서원이나 사우의 ① 건립시기와 제향인물과의 관계, ② 건립 이전의 유서와 발전과정, ③ 건립의 주체세력에 따라 설명되어야 할 자료가 다양하다. 그런가하면 ④ 서원 운영의 구체적인 사회경제사 자료, 그리고 ⑤ 의례와 조직 관련 자료들까지 하나의 종합 유산으로 남겨져 있는 것이다.

그동안 서원·사우가 지닌 역사적 의미와 변천사, 그리고 한계점 등은 거의 윤곽이 확인된 셈이고, 남은 관심은 그 상황이 과연 해당 지역에서는 구체적으로 어떻게 진전되었는지에 두어지게 된다. 결국 이 과제와 궁금증은 각 서원·사우에 소장된 다양한 자료를 통해서 규명할 수밖에 없다. 특히 서원 경제에 관한 자료나 분립, 추배, 중수, 훼철 번복에 관한 자료들은 그 과정에 숨겨진 당시대 지방 사족 동향을 추적함에 귀중한 단서가 된다. 한편 『院生案』·『執綱案』·『靑衿案』 등의 儒案이나, 경제사 자료들 예컨대 노비안·전답안·명문·추수기·물목기·전여(전장)기 등, 각종의 通文·所志·等狀, 서원운영 모습을 밝혀주는 完文·節目類 자료는 그대로 지방사회 세력층과 그들의 연대와 경쟁 관계, 사회경제 실상을 밝혀줄 사료인 것이다. 나아가 배향인물에 관한 자료도 문중 기반의 사회적인 성장 과정과 관계되어 배향 과정, 추배의 시기, 인물의 성격 등이 활용될 수 있으며, 또 창건 과정, 이건 및 중건 과정, 사액활동 등은 해당 지역사회에서 서원이 지닌 상대적인 위상을 점검하는 토대가 된다.

개인적 판단일 수도 있으나, 서원 연구에서 관련 자료의 수집 요령과 정리 방법은 아직 체계적이지 못하고, 또 제대로 교육되지도 못한 실정이다. 고문서 자료는 외형상 같은 유형일지라도 그 대상범위와 작성주체에 따라 그것이 의미하는 내용들이 판이하게 다를 수 있고, 자료의 시대적 특성이나 구조적인 성격도 구분될 수 있다고 생각한다. 또한 연구관점에 따라 관련되는 자료의 범위도 편차가 있다. 따라서 서원관련 고문서도 작성주체나 대상내용에 따라 그 성격과 특징이 매우 다르기 때문에 적절한 조사, 정리의 요령이 필요할 것으로 생각된다. 이에 필자는 여기에서 서원의 현지조사 과정과 서원관련 고문서 자료를 조사, 정리하는 방법에 대하여 간략하게 정리하여 보고자 한다. 물론 여기에 제시되는 절차나 방식이 가장 이상적인 것은 아닐 수 있다. 대상 서원의 성격, 조사자의 연구목적에 따라 방법과 요령은 서로 다를 수 있기 때문이다.

2. 사전 자료조사의 중요성

서원·사우 관련 자료는 크게 관찬자료 중에서 검출된 것과 현지 조사에서 확인된 경우로 나눌 수 있는데, 물론 서원·사우지가 발간되었거나 제향인물의 문집 등과 같이 사적을 모아놓은 경우는 이 모든 자료가 망라되어 있어 매우 유용하다.

1) 서원·사우 관련 관찬자료로는 대개 『書院謄錄』, 『學校謄錄』, 『俎豆錄』, 『書院可攷』, 『列邑院宇事蹟』, 『增補文獻備考』, 『典故大方』, 『東國院宇錄』 등이 주로 이용된다. 가능하면 이들 모든 관련 기록들에서 해당 서원 자료를 모두 정리하여 두어야 한다. 최근에는 역사기록 정보화 사업이 진전되어 조선왕조실록, 승정원일기, 문집 색인 등의 검색·열람이 가능하고, 주요 연구기관의 자료 소장 목록을 점검하면 현지에서 구하기 힘든 자료를 미리 확보할 수도 있다.

그러나 이들 기록들은 간략한 목록에 불과하거나, 편찬시기의 제한성으로 활용하기에는 불충분하다. 『서원등록』, 『학교등록』, 그리고 『조선왕조실록』이나 『승정원일기』 등 관변 자료들은 대부분 첩설, 양역 침탈, 부세포탈 등 역기능이 심화되던 17세기 후반에 이르러 등록 및 사적류로 출현한 것들이다. 예컨대 『書院謄錄』은 인조대의 서원 건립 허가제 실시로부터 영조 17년(1741) 서원 훼철령까지 중앙정부의 서원창건 억제책을 관철하려는 목적을 지닌 자료이다. 그래서 이들 자료가 국가권력과 향촌사족 간의 대립, 당색 간의 상호갈등 이해에는 좋은 자료가 되지만, 향촌사회에서 서원이 지니는 사회경제적 역할과 기능의 실상을 규명하는 데는 한계가 많다. 또 『列邑院宇事蹟』이나 『書院可攷』는 배향자와 위차문제, 주요연혁은 상세하나, 서원의 하부구조와 운영모습은 거의 드러나지 않는 한계를 지니고 있다.

특히 서원·사우 조직은 기본적으로 향촌사회에서의 지위 확보나 영향력을 기대하면서 존속한 조직이었기 때문에 향촌사회 내에서의 상대적 위상과 성격 변화와 함께 이해되어야 의미가 올바로 규명될 수 있다. 즉, 관찬자료의 관념적이고 단편적 기록만으로는 이러한 한계를 극복할 수가 없으며, 따라서 현지조사를 통하여 해당 서원·사우와 관련된 지역 사정, 향촌 주도권 문제나 문중의 권위, 나아가 상대 세력과의 비교문제, 혹은 그들의 하층민 통제수단 등등의 인접한 보완자료를 동원 활용하고자 기대하는 것이다. 서원 소장의 고문서 자료들은 바로 이러한 점에서 중요한 의미와 가치를 지닌다.

2) 조사대상 서원이 선정되면 이에 맞는 적합하고 효율적인 조사계획과 사전준비를 해야 된다. 우선 해당 서원이 소재한 지역의 사족동향과 제향인물, 지역 내 서원·사우, 정려 등의 유적과 성씨에 대하여 포괄적인 이해가 필요하다. 직접 관련된 서원이나 해당지역의 사회사 관련 논문·저술이 있다면 좋겠지만, 그렇지 못하다면 해당 지역의 향토지라든가, 문화유적 조사결과를 참조하여 보는 것이 필요하다. 특히 이 과정에서 해당 서원에 관련된 세력들의 향촌사회 내에서의 상대적 지위와 지역 성향과 계기적 변화, 기존에 밝혀진 자료 등의 분석이 이루어져야 한다. 예컨대 해당 성씨에 관련된 입향 유래나, 당파적 성향, 성씨 간 연대와 분기의 양상, 해당성씨별 배출인물, 문중 관련 유적이나 동족마을, 사건이나 활동 연료 등이 그것이다. 이들을 사전에 정리하여 분위기와 흐름을 대략 예감할 수 있다면 현지조사 과정에서 매우 유용한 성과를 얻게 될 것이다.

서원·사우에 관해서는 물론 書院誌가 발간된 경우는 그것을 참조하여 철저하게 분석하는 것이 중요하다. 서원지는 완비된 종합자료로서 해당 서원의 전체적 성격을 한 눈에 볼 수 있도록 해당 서원의 건립 과정이나 변천 사정을 일목요연하게 정리하고 있기 때문이다. 서원지의 구성과 체제는 대개 연혁, 제향인물, 건립 과정, 제향인의 행적과 저술, 서원조직과 운영 등등을 망라하고 있다.

그리고 이 중에는 비록 고문서의 형태는 아니지만 고문서가 전재되어수록된 경우가 많아서, 고문서 자료를 추적하거나 추적이 불가능할 경우전후 사정을 이해하는 귀중한 단서가 된다. 현지 조사과정에서 느낀 경험으로는 그동안 이 같은 관련 고문서, 문헌 자료의 수집 수준은 아주낮았었고, 오히려 그보다는 건물이나 기념비 등 외형적인 부분에 대하여더욱 많은 관심과 노력들을 경주하고 있는 경향이었다.

서원지와 함께 반드시 점검할 자료가 제향인물의 文集 附錄篇이다.문집을 통해 제향인물의 행적과 성격도 파악할 수 있을 뿐만 아니라, 더욱 중요한 부분이 바로 문집의 부록 부분에 서원 관련 사적과 전후 상황자료가 상세하기 때문이다. 제향인물에 대한 추숭·현양 활동상, 건립 당시의 통문이나 창건 상소, 상량문, 창건기문, 봉안문, 완의나 절목, 유안등이 수록된 경우도 많다. 한편 문중적인 성향이 강할 경우는 해당 성씨의 족보기록도 참조가 된다. 족보 중에는 首卷인 誌狀錄에 서원 관련 자료가 수록되기도 한다.

필자의 조사경험으로는 이 같은 사전조사(자료의 성격과 주변사정)의충실도와 철저함, 그리고 제보자·소장자와의 인간관계가 조사·수집 자료량과 대체적으로 비례한다. 즉, 사전조사와 주변사정의 파악은 자칫사장될 수도 있는 인접자료의 확보나 연계된 자료를 검출하는데 매우 유용한 단서가 될 수 있다. 상관되는 집단이나 조직에 대한 조사자의 이해가 부족하면 부수되는 인접자료를 유기적으로 연결시킬 수가 없을 것이고, 제보자가 그에 관하여 주요 정보를 흘린 경우 이를 심도 있게 다루지 못하게 된다. 더구나 인접자료에 대한 무지와 무관심이 조사자에 대한 제보자의 불신을 조장할 수 있다는 점에서 철저한 사전준비는 무엇보다 중요하다고 할 수 있다.

3) 그리고 이 과정에서 관련 연구자나 현지에서 제보자의 역할을 해줄 수 있는 적절한 인물을 섭외하고 사전 연락을 취해 두어야 한다. 대부분의 연구자들이 자료의 중요성만을 생각하여 이러한 절차와 준비를 소홀히 하는 경향이 있는데, 자료수집에는 연구자의 열의와는 차원이 다른 제보자·소장자와의 인간관계가 매우 중요함을 유의할 필요가 있다.

자료에 대한 연구자와 제보자의 객관적 인식은 차이가 있게 마련이고, 따라서 널리 알려져 있다거나 유용하다고 판단된 지역 제보자라도 해당 조사대상의 경우에는 부적절할 수도 있다. 만약 문중이나 성씨간의 이해관계가 관련될 경우 중간적 입장의 제보자를 선정하거나 제보자를 복수로 선정하여 객관성이 유지되도록 하여야 한다.

조사자는 해당 성씨의 족보 검토를 통해 가계나 계파의 파악, 중요인물의 행적과 활동, 통혼권의 문제, 그리고 상징적인 중요 유적이나 관련 사건에 대한 지식을 가지고 있어야 한다. 이는 제보자나 소장자와의 대면 과정에서 매우 유익하게 활용될 자산으로, 이러한 준비가 부족하게 되면 조사자에 대한 신뢰가 떨어져 대화가 기초 수준에서 맴돌 수 있을 뿐 아니라 제보자가 제시하는 자료들마저 수습하지 못하는 결과를 초래할 수 있다.

물론 이 경우 과도하게 조사자의 박식함을 드러내어 제보자의 말문을 막히게 한다든가, 특정문제에 대한 인식의 강조로 논쟁을 벌이게 된다면 조사는 그 시점에서 일단락된다고 보아도 무리가 아니다.

따라서 제보자가 신뢰할 정도의 기본적인 지식이나 적절한 입장 표시는 필요하지만, 제보자가 불쾌할 정도의 아는체는 조사과정에서 가장 유념해야 할 금기사항이다. 대개 문중관계 제보자의 경우, 그 문중에서는 최고의 지식인으로 자타가 인정하는 경우가 많고, 또 대개는 문중의 여러 인사들이 제보자로 함께 자리하는 경우가 많으므로 좌중의 분위기 자체를 흐릴 수 있기 때문이다. 논쟁점의 경우도 유보하거나 제보자의 견해를 경청하고 들어주는 정도의 선에 머물러야 하며, 아주 올바른 방법이라고는 할 수 없으나, 때에 따라서는 역사적으로 객관화된 사실일지라도 해당 문중의 입장에 서주는 지혜와 요령이 필요하다. 아울러 겸손함과 조사대상 문중이나 인물에 대한 예의를 최대한 지키는 것도 내실 있는 조사를 하는 요령이다.

3. 현지조사와 자료수집

이상과 같은 기초적인 예비조사가 끝나면 현지조사에 임하게 된다. 그런데 마치 학생들이 사적답사를 가기만하면 역사가 손에 잡힐 것으로 착각하는 것처럼, 자료수집도 현지에 가기만 하면 자료가 한번에 수집될 것으로 오해하는 연구자들이 의외로 많다. 현지조사를 가서 성실한 자세로 자료를 있는 대로 정리만 하면 되는 것 아니냐고 반문할 사람도 있겠으나, 그런 생각만으로는 완벽한 조사를 기하기가 어렵다. 그렇게 가는 현지조사와, 기초자료를 먼저 철저히 수집하여 이해하거나, 아니면 숙제꺼리를 가지고 가는 현지조사는 분명 성과가 다르게 나타나기 마련이다. 이제 현지조사 시의 요령과 방법에 대하여, 그리고 서원 관련 고문서 자료에 대하여 간략히 살펴보기로 하겠다.

현지조사의 순서는 외형적인 자료부터 시작하여 내면적인 자료, 의식 부면으로 심화시켜 가는 것이 좋다. 서원·사우는 대부분 권위를 상징하는 기구이므로 먼저 건물의 배치나 주위 환경(지리, 풍수, 경관), 연혁(창건, 이건사적), 현판, 기문, 비석 자료 등의 외형적인 자료를 먼저 확인하고, 그 과정에서 조사자와 제보자(안내자)가 인식을 교감한 뒤 본격적이고 내면적인 조사를 진행하는 것이 바람직하다.

사우 참배나 제향 인물에 대한 지식의 교환은 다음 단계의 관련 자료 발굴·조사에서 의외의 협조와 연결되는 경우를 많이 보게 되고, 반대로 이 과정에서 오해가 생기게 되면 다음 단계 자료조사의 결정적인 실패요 인이 될 수도 있다.

서원의 조사에서는 書庫(제관실, 재실)의 조사와 함께 樓上庫가 있는 경우 이의 조사까지 이루어져야 하며, 관련 기구나 부설 조직의 점검도 빠트리지 말아야 한다. 특히 문중적인 기반이 강한 서원·사우의 경우는 관련 문중의 제 기구와 조직 자료가 검토되어야 한다. 예를 들면 문중 계·학계자료나 정려·정각·동각·서당·재실 등등이 모두 연계된 자료를 보관한 경우가 대부분이기 때문이다.

서원·사우에 소장된 자료로는 창건 당시의 통문이나 상소, 이를 허가 한 관청의 완문, 서원의 경제적 특혜를 명시한 고문서류, 그리고 서원의 실제적 운영을 알려주는 사적기, 유안, 규약, 전답 및 노비안 등등이 있 다. 충실한 서원의 경우는 이들 서원자료들을 빠짐없이 보관하고 있거나 書院誌로서 총합해 놓고 있으나, 더 많은 경우가 이런 자료를 방치 혹은 사장시켜 가고 있다.

많은 서원에서 제향인물의 문집이나 영정, 유품의 경우에 관심을 집 중하여 보존하려 애쓰는 경향이다. 물론 이것이 문제는 아니지만, 오히 려 더욱 중요하다고 생각되는 고문서 자료들에 대하여는 소홀한 경향이 어서 문제이다. 그리하여 서원을 통해서 밝힐 수 있는 귀중한 지방사의 사료와 해당 서원·사우의 역사적 가치를 밝힐 자료를 잃어서는 곤란할 것이다.

한편 서원의 경우는 자료가 분산 소장되어 있는 사례가 많다. 제향인 물의 후손(종가나 재실), 유사 등 임원의 집에 소장된 경우도 많고 전혀 의외의 지역과 소장처에서 관련 자료가 확인될 가능성도 있다.

〈양식(예)〉 서원·사우 조사표

명칭	(별칭)			소재지	
등재문헌				서원지	
창건년				지정사항	
주요연혁 ※창건, 이건, 사액, 훼철, 복설	연혁내용	년대	관련인물	내용 및 관련 자료	
관련사항 ※추숭, 문집, 금석문, 유적	내용	년대	관련인물	내용 및 관련 자료	
건립시 제향인	성명	위차	생몰년	제향사유	주요이력 및 특기사항
추배 제향인	성명	위차	생몰년	추배년도	주요이력 및 특기사항
건립유서	사적( ) 태생지 동족기반 (기타 :)				
건립주체	문인 당파 후손 향유(사림) 지방관 (기타 :)				
지원협조	문인 당파 후손 향유(사림) 지방관 (기타 :)				
관련성씨	1) 2) 3) 4) 5) 기타 :				
서 원 촌 기타					

	건물				현판, 비석				문집, 출판물					
	명칭	창건	중수	규모	명칭	년대	찬서자	규격	명칭	서발	년도	권	책	규격
관련 자료														

	명칭	년대	발급	수급	규격	내용개략
고문서 자료						

사진 및 배치도	

특기 사항	

제향일자		기타조직	
제보자	주소	전화	
관리자	주소	전화	
조사기	조사일	조사자	

　이러한 소장처의 분산은 관련 제보자와의 면담과정에서 드러나거나 횡적인 제2, 제3의 보조적 제보자를 탐문하는 과정에서 확인이 되는 것이므로 어렵기는 하지만 이를 철저하게 조사·수집하려는 자세가 중요하다고 할 것이다. 또한 유적을 표적으로 하여 관리자나 문중을 탐문하는 것도 좋은 방식이다. 그런데 사실 조선후기 서원과 문중 기반은 대부분 근접, 혹은 밀접한 연관 속에 있었다. 따라서 이들 문서가 곧바로 서원조직과 연계되는 경우가 많다. 그리하여 이 점을 조사과정에서 놓치지 말아야 한다.

　주로 문중 관련 자료들은 주로 종가와 재실에 소장되어 있는데, 크게 ① 문중조직에 관한 자료 ② 문중 제 기구의 연혁과 운영에 관한 자료 ③ 문중의 경제 기반과 그 관리에 관한 자료 ④ 기타 문중 간의 교환 문서류 들이 주류를 이룬다. 문중조직 문서로는 족계(종계, 종약, 목족계)류가 대표적이며 족보의 간행과 관련된 문서들이 부수된다. 이들 족계류 문서에는 규약과 좌목이 첨부되며 이를 통해 문중조직의 계기적인 변화상과 시대별 관심사항이 추출될 수 있다.

　한편 계파별 분파의 내용을 전해주는 문서나 의절·규범에 관한 자료, 묘소와 제각(묘각) 등 문중 기구의 조직과 운영에 관한 문서, 그리고 문중 권위의 상징으로 보이는 정자나 서재, 영당, 정려 등의 연혁과 관련된 자료들이 있다. 이 중에는 경제기반과 물적 토대를 치부책의 형태로 남겨둔 문중도 많으므로 이의 수집은 매우 철저할 필요가 있다고 생각된다. 특히 종가의 경우는 이들 문중 재산의 관리와 운영에 관한 자료가 많으므로 집중적인 검색이 필요하다. 이 과정에서 서원에 관련되는 所志나 通文, 薦狀, 復戶(혹은 면역) 문서, 건립 자료 등이 확보되는 경우도 많다.

4. 서원 고문서 자료의 유형

실제 서원·사우에는 아직도 학계에 공개되지 않은 자료들이 다양하게 남아 있다. 이들 서원·사우에 소장된 자료들을 좀더 세분하여 유형화한다면 ① 서원의 역사와 관련된 창건·이건·중수 사적 자료들(청액·사액 포함), ② 제향인물 관련 자료, ③ 서원 조직에 관련된 유안류 자료, ④ 서원운영의 규약 및 입의, 절목류 자료, ⑤ 서원의 경제 기반(노비·전답)에 관련된 자료, 그리고 서원·사우에 직접 관계된 것은 아니지만 향촌사회 내에서 서로 긴밀히 연결된 ⑥ 다른 사회조직 및 그와 교류된 자료로 분류할 수 있다.

  1) 창건·이건·중수 사적 자료들 : 서원·사우의 역사를 말해주는 자료로는 우선 서원에 관련된 여러 기록들을 모아 정리한 서원·사우지가 주목된다. 물론 이들 서원지들은 대개 배향인물과 창건 과정의 자료들, 그리고 최근의 모습들이 중심을 이루고 있고, 해방 이후의 발간물이 대부분이어서 원 자료가 아닌 점에서 한계가 없지 않으나, 서원·사우의 역사적 성격을 확인할 많은 자료들을 수록하고 있다.

  서원의 창건과 이건, 중수 등 사적에 관련된 자료 유형으로는 상량문, 중수기나 중수비 이외에도, 營建日記(重修都錄, 會計錄), 用下記, 義捐錄(扶助記 例扶記 別扶記)같은 실제 당시의 문서류나 건립 과정을 사회세력과 함께 설명하여 주는 建立疏, 請額疏 記文類들이 있다. 상량문 중수기류는 축문·제문·고유문 등과 함께 대부분 전해지고 있었으며, 특별히 건립 과정을 소상이 기록한 경우도 있다. 이러한 기록은 문서형식으로 남아 있기도 하고 현판으로 만들어 게판한 경우도 많다.

  특정한 서원의 경우는 건립 당시 진신들과 수령의 지원, 인근 교원의 출연, 후손의 합력 내용 등이 통계적으로 기록되고 건립에 소용된 물자

의 량과 用下記까지 기록으로 남겼고, 창건소, 창건 통문 자료가 남아
전하는 경우도 있다. 사적기가 있는 경우나 제향인물 문집 자료에서 검
색된 것이 대부분이다.

2) **제향인물 관련 자료** : 제향인물과 관련된 금석문(행장, 신도비, 유
허비)이나 추숭(신원, 증직, 명정 등) 과정의 자료가 비교적 잘 남아 있
다. 현지 조사과정에서 이들 제향인물에 대한 제보나 자료가 가장 중요
하게 보존되고 있음을 확인할 수 있다. 이는 바로 현재까지도 서원·사우
가 존재하는 이유이기 때문이라고 할 것이다. 대부분의 경우 행장록의
형태로 제향인물의 사적과 행장이 정리되거나, 신도비·묘비로 재정리되
었고, 실기나 유고 등의 문집 간행으로 완결된 경우가 많다. 또 관련 유
적에도 기록이 남아 있는 경우가 많아 반드시 확인이 필요하다.

3) **서원 조직에 관련된 유안류 자료** : 유안 자료는 크게 유생안(원생
안)과 원장, 재임, 집사안으로 구분되는데, 유생안들은 대개 儒案, 菁莪
錄, 院生案, 靑衿案으로 표제가 붙어 있고, 서원의 유생안은 비교적 적게
조사되고 상대적으로 임원안이 많다. 원장 이하 제 집사안은 선생안, 재
임안(유사안) 등으로 구분되고 있다. 이밖에 서원의 기타 조직명단으로
는 奉安時 參祭錄, 書堂稧案, 慕賢錄 등도 있다.

4) **서원 운영의 규약 및 입의, 절목류 자료** : 서원 운영에 관련된 규
약, 절목류 자료들은 서원 경제와 관련된 것들이 대부분이고, 書院規約,
書院節目, 立議, 完文, 講案(講規), 學規 등이 있다. 순수한 강학 규범은
상대적으로 적었고, 의례 자료로서 홀기류 자료들은 많이 조사되나 시기
의 불투명성으로 변화의 실상을 발견하기 힘들다. 입의나 완의, 완문들
은 경제 관련이 대부분이다.

5) **서원의 경제 기반에 관련된 자료** : 서원의 대민지배 문제를 이해하고 향촌사회에서의 상대적인 위상을 검토할 수 있는 경제 자료로는 田畓案이나 奴婢案, 願納案, 額外院生案, 院保案, 院直案, 그리고 書院村 문서, 官·士族의 현물증여와 王의 賜物 관련문서 등이 있다.

이 중 서재안 및 원납, 보노안은 일종의 서원 재정확충책으로 원납자와 보노로 획급된 자들의 명단이다. 이는 원생 및 원납, 원생안으로 西齋 유생안이나 良烟保案, 良烟保, 保奴가 기록되기도 한다. 한편 특징적으로 많이 보이는 자료가 바로 院村(契防村) 除役文書들이다. 이들 문서는 대개가 연호잡역의 면제를 바라는 통문, 상서, 품목, 소지류와 함께 발견되고 있다. 토지 매입 명문이나 田畓·祭器·田畓賭地記, 田民案, 典穀文書, 都錄, 田畓秩 같은 류가 전답안의 모습을 보여주고 있으며, 노비, 보노와 관련하여서는 身貢案·守護軍案 등도 있고 건립이나 중건, 이건, 보수와 관련된 傳與記·傳掌冊이나 營建日記(重修都錄, 會計錄, 用下記), 사안별로 이루어지는 각종 부조기 등이 있다.

6) **사회사적 지위를 보여주는 자료** : 이 부분의 자료는 앞에서 살핀 바처럼 서원·사우가 단순한 강학 및 제향의 목적과 기능만을 지닌 교육기구가 아니라 향촌사회 지배세력의 결집처이자 여론 형성체였다는 점과 관련된다. 예컨대 『尋院錄』이나 時到記에서 교류 인사들의 성격이 확인되며, 특정 사업에 동원되고 협력하는 인사들의 기록인 義捐錄, 扶助記, 각종 통문류 자료들은 그 모습을 그대로 보여주는 것들이다.

다음은 필자가 작성해 본 서원 관련 고문서 자료의 분류표이다.

□ 서원고문서 자료의 분류표

1- 1	儒案 院生案 靑衿案
1- 2	院長先生案, 齋任案(有司案), 執事案, 執綱案, 院直案
2- 1	書院笏記
2- 2	記文, 祭文, 祝文
2- 3	書院規約
2- 4	書院節目 立議 完文
2- 5	講案(講規)
2- 6	契案(學規, 節目)
3- 1	願納案
3- 2	額外院生案
3- 3	院村(契防)除役文書 : 通文 上書 禀目 所志類
3- 4	書院田畓案
3- 5	奴婢案
3- 6	院保案, 院直案
3- 7	秋收記(打作記) 捧賭記
3- 8	身貢案
3- 9	守護軍案
3-10	傳與傳掌册 錢穀什物錄
3-11	日記(營建, 重修都錄, 會計錄)
3-12	用下記
4- 1	顧往錄 尋院錄 時到記
4- 2	遊院錄
4- 3	義捐錄 扶助記 例扶記 別扶記
4- 4	建立疏, 請額疏
4- 5	薦狀 通文 禀目 上書 所志類

*이해준, 「고문서분류체계 시안」『고문서연구』22(한국고문서학회, 2002 및 1995년 한국사연구회 발표문).

5. 서원자료 정리의 주요 관점

서원·사우가 지닌 역사적인 한계와 계기성(창건, 변화, 발전, 한계와 모순 등)은 수많은 연구성과로 거의 윤곽이 확인된 셈이다. 이제 남은 것은 그 상황이 과연 해당지역에서는 구체적으로 어떻게 진전되었는지에 대한 것이며, 이는 해당서원과 지역 관련 자료의 철저한 수집에 달려있다. 특히 서원 경제에 관한 자료나 분립, 추배, 훼철 번복에 관한 자료들은 그 과정에 숨겨진 당시대 지방 사족동향을 추적함에 귀중한 단서가된다.

우리는 결국 이들 자료를 통하여 서원과 향촌사회, 서원의 사회경제사, 서원의 역사적 실체를 규명하고자 하는 것이며, 그 과정에서 필자는 다음과 같은 몇가지 자료 정리의 큰 주제를 항상 상기할 필요가 있다고 생각한다.

1) 제향인과 건립시기 : 서원·사우에 제향된 인물의 성격(지위)은 관념상 서원조직의 다른 어느 것보다 우선하며, 어떤 의미에서 그것은 당연할 수도 있다. 그러나 더욱 중요한 것은 그 인물이 어느 시기에 어떠한 필요에 의하여 제향되고 있는가 하는 문제이다. 한 인물의 학문이나 사회적 지위와 함께 이를 선양·추앙하는 세력이 있었을 때 서원·사우는 건립된다. 다시 말하면 제향인물의 문제로 그치는 것이 아니라, 그를 제향하는 서원이 왜, 그 시기에, 어떤 세력에 의하여 건립되었는지를 밝혀야 하는 것이다. 이를 파악하기 위하여서는 해당 세력의 제향인물 선양(재조명, 포장 등) 과정이나 그것을 가능하게 했던 해당 세력의 실체와 변모를 추적하여야 한다.

한편 건립 시기가 주목되어야 하는 또 다른 이유는 같은 조선후기라 하더라도 서원·사우가 제 기능을 하던 시기와 남설 현상으로 인해 그 기능과 성격이 변질되던 시기의 서원·사우는 구별될 필요가 있기 때문이다. 엄밀히 말할 때 서원·사우는 16~17세기 사족 지배질서의 확립과 연관하여 이해될 수 있는 역사적 산물이다. 성리학적 지배질서가 정착되고 사족들의 公論(鄕論)에 의해 지방사회가 운영되던 16~17세기의 상황은 앞에서 지적된 바처럼 왜란 이후 점차 변질되기 시작하였다. 그것은 지방사회에서 사족들이 차지하는 비중의 감소로 설명될 수 있는데, 남설기의 서원·사우는 실상 그러한 과정의 산물이기도 하였던 것이다. 물론 16세기나 17세기 초에 창건된 서원·사우들은 당대 혹은 직전 시기의 인물을 원래의 의미에 따라 제향하는 경우도 많으므로 이 같은 이해가 모두 타당한 것은 아니지만, 그러한 예들을 예외로 할 경우 서원의 건립은 지방사회에서의 사족 간 분열 현상과도 연결되고 있다고 보아 무리가 아니다.

한 지역 여러 서원·사우는 사족들의 결집매체로서도 기능하지만, 그 밖에 사족 간(씨족 간)의 대립·경쟁이나, 수령에 의한 견제와 이간으로 자체결속력을 잃을 가능성도 많았고, 또 실제로 그러한 사례가 많았다. 더욱이 17세기 중엽 이후 문중적인 기반이 점차 강해지면서 18세기 후반~말기에 이르면 각 지방에서는 서원·사우가 남설되기 시작하여 본래의 서원이 지녔던 고유한 권위와 의미·기능이 크게 변질되었고, 이때부터 門中 中心의 경쟁적 성격을 강하게 지니게 된다. 아마도 우리가 오늘날 서원·사우의 권위(지위) 경쟁은 이 같은 변질기의 모습이 재현된 것으로 보아도 무리가 아닐 것이다. 따라서 서원·사우의 조사와 연구에서 이러한 건립시기와 배향인물의 관계를 명쾌하게 정리하는 것이 1차적인 과제라고 할 수 있다.

2) 건립 이전의 유서와 발전 과정 : 앞에서 지적한 바처럼 특정한 시기에 서원·사우가 건립되었다면 그 배경과 과정이 구조적으로 설명될

수 있어야 할 것이다. 왜 그 시기에, 그곳에, 그리고 그 인물을 제향하는 서원·사우로 창건되게 되었을까? 대체로 서원 건립의 과정은 몇 가지로 나눌 수가 있다.

즉, ① 학식이나 덕망·공적 등으로 사후 지방 인사들의 청원에 의해 건립되는 경우 ② 지역에 연고를 가지고 후학의 양성이나 학행으로 모범을 보였던 유적(書齋, 講舍, 幽宅, 遺墟, 影堂, 祠堂 등)이 있어 후대에 이를 토대로 서원을 건립하는 경우 ③ 지역적 연고가 없거나 있더라도 미약하지만 그 후손들이 번창하여 그들의 명현선조를 제향하는 제각 겸 사우로 발전한 경우로, 이들은 문중사우라고 할 대상이다. 이 경우는 다시 두 유형으로 나눌 수 있는데 하나는 다른 院·祠에 타 성씨와 함께 배향하였다가 분리하여 창건하는 경우와, 완전하게 문중선조 중심으로 창건한 경우이다.

이 같은 서원·사우의 창건 및 변천은 대부분 창건세력들이 누구인가와 밀접히 관련된다. 그리고 창건의 과정에서 官과의 연대가 필요한데, 이 과정과 절차가 어떻게 지켜지는지도 중요하다. 모든 서원·사우는 官의 허가에 의해 건립되고, 그에 따른 재정적 지원도 있게 된다. 賜額이라든가 未賜額의 경우라도 기본적인 지원은 있었으며, 이는 후일 훼철령 단계에서 보는 바와 같은 폐단의 발단이 되기도 하였다. 이 절차를 무시한 서원·사우는 수시로 훼철되기도 하며(영조대, 순조대) 아예 이를 통제하지 못하는 시기가 되면 한 군현에 30~40개소의 원사가 난립하는 사태에까지 이르게 된다. 그러나 사실상 이 시기의 서원·사우는 본연의 기능·권위와는 큰 차이가 있는, 마치 오늘날의 서원·사우 같은 정도의 존재에 불과하였으므로 역사적으로는 별 의미가 없다고 할 수 있다.

3) 건립의 주체세력 : 건립 주체세력에 대한 정확한 파악은 지방의 사회조직으로서 서원·사우가 기능하는 계기와 비중을 결정하기 때문에

지방사회의 변천이나 그 구조와 서원·사우의 관계가 구체적으로 드러나는 부분이 된다. 조선후기의 향촌사회사 연구에서 서원연구가 큰 비중을 차지하게 되는 것도 바로 이러한 이유 때문이며, 서원·사우의 역사적 의미도 바로 이런 점에서 부각될 수 있다.

서원·사우의 건립 주체세력은 대부분 鄕內 유림 혹은 道儒로 나타나고 있지만 내용상 이들은 재분류될 수 있는데, 이는 鄕中公論으로 창건되는 경우라 하더라도 그 주동세력이 학통, 성씨, 당색, 혹은 이들 세력의 연대에 의한 것 등등 매우 다양하기 때문이다. 따라서 서원·사우의 건립 주체세력을 분석하면 왜 그들이 그 시기에 그 지역에 서원·사우를 만들지 않으면 안 되었는지의 이유와, 건립될 수 있었던 배경도 설명이 가능하다. 현재까지 연구·조사된 자료로 보면 창건 연대가 올라가는 16세기말 혹은 17세기 초의 서원·사우는 門中的인 성향이 거의 배제된 채 鄕中公論이나 사족적, 학문적 분위기를 바탕하고 있고, 소위 남설기라고 불려지는 18세기 중후반에 이르면 家門 中心의 名賢先祖를 제향하면서 그 族的 權威를 과시하는 형태가 일반화되고 있다. 그리고 이러한 경우 일수록 官과의 연대·유착이 심하여 서원·사우들이 지닌 고유한 의미와 권위가 부지될 수 없도록 만들었다. 그러나 이 과정 자체도 시대상의 반영이자 지방사의 실체로서 규명의 대상이 될 수 있는 것이며, 오히려 門中祠宇의 경우 이 같은 향촌사회사의 생생한 자료가 많다는 점도 주목되어야 할 것이다.

4) 건립 이후 변화상 : 대개 서원·사우의 조사나 일부 연구에서는 그 서원의 성격을 단순히 건립당시에 한정하여 이해하는 경우도 적지 않다. 그러나 서원의 건립 이후 변화 과정은 이러한 주체세력의 변화, 그들이 향촌사회에서 차지하는 위상과 직접 관계되어 이루어진 것이라는 점에서 최초 건립시기보다도 주목할 부분이다. 특히 적당하게 처리되는 추배

제향과 추배시기의 문제는 매우 중요한 관심사가 되어야 한다. 각 서원·사우는 제향인물을 主壁과 配享, 連壁 혹은 幷享의 형태로 구분하여 그 位次를 대단히 중요시하고 있다. 이들 배향이나 병향인물들은 主壁으로 정해진 인물과 學緣, 地緣, 血緣, 黨色 등 일정한 연고를 갖고 있게 마련이다. 따라서 그 관계가 무엇이냐를 주목함으로써 서원·사우의 기본적인 성향을 확인할 수도 있다. 사실 서원·사우의 사회적인 지위나 권위는 제향인물과 연결되지 않을 수 없기 때문에 여러 형태의 추배와 위차교정이 진행되게 마련이고, 바로 이 점은 서원·사우의 성격 변화나 변천사를 이해함에 있어 대단히 중요시 할 대상이다.

한편 이 같은 과정은 대부분 연대하는 세력(향촌사회 내부, 혹은 중앙 정치세력)을 가지면서 진행된다. 부연하면 이 같은 과정이 향촌사회 자체의 구조상에서 설명되는 경우와 중앙의 정치세력과 연계되면서 추진되는 경우로 나눌 수 있고, 중앙세력과의 연계도 그 주체나 적극성에 있어 많은 차이가 있을 수 있다. 예컨대 중앙세력이 자파 세력을 부식하기 위하여 집중적으로 지원하여 건설되는 경우나, 향촌사회에서의 주도권 확보를 겨냥하고 적극적으로 중앙세력과 연계하는 경우, 혹은 이 두 가지가 적절하게 일치되는 경우들이 그것이다.

그리고 창건과정에서 官과의 연대가 필요한데, 이 과정과 절차가 어떻게 지켜지는지도 중요하다. 모든 서원·사우는 官의 허가에 의해 건립되고, 그에 따른 재정적 지원도 있게 된다. 사액서원 뿐만 아니라 미사액의 경우라도 기본적인 지원은 있었으며, 이는 후일 훼철령 단계에서 보는 바와 같은 폐단의 발단이 되기도 하였다. 이 절차를 무시한 서원·사우는 수시로 훼철되기도 하며(영조대, 순조대) 아예 이를 통제하지 못하는 시기가 되면 한 군현에 30~40개소의 서원·사우가 난립하는 사태에까지 이르게 되므로 서원·사우의 성격은 시기별로 구분하여 살펴야 한다.

5) **서원 경제 운영** : 한편 서원연구와 서원통제책에 대한 지금까지의 연구에서는 서원의 경제적인 폐단이 빠짐없이 지적되고 있다. 대원군의 서원훼철에 대한 긍정적인 평가가 그러하고, 역대의 서원통제 논의 과정에서도 軍役冒占이나 避役, 下民侵奪의 소굴이라는 지적이 누누이 있었기 때문이다. 특히 민병하의 서원경제 연구에서 이같은 성격이 강하게 나타나고 있는데, 이는 사실 이상으로 부각된 것으로 판단된다.

흔히 특권적인 서원의 면세전이 경제적 파탄을 몰고 온 것으로 파악되나, 이는 道內의 首院이나 집권 정파의 거점 역할을 한 일부 서원의 경우에 해당될 수 있는 논의이다. 서원들이 하민이나 일반 사족보다 상대적으로 큰 규모의 토지를 소유한 것은 사실이지만, 모든 서원들이 영남의 몇몇 사례에서 보이듯 상업활동이나 고리대 같은 경제활동을 행한 주체로 보이지는 않는다. 특히 18세기 후반 이후의 서원에서 그 같은 폐단의 자행은 오히려 건립세력들의 희망사항일 수는 있으되 실제는 그와 반대인 경우가 많았다. 사족의 지배권이 작용되고, 국가의 우문정치가 실현되던 시기, 나아가 당파적인 거점으로서 지원을 받던 16～17세기와 같은 서원의 특권은 특정한 사례를 제외하고는 유지되지 못했던 것이다. 그것은 18세기 이후의 서원 문서 중에서 서원이 官에 祭需나 除役, 減稅를 요청하는 上書資料들이 대부분이라는 것에서도 잘 알 수 있다.

6) **서원의 종합문화** : 현재 서원은 문화유적으로 지정되어 있으나, 그 의미는 고건축 분야의 의미와 가치에 한정되어 있고, 본연의 기능인 교육기관으로서의 기능도 철저하게 인지되지 않은 채, 대개는 '전통제례'나 '원론적인 유학본산'만이 의미를 지니는 것처럼 인식되는 실정이다. 조선시대 서원·사우가 지녔던 다양한 기능과 역할은, 무엇보다도 교육적 기능이 중심이지만, 이밖에 서원은 각 지역의 유교문화를 대표하는 기구로서 매우 다양하고 특색 있는 여러 기능들을 지니고 있었다. 바로

그러한 제 기능들을 제대로 이해하고 인식하는 것이 무엇보다 중요하다.

즉 서원은 ① 지성들의 집회소로서 고급 인재들이 수시로 출입하면서 접촉·교류했던 상징적인 기구였다. 서원은 당 시기의 지성사적 전통과 정신문화적 유서가 서려있는 곳이었다. 젊은 인재들과 그들의 선배들은 일방적 지식의 전수 교육이 아닌 강론과 학문 토론을 펼치는 장이 되기도 하였고, 때로는 여론과 공론을 결집하는 지성들의 집회소이기도 하였다. 이들 지성들의 선후배 간의 유대와 결속력을 보여주며, 이 토대 위에서 지연·학연을 배경으로 하는 정치세력의 거점이 되기도 하였다. ② 서원은 사회교육의 장으로 유교문화가 확산 정착되어 가는 과정에서 매우 중요한 역할을 하였다. 예컨대 서원에서 이루어지는 선현들에 대한 제향의례나 강학의례, 기타 여러 형태의 생활의례들은 서원이 사회교육의 실현처였음을 보여주는 중요한 부면이었다. ③ 서원은 도서관 기능도 지니고 있었다. 서원에는 지역별, 학맥별로 제향인물이나 그의 학맥을 잇는 인사들의 문집류, 자료나 사적들이 보존되게 마련이고, 이러한 자료들의 판각도 이루어졌다. ④ 이러한 토대 위에 서원은 인물의 사상, 저술을 비롯하여 교육, 제례, 경제, 생활문화, 유적, 유물 등이 망라되는 종합문화를 간직한 곳이었음을 주목하는 조사가 필요하다.

Ⅱ. 全南地域 書院 · 祠宇 一覽(地域, 年代別)

지역	구분	서원명 (별명)	소 재 지	건립년	제 향 인 물
강진	공인	博山祠(瑞峯書院)	옴천면 현산리	1598	李後白·(白光勳,崔慶昌)
강진	사액	忠武祠(誕報廟)	고금면 덕동리	1598	李舜臣·陳璘
강진		胄峰書院(德林祠)	옴천면 영산리	1624	趙彭年·(趙奎運)
강진		德湖祠(錦湖祠)	군동면 덕천리	1686	崔簿·崔克忠·金應鼎·吳信男
강진	공인	月岡祠(桐岡影堂)	성전면 월남리	1789	李彬·李毅敬·(李彝章·林德躋)
강진		錦江祠	강진읍 영파리	1800	李舜臣·金億秋
강진		南康祠	강진읍 교촌리	1803	朱熹·宋時烈
강진		龜谷祠(金谷祠)	대구면 구수리	1804	李齊賢
강진		秀岩祠	성전면 수양리	1820	李先齊·李周元·李仲虎·李潑·李洁
강진		杏亭祠(杏山祠)	작천면 군자리	1820	金亮·金孝光·金伸光
강진		花岩祠	군동면 화산리	1828	尹紳·尹致敬·尹履敬·尹益慶·尹東喆
강진		上谷祠	작천면 용산리	1858	文雍·文彬·文九淵
강진		大鷄祠	대구면 계율리	1860	曹精通·趙應龍·曹漢龍·曹夢鱗
고흥	사액	雙忠祠	도양면 봉암리	1587	李大源·鄭運
고흥		德陽祠	봉래면 덕흥리	1768	李建命
고흥	공인	雲谷祠	고흥읍 호동리	1785	柳濯·宋侃·丁運熙·宋大立·宋諿(柳淸臣·柳淳·柳夢寅·丁傑·丁德輞)
고흥	공인	齋洞書院	대서면 화산리	1796	宋侃·宋大立·(宋諿·宋純禮·宋希立)
고흥		星山祠	풍양면 한동리	1824	李長庚·李兆年·李褒·李仁敏·李崇仁·李稷·李師厚·鄭名遠
고흥	공인	武烈祠(龍岡祠)	두원면 신송리	1826	陳武成
고흥	공인	鳳岩祠	과역면 석봉리	1826	金遵·金九龍
곡성	사액	德陽書院	오곡면 덕산리	1589	申崇謙
곡성	공인	道東廟(晦軒影堂)	오곡면 오 지	1677	安珦·朱夫子
곡성		四溪祠	곡성읍 신월리	1814	南趎
광산	사액	月峯書院	광산구 광산동	1578	奇大升·(朴祥·朴淳·金長生·金集
광산	사액	褒忠祠	광산구 원산동	1601	高敬命·高從厚·(高因厚)·柳彭老·安瑛
광산	사액	義烈祠	광산구 서창동	1604	朴光玉·(金德齡·吳斗寅·金德示·金德普)
광산	공인	雲岩祠	북 구 동운동	1708	宋齊民·(宋柁·權渾·高敬履·申潗·申漢柱)
광산		花潭祠(花潭影堂)	서 구 화정동	1776	鄭熙·鄭招·鄭宇忠·鄭吾道·閔濟章
광산		芝山祠	광산구 지 산	1790	崔致遠·崔雲漢·崔亨漢·鄭吾道
광산		花嚴祠	광산구 대산동	1807	鄭夢周·金佑生·金文起
광산		節孝祠	북 구 일곡동	1839	盧俊恭
광산		斗岩祠(壯烈祠)	북 구 문화동	1850	金庾信·金馹孫·金光立·金牧卿
광양	공인	鳳陽祠	광양읍 우산리	1578	崔山斗·朴世照
구례	공인	方山書院	산동면 이평리	1702	尹孝孫

지역	구분	서원명 (별명)	소 재 지	건립년	제 향 인 물
구례	공인	忠孝祠址(藍田祠)	광의면 지천리	1786	王之翼·(王得仁·王義成·李元春·李廷翼·韓好誠·梁應祿·高貞喆·吳琮)
구례	공인	文山祠(竹淵祠)	문천면 죽연리	1797	高效柴·高元厚·(安處順·鄭泰瑞)
나주	사액	景賢書院(錦陽祠)	노안면 영평리	1584	金宏弼·(鄭汝昌·趙光祖·李彦迪·李滉·奇大升·金誠一)
나주	사액	旌烈祠	나주시 대호동	1606	金千鎰·(金象乾·梁山璹)
나주	사액	景烈祠	노안면 금안리	1644	鄭地(鄭忠臣)
나주	사액	月井書院	노안면 금안리	1659	朴淳·(金繼輝·沈義謙·鄭澈·洪千璟)
나주	공인	雪齋書院	노안면 영평리	1688	鄭可臣·(申墻·鄭軾·鄭訥·鄭諶)
나주	사액	眉泉書院	나주시 안창동	1690	許穆·(蔡濟恭)
나주	사액	潘溪書院	반남면 하촌리	1694	朴尙衷·(朴紹·朴世采·朴弼周)
나주	공인	西河祠	노안면 학산리	1702	李敏敍·(李觀命·李健命)
나주	공인	松齋祠	문평면 동원리	1702	羅世纘·(林亨秀·羅大用)
나주	사액	滄溪書院	다시면 가운리	1710	林泳
나주	공인	榮江祠	나주시 영산동	1712	(李仁挺)·李蟹·李永祐·(李藟·李有慶)
나주		錦湖祠	나주시 남내동	1723	羅士忱
나주		居平祠(錦溪祠)	문평면 동원리	1789	魯愼·魯認
나주		豴硐祠	나주시 송현동	1790	張維·羅海鳳·(洪適·羅俊)
나주		錦江祠	나주시 송월동	1792	廉悌謹·廉國寶·廉致中·廉怡·
나주		寶山祠(八賢祠)	다시면 영동리	1798	李惟謹·張以吉·鄭詳·柳湖·崔希說·李彦詳·柳殷·崔四勿
나주		鳳岡祠	다시면 오룡리	1812	羅文奎·羅繼從
나주		茅山祠	신북면 모산리	1822	鄭文孫·鄭雲龍·鄭運
낙안		忠愍祠	낙안면 교촌리	1697	林慶業·金贇吉
낙안		栗峰祠	별량면 우산리	1824	丁克仁·丁淑·丁承祖
남평	사액	蓬山書院	남평면 서산리	1650	白仁傑
남평	공인	楓山祠	산포면 산제리	1706	金萬英·(成至善·任世復·尹東貞)
남평	공인	龍岡祠(龍邱祠)	봉황면 철천리	1706	徐鳳翊·(趙相愚·徐應祖)
남평		長淵書院	남평면 풍림리	1747	文益漸
남평		哲川祠	봉황면 철천리	1794	徐麟
능주	사액	竹樹書院	한천면 모산리	1570	趙光祖·(梁彭孫)
능주	사액	褒忠祠	한천면 모산리	1609	崔慶會·(曺顯·文弘獻)
능주	사액	道山祠	한천면 모산리	1656	安邦俊
능주		三賢祠	도곡면 월곡리	1808	文自修·閔懷參·梁以河
능주		忠賢祠	춘양면 회송리	1852	李明德·李韠
담양	사액	義岩書院	담양읍 향교리	1607	柳希春
담양		月山書院	월산면 월산리	1688	李齊賢·李寬植·李碩孫·李允恭(南褒·南孝溫·田祿生)

지역	구분	서원명 (별명)	소 재 지	건립년	제 향 인 물
담양	공인	龜山祠	수북면 남산리	1704	宋純·(宋希璟·金彦조·金應會·金大器·李安訥·羅茂春·宋徵)
담양	공인	二友軒祠	수북면 대선리	1712	禹惟一
담양	공인	蘿山書院	수북면 나산리	1755	金濤·金自知·金汝知
담양	공인	大峙祠	대전면 대치리	1766	李釋之·(李宗儉·李甫欽)
담양		淵洞祠(忠孝祠)	봉산면 연동리	1775	李寅卿·金德齡·李衡·李元卿·李用賓
담양		甑岩祠	월산면 화방리	1828	李安訥·宋徵·林光弼·羅茂春·鞠萩
동복	사액	道源書院	동복면 연월리	1668	崔山斗·(林億齡)·鄭逑·安邦俊
무안	사액	松林書院	무안읍 교촌리	1626	金權·(兪棨)
무안		牛山祠(鷲岩祠)	몽탄면 사창리	1683	金適·(金忠秀·金躍華)
무안		月川祠	무안읍 성동리	1708	鄭麒壽·鄭鳳壽
무안		淸川祠	청계면 청천리	1710	(裵玄慶)·裵均·裵繪
무안		林象德祠	몽탄면 이진리	1723	林象德
무안		權宏祠	불 명	1739	權宏
무안		盆梅祠	해제면 덕산리	1750	尹吉·尹德生·尹禮衡
무안	공인	月山祠	몽탄면 대치리	1752	徐稜·(徐湜·徐崇老)
무안		柄山祠	무안읍 고절리	1778	朴義龍·(朴益卿·朴增·朴應善)
무안		嘯浦祠	일로읍 청룡리	1803	羅德明
무안		滄州祠	청계면 사마리	1804	朱子·宋時烈
무안		慕忠祠(梅谷祠)	해제면 양매리	1829	金得男
보성	사액	龍山書院	미력면 덕림리	1607	朴光前
보성	사액	大溪書院	보성읍 신흥리	1657	安邦俊
보성	사액	旌忠祠	보성읍 보성리	1677	安弘國·(安重默·崔大晟·鄭思悌)
보성		梁山書院(淸溪影堂)	문덕면 양동리	1711	(廉悌臣)·廉悌慶
보성		孫尙隆祠	불 명	1718	孫尙隆
보성	사액	五忠祠	보성읍 보성리	1739	宣允祉·(宣炯·宣居怡·宣若海·宣世綱)
보성		酉山祠(三賢祠)	보성읍 옥평리	1786	朴成仁·(朴逢智·朴獻可)
보성		龍源祠	겸백면 용산리	1804	金廷年
보성		六賢祠	보성읍 보성리	1807	鄭佶·任喜·崔繼憲·金銑·李懋臣·朴春長
보성		琴谷祠	겸백면 남양리	1859	朴楗
순천	사액	玉川書院	순천시 옥천동	1564	金宏弼
순천		忠烈祠	순천시 조례동	1593	許鎰·(許坤·許銳)
순천	사액	忠愍祠	순천시 덕충동	1601	李舜臣·李億祺·安弘國
순천	사액	旌忠祠	순천시 저전동	1682	張潤
순천	공인	淸水書院址	순천시 금곡동	1692	李睟光·(李應蓍)
순천		松山祠	율촌면 가장리	1706	柳用恭·柳夢井·柳濂
순천	공인	謙川祠	주암면 죽림리	1706	趙瑜·趙崇文·趙哲山·金宗瑞·朴仲林·朴彭年

지역	구분	서원명 (별명)	소 재 지	건립년	제 향 인 물
순천		曲水書院	순천시 조례동	1712	鄭沼·鄭大成
순천		鷲川書院	주암면 천평리	1793	車云革·車原頬
순천		玉溪書院	순천시 연향동	1808	鄭知年·(鄭承復·鄭思俊·鄭思靖·鄭燻·鄭煊)
순천		龍岡書院	순천시 금곡동	1821	梁彭孫·(梁信容)
순천		伊川書院	상사면 동백리	1827	朴世熹·朴魯源·朴大鵬
순천		五忠祠(佳谷祠)	순천시 웅천동	1847	丁哲·丁大水·丁春·丁麟
영광	공인	畝長書院(影堂祠)	묘량면 운당리	1616	李天祐·(李宏·李明仁·李應鍾·李黃鍾·李洪鍾·李根·李馥遠)
영광		龍溪祠(內山書院)	불갑면 쌍운리	1635	姜沆·(尹煌·尹舜擧)
영광	공인	龍岩祠	삼계면 사창리	1694	(尹煌)·尹宣擧·(宋欽·尹舜擧)·尹拯
영광	공인	壽岡祠	삼계면 수목리	1702	宋欽·(李萬永·李長榮)
영광		長川祠	삼서면 학성리	1713	沈友信·(李齊衡·李端錫)
영광	공인	栢山祠	영광읍 백학리	1722	李世弼
영광	공인	南崗祠	대마면 남산리	1741	李岸·李萬榮·李長榮
영광		芝山祠(歌芝祠)	백수읍 지산리	1754	鄭弘衍
영광		長山祠	군남면 도장리	1759	丁贊
영광		佳山祠(白山祠)	삼서면 홍정리	1770	李齊賢·李恒福
영광		甫村書院(西岡祠)	군남면 동간리	1782	李誾·李安禮·李標
영광		松林祠	영광읍 송림리	1790	金時九·金希訥·金允敬·金允恪
영광		萬谷祠	삼서면 보생리	1793	奉汝諧
영광		桂山祠	삼서면 삼계리	1806	林逗春·林遂春·林興震·林華震
영광	공인	武靈書院(岐川祠)	영광읍 월평리	1808	金審言·(金該)
영광		斗洞祠	삼서면 두월리	1860	李蘘·李三言·李孫秀·李稠·李芬
영암	공인	九皐祠	서호면 화송리	1640	金振明·金完·金汝峻·金汝沃
영암	사액	忠節祠	옥천면 대산리	1652	鄭運
영암		龜岩祠(三賢祠)	영암읍 장암리	1668	文益周·李後白·(徐命伯)
영암		西湖祠(兌湖祠)	군서면 구림리	1677	曺行立
영암		長洞祠	서호면 엄길리	1677	全夢星·(全夢辰·全夢台)
영암	공인	竹亭書院	군서면 구림리	1681	朴成乾·朴權·(朴奎精·朴承源·李晚成)
영암	사액	鹿洞書院	영암읍 교동리	1713	崔德之·(崔忠成·金壽恒·金昌協)
영암		竹峯祠	서호면 모산리	1729	柳浚·(柳尙運)
영암		忠孝祠(三忠祠)	학산면 묵동리	1790	郭期壽·郭聖龜·郭齊華
영암	공인	松陽祠	덕진면 노송리	1796	(愼幾·愼榮壽·愼喜男)·愼天翊·愼海翊
영암		雲湖祠	서호면 몽해리	1817	金克禧·金涵·金完·金汝沃·金汝峻
옥과	공인	詠歸書院	겸 면 현정리	1694	金麟厚·(柳彭老·許紹·許繼·申二綱·魏伯珪)
옥과		龜岩祠	입 면 제월리	1799	沈璿·沈光亨·沈敏謙·沈民覺

지역	구분	서원명 (별명)	소 재 지	건립년	제 향 인 물
옥과		靑丹祠	오산면 청단리	1828	宋明欽·(許權)
옥과		倡義祠	입 면 만수리	1832	崔蘊·李興浮·金越浮·梁曼容·柳揖·梁山益·金弘緖·許暹·許延亮·鄭雲鵬
장성	공인	慕岩書院(龍田祠)	북일면 성덕리	1587	徐稜·(崔學齡·趙英圭·鄭雲龍·趙廷老·金友伋)
장성	사액	筆岩書院	황룡면 필암리	1590	金麟厚·(梁子澂)
장성	공인	鶴林書院	진원면 학림리	1643	(金穩)·金英烈·(金應斗·朴熙中·朴元恂·朴濬哲·金義瑞)
장성	공인	鳳岩書院	장성읍 장안리	1677	邊以中·(尹軫·邊慶胤·邊烋)
장성	공인	秋山書院	황룡면 장산리	1697	奇虔·(奇遵·奇孝諫·趙繼韓·奇廷翼)
장성		鰲山祠(倡義祠)	북이면 아현리	1794	임진왜란때 南門倡義士 72位
장성		松溪書院	북이면 오월리	1797	劉敏
장성		硯湖祠	서삼면 장산리	1815	奇喬·金鳴夏·金器夏
장성		德川祠	서삼면 대덕리	1822	文益漸·奇孝謹·李實之·崔鐵崙
장성		晦溪祠	북하면 증평리	1832	金愼德·金處離·金粹老·李貴·金麟渾·金南重·金景壽·金益休
장성		良溪祠	남 면 마령리	1834	沈德符·沈繼年·沈涓
장성		水山祠	황룡면 신호리	1836	朴衍生·金慨·朴守良·朴尙義·朴尙智
장흥	공인	汭陽書院(五賢祠)	장흥읍 예양리	1610	(李檣·南孝溫·金光遠)·申潛·(劉好仁)
장흥	사액	江城書院	유치면 늑룡리	1644	(文益漸)·文緯世
장흥		鑑湖祠	장흥읍 영전리	1677	田祿生·田有秋
장흥	사액	忠烈祠(石臺祠)	용산면 계산리	1683	(鄭芬·鄭光老)·韓蘊·鄭名世·(鄭名遠)
장흥	공인	竹川祠(忠烈祠)	관산읍 죽교리	1688	魏德毅·(魏德元·魏德和·魏廷勳·魏廷喆·魏廷鳴·魏伯珪)
장흥	사액	淵谷書院	장흥읍 원도리	1698	閔鼎重·(閔維重)
장흥		楊江祠	장동면 봉동리	1700	金景秋
장흥	공인	盤溪祠	장동면 반산리	1714	李舜臣·丁仁傑·丁景達·丁鳴說·林永立·丁南一
장흥	공인	褒忠祠	안량면 운흥리	1726	宣允祉·宣時中·宣炯·宣遇贇·宣居怡·宣世網·宣若海
장흥		金溪祠	부산면 유양리	1788	李文和·李昇·李敏琦
장흥		杏岡祠	장흥읍 행원리	1797	趙憲·金憲·金孝信·金有信
장흥		岐陽祠	안량면 기산리	1808	林貫·金胤·白光弘·白光城·白光顔·白光動·金公喜·林檜
장흥		白洞祠(三賢祠)	장평면 임 리	1808	文璧·文參·文成質
장흥		石川祠	장흥읍 행원리	1822	魏大用·魏大器·魏山寶·魏廷寶·魏天會·魏天相·(申龍虎·申龍俊·魏大經·魏舜廷·魏壽徵)

지역	구분	서원명 (별명)	소재지	건립년	제 향 인 물
장흥		忠顯祠	안량면 학송리	1831	馬天牧·馬瑛·馬河秀·馬河龍
장흥		富春祠	부산면 부춘리	1838	金大猷·金吉通·金順生·金順命·金湜·金波·金堉·金澄·金幹
장흥		虎溪祠	장동면 만년리	1842	金永幹
장흥		四賢祠	안량면 수양리	1846	金方礪·金係熙·金克儉·金渾
진도	공인	鳳岩書院	진도읍 동외리	1683	盧守愼·(鄭弘翼·李敬興·申命圭·南二星·李敏迪·金壽恒·趙泰釆)
창평	사액	松江書院	창평면 매곡리	1694	鄭澈
창평	공인	竹林祠	고서면 분향리	1708	曹秀文·曹洗·曹溥
창평		節山祠	창평면 유곡리	1737	朴以洪·朴以寬
창평		環碧祠(星山祠)	남 면 지곡리	1795	林億齡·鄭弘演·趙瀷·張維·金昌翕·鄭敏河·鄭根
창평		道藏祠	고서면 산덕리	1825	梁山甫·吳希道·高傳川·鄭漢·吳以奎·吳以井·吳大經·高斗綱
함평	사액	紫山書院	엄다면 엄다리	1616	鄭介淸
함평	공인	甑山祠	나산면 이문리	1693	金德生·(金漢老·金重璠)
함평	공인	射山祠	나산면 초포리	1700	李彦·(李春秀·李從生·李兢·李摺)
함평	공인	箕山祠	함평읍 기각리	1705	朴鼎元
함평	공인	水山祠	함평읍 수호리	1709	林泳
함평		安汝諧祠	불명	1723	安汝諧
함평	공인	紫陽書院	해보면 상곡리	1726	(朱子)·宋時烈
함평		草浦祠	나산면 초포리	1730	李舜和·李有仁·李命龍
함평	공인	月山祠	대동면 향교리	1731	李舜臣·李德一
함평		百野祠	월야면 외치리	1756	鄭導誠
함평	공인	牟陽祠	나산면 우치리	1760?	李有仁
함평		芝山祠	해보면 금계리	1801	鄭忠良·鄭得良·鄭大鳴
함평		月湖祠	월야면 월야리	1804	鄭慶得·鄭希得
함평		月溪祠	해보면 대강리	1826	陳欽·陳滿載·陳國煥·陳允良
함평		松岩祠	나산면 송암리	1847	辛克禮·辛克敬·辛孝敦
해남	공인	海村祠	해남읍 구교리	1689	(崔溥)·林億齡·(柳希春·尹衢·尹善道)
해남	공인	龍井祠	해남읍 용정리	1712	李舜臣·(柳珩·李有吉·李桂年)
해남		老松祠	산이면 노송리	1728	金驥孫·金安邦·金安宇·金銑之·金鍊之
해남		英山祠	마산면 화내리	1731	李繼鄭·李淑亨·李浚·李璜·李珦·李元海
해남	공인	眉山祠(忠貞祠)	해남읍 해 리	1781	閔伸·(閔甫昌·閔甫諧·閔甫釋)
해남	공인	芳春書院(三相祠)	계곡면 방춘리	1784	金宗瑞·金承霱·金流
해남	공인	泗陽祠	마산면 송석리	1789	任忠幹·任國翰·任謹
해남	사액	表忠祠	삼산면 구림리	1789	休靜·惟政·處英
해남		三忠祠	옥천면 봉황리	1862	崔雲海·崔潤德·崔山靜

지역	구분	서원명 (별명)	소 재 지	건립년	제 향 인 물
화순	공인	茶山祠	화순읍 다지리	1624	崔慶雲·崔慶長·崔慶會
화순	공인	櫟亭祠	화순읍 다지리	1785	曹恰·曹大中·曹守誠·曹守弘·曹滉
화순		新院祠	동　면 백룡리	1850	崔慶長

찾아보기

ㅈ

이해준 李海濬

1952년 충북 청주 출생
공주사범대학 역사교육과
서울대 대학원 국사학과, 국민대 대학원 국사학과(문학박사)
목포대 교수(81~94년), 한국역사민속학회 회장
국사편찬위원회 편사부장, 충남역사문화연구소장 역임
[현] 공주대 사학과 교수
　　　역사문화학회 회장
　　　국사편찬위원, 문화재청 문화재위원

저서 및 논문

『조선후기 향약연구』(1990), 『조선시기 사회사연구법』(1993)
『조선은 지방을 어떻게 지배했는가?』(2000), 『지역사연구의 이론과 실제』(2002)
『근 현대사 窓 열기』(2003), 『전통사회와 생활문화』(2006) 이상 공저
『조선시기 촌락사회사』(1996), 『역사속의 전라도』(1999)
『지역사와 지역문화론』(2001), 『충남의 역사와 정신』(2006)
외 다수 논문

朝鮮後期 門中書院 研究　　　　　　　　　　　값 14,000원

　　2008년 3월 15일 초판 발행
　　2008년 8월 8일 재판 발행

　　　　　　　저　　자 : 이 해 준
　　　　　　　발 행 인 : 한 정 희
　　　　　　　발 행 처 : 경인문화사
　　　　　　　편　　집 : 신 학 태
　　　　　　　　　　서울특별시 마포구 마포동 324 · 3
　　　　　　　　　　전화 : 718 · 4831~2, 팩스 : 703 · 9711
　　　　　　　　　　이메일 : kyunginp@chol.com
　　　　　　　　　　홈페이지 : 한국학서적.kr / www.kyunginp.co.kr
　　　　　　　등록번호 : 제10-18호(1973. 11. 8)

ISBN : 978-89-499-0547-1　94910
ⓒ 2008, Kyung-in Publishing Co, Printed in Korea
* 파본 및 훼손된 책은 교환해 드립니다.